ÉDOUARD DRUMONT

Mon Vieux Paris

Deuxième série

dessins de Gaston Coindre

PARIS
ERNEST FLAMMARION, ÉDITEUR
26, RUE RACINE, PRÈS L'ODÉON

MON

VIEUX PARIS

—

DEUXIÈME SÉRIE

Il a été tiré de cet ouvrage :
20 exemplaires sur papier de Chine, 20 exemplaires sur papier du Japon et 20 exemplaires sur papier de Hollande, tous numérotés et parafés par l'éditeur.

EN VENTE A LA MÊME LIBRAIRIE

OUVRAGES DU MÊME AUTEUR

MON VIEUX PARIS
PREMIÈRE SÉRIE
Ouvrage couronné par l'Académie française.
1 vol. in-18, illustré de 100 dessins de Gaston Coindre. Prix : **3 fr. 50**.
(Il reste quelques exemplaires numérotés, sur papier du Japon.)

DE L'OR, DE LA BOUE, DU SANG
Illustré de 100 dessins de Gaston Coindre.
1 volume in-18 (20ᵉ mille). Prix : **3 fr. 50**.
(Il reste quelques exemplaires sur Chine et sur Japon.)

LA FRANCE JUIVE
2 volumes in-18 (142ᵉ édition). Prix : **7 fr.**

LA FRANCE JUIVE DEVANT L'OPINION
1 volume in-18 (33ᵉ mille). Prix : **3 fr. 50**.
(Il reste quelques exemplaires sur Japon, à **15 fr.**)

LE DERNIER DES TRÉMOLIN
1 volume in-16, de la collection des *Auteurs célèbres*. Prix : **60 cent.**

IMPR. E. FLAMMARION, 26, RUE RACINE, PARIS.

ÉDOUARD DRUMONT

MON
VIEUX PARIS

100 DESSINS DE GASTON COINDRE

DEUXIÈME SÉRIE

PARIS

ERNEST FLAMMARION, ÉDITEUR

26, RUE RACINE, PRÈS L'ODÉON

Tous droits réservés

AVANT-PROPOS

Le public a fait un accueil véritablement exceptionnel à Mon Vieux Paris *commenté par le crayon de Gaston Coindre. Il a eu raison. Quand je rencontre ce volume sur une table et que je jette les yeux sur les illustrations, il m'arrive parfois d'oublier que je suis l'auteur du texte et de m'écrier : « Quel joli petit livre ! »*

La Deuxième série de Mon Vieux Paris *sera,*

je l'espère, l'objet de la même bienveillance. Les lecteurs prendront plaisir comme moi à parcourir ce Paris d'autrefois qui ressuscite devant les regards de tous, grâce à cet artiste qui aime la grande ville d'un amour si profond et qui la comprend si merveilleusement.

Sans doute, ce travail, qui a été un délassement pour moi, est un peu en dehors de mes études habituelles. Il se rattache à mon œuvre, cependant, car les lieux qui ont servi de cadre à la vie de nos pères racontent à leur façon les transformations et les métamorphoses d'une société.

Sans avoir atteint l'âge de Mathusalem, nous avons vu nous-mêmes des rendez-vous de causerie, d'élégance et de plaisir perdre peu à peu la physionomie qu'ils avaient quand nous étions jeunes.

Le Palais Royal exhalait déjà il y a trente ans une odeur d'abandon et de ruine, aujourd'hui il n'est plus qu'une steppe désolée.

Quant aux grands Boulevards que nous avons connus débordant d'activité et de mouvement, éclairés brillamment et animés par le bruit des conversations jusqu'à trois heures du matin, ils sont plongés dans l'obscurité à onze heures du soir.

Après l'Esplanade, voici qu'une bande de Vandales s'en prend à cette incomparable avenue des Champs-Élysées qui était l'orgueil de Paris et l'admiration des étrangers. Bouvard, d'accord avec Picard et la Compagnie de l'Ouest, aura bientôt saccagé cette promenade sans pareille.

A quoi bon insister? Tout n'a-t-il pas été dit sur la splendeur de ce paysage urbain qui s'étend de l'Arc de Triomphe aux Tuileries et qui, jadis, avant la victoire des Marin, des Blount et des Delarbre (de l'arbre abattu), avaient pour perspective complémentaire, cette imposante Esplanade des Invalides qu'on apercevait, en avançant un peu du côté du quai, comme on apercevrait quelque vue inattendue et magnifique par une ouverture ménagée sur la campagne, dans les allées d'un grand parc.

L'Arc de Triomphe, les débris des Tuileries dans le fond, la Madeleine, le Palais-Bourbon, toutes ces représentations architecturales d'idées diverses, formaient un ensemble sans égal au monde où tout se tenait et se reliait. Tout, dans cette synthèse faite pour l'enchantement des yeux, avait sa poésie, sa signification, son symbolisme, évoquait des souvenirs et éveillait des pensées. Le Temps avait mis sur tout cela la grâce majestueuse, apaisée et souriante de ce qui a duré.

C'est ainsi que se manifeste par des signes visibles le changement profond qui s'est accompli dans notre France envahie par les cosmopolites et dans laquelle bientôt nous autres, les natifs, ne serons plus que des étrangers.

On pourrait, en poussant cette analyse plus avant, montrer à quel point ces modifications matérielles correspondent à la révolution qui s'est accomplie dans les mœurs, les habitudes, les idées, les manières de concevoir la vie et d'envisager toute chose.

Les Expositions ont complété l'œuvre de 1870. L'Allemand a pris possession de la capitale : il a eu ses quatre corps d'armée pour l'invasion comme en 1870 : les Philosophes à la Schopenhauër, les Financiers voleurs, les Musiciens et les Vendeurs de bocks.

Ces grands restaurants, ces cafés célèbres qui avaient une légende, une tradition, ces cafés où l'on causait encore, ont disparu pour faire place à d'immenses brasseries allemandes décorées avec un luxe criard.

Paris engourdi et germanisé n'a pas trouvé la prospérité matérielle à ce reniement de tout ce qui était lui-même. Le monde entier qui était jadis notre tributaire a pris le parti de se passer de nous. De ceci qui s'étonnerait?

Bourget nous a montré dans Outre-mer un pays extraordinaire, où des villes de cent mille âmes s'élèvent en quelques années dans des solitudes où l'on ne voyait que quelques maisons de bois. Ce peuple américain, débordant de jeunesse et de vitalité, a achevé son éducation, il n'a plus besoin de nous, il ne nous achète même plus ces articles de Paris qui ont passé si longtemps pour inimitables; bien plus, il commence déjà à en exporter chez nous.

Causez avec des représentants de toutes les industries, ils vous diront mélancoliquement: « Autrefois, nous exportions tels ou tels objets; aujourd'hui l'Amérique ne nous fait plus de commandes, elle fabrique elle-même. »

C'est le plus clair bénéfice des Expositions universelles. Les industriels français se sont laissé prendre peu à peu leurs modèles et les secrets de *leur fabrication, et maintenant on n'a plus recours à eux. Qui expose, s'expose...*

Une Exposition universelle est un prétexte à se faire donner des décorations pour les gros fabricants qui sont arrivés et qui n'ont plus besoin que de hochets pour amuser leur vieillesse; ce sont les petits qui pâtissent.

En réalité, les industriels français ont agi comme les sauvages qui coupent un arbre pour avoir un fruit; ils ont tué la poule aux œufs d'or. Ils ont pris pour de la santé la fièvre passagère que produit une Exposition.

Les commerçants parisiens, les hôteliers, les restaurateurs se sont rués sur les étrangers comme sur une proie; ils ont augmenté leurs prix et ils se sont bien gardés de les remettre au chiffre primitif, même pour les indigènes, une fois l'Exposition finie.

Qu'est-il arrivé? C'est que Paris est devenu la ville de l'Europe où la vie est la plus chère, et que Paris a perdu en même temps cette physionomie particulière qui en faisait une ville à part, une cité privilégiée, un séjour original et charmant, dont chacun subissait involontairement la mystérieuse séduction.

En 1878, au moment où parut la première édition de Mon Vieux Paris, *on pouvait encore douter de ce résultat. Il semblait que le parti qui, après une lutte acharnée, venait de s'emparer du pouvoir allait appliquer ces magnifiques programmes qui avaient enthousiasmé nos jeunes intelligences et faire régner partout la fraternité et la justice.*

L'épreuve est faite aujourd'hui et l'histoire de ces dix-huit années n'a été qu'une longue suite d'humiliations, de turpitudes et de scandales.

On pardonnera ces réflexions un peu moroses à un écrivain auquel le titre du premier volume publié rappelle la jeunesse écoulée. Elles n'empêcheront pas nos lecteurs de prendre quelque agrément à ce voyage à travers le Passé, à cette pittoresque promenade dans le Paris d'autrefois.

E. D.

Valvins, 31 octobre 1896.

PREMIÈRE PARTIE

LES ASSEMBLÉES LÉGISLATIVES

I

A l'époque, déjà lointaine, où les Chambres venaient de quitter Versailles pour Paris, il m'a paru intéressant de rechercher dans quelles conditions avaient siégé les précédentes Assemblées et d'étudier leurs intallations successives dans des domiciles divers.

Essayer de rendre un tel travail absolument complet serait tout simplement vouloir refaire l'histoire de ce siècle presque tout entier. Ce sont en effet les événements les plus controversés de quatre-vingt-dix années qu'il faudrait rappeler pour raconter les fortunes différentes de ces Assemblées, tantôt chassées par l'émeute, tantôt congédiées par un maître. Notre but est plus modeste. C'est du local surtout et des dispositions même de la salle que nous comptons nous occuper, sans toutefois fermer l'oreille à tout ce que nous apprennent ces murailles qui ont vu si souvent leur destinée changée, grâce à la visite de ces deux arbitres de la politique dans la France moderne : l'insurrection et le coup d'État.

La préface de cette étude au cours de laquelle nous rencontrerons tant de haines soulevées, tant de violences déchaînées, tant de sang versé, est souriante et radieuse comme cette lumière que de grands rideaux de taffetas blanc tamisent sur la salle des États-Généraux, pleine de grands seigneurs, de prélats, de gentilshommes, de spectatrices en toilette de cour, de hérauts d'armes, de gardes du corps.

La salle des États-Généraux, à Versailles, avait été construite sur un terrain dépendant de l'hôtel des Menus-Plaisirs que l'on trouve figuré sur l'excellent plan de Constant de Lamotte, gravé en 1787.

dans un massif de bâtiments compris entre l'avenue de Paris, la rue Saint-Martin et la rue des Chantiers. L'entrée par l'avenue de Paris était exclusivement réservée pour le roi. Pour faciliter l'accès de la salle au public, on avait élevé, du côté de la rue des Chantiers, des vestibules que le public appelait les *maisons de bois de l'Assemblée*.

Une lettre enthousiaste de Grimm nous donne une description très minutieuse de cette salle, où, l'imagination aidant, il est facile d'évoquer tout ce monde monarchique apparaissant avec la pompe de ses costumes et la sévérité de son étiquette, et se réunissant pour la dernière fois, dans une solennité sans égale, avant de se disperser dans une tempête sans exemple.

« C'est, écrit Grimm, une grande et belle salle de cent vingt pieds de longueur sur cinquante-sept de largeur en dedans des colonnes. Ces colonnes sont cannelées, d'ordre ionique, sans pieds d'estaux, à la manière grecque. L'entablement est enrichi d'oves et au-dessus s'élève un plafond percé en ovale dans le milieu. Le jour principal qui vient par cet ovale est adouci par une espèce de tente en taffetas blanc. Dans les deux extrémités de la salle, on a ménagé deux jours pareils qui suivent la direction de l'entablement et la courbe du plafond.

« Cette manière d'éclairer la salle y répandait

partout une lumière douce et parfaitement régulière qui faisait distinguer jusqu'aux moindres objets en donnant aux yeux la moindre fatigue possible. Dans les bas-côtés on avait disposé pour les spectateurs des gradins, et à une certaine hauteur des travées ornées de balustrades; l'extrémité de

Salle des États-Généraux, à Versailles.

la salle destinée à former l'estrade pour le roi et pour la cour était surmontée d'un magnifique dais dont les retroussis étaient attachés aux colonnes.

« Cette enceinte, élevée de quelques pieds, en forme de demi-cercle, était tapissée tout entière de velours violet, semé de fleurs de lys d'or. Au fond, sous un superbe baldaquin garni de longues franges d'or, était placé le trône. Au côté gauche du trône, un grand fauteuil pour la reine, et des tabourets pour les princesses; au côté droit, des pliants pour les princes; au pied du trône, à gauche une chaise à bras pour le garde des sceaux, à droite, un pliant pour le grand chambellan; au bas de l'estrade était adossé un banc pour les secrétaires d'État, et devant eux, une grande table couverte d'un tapis de velours violet; à droite et à gauche de cette table, il y avait des banquettes recouvertes de velours violet semé de fleurs de lys d'or. Celles de la droite étaient destinées aux quinze conseillers d'État et aux vingt maîtres des requêtes invités à la séance; celles de la gauche, aux gouverneurs et lieutenants généraux des provinces. Dans la longueur de la salle, à droite, étaient d'autres banquettes pour les députés du clergé, à gauche pour ceux de la noblesse, et dans le fond, en face du trône, pour ceux des communes. »

Il ne reste aucun vestige de cette salle qui revit, du moins pour nous, telle qu'elle était alors, dans les deux gravures de Monnet et de Duplessis-Bertaux; l'hôtel des Menus a été transformé en caserne. La salle du Jeu de Paume a été conservée. Bordée à droite et à gauche par la rue de Gravelle et la rue du Vieux-Versailles, elle est à quatre cents pas environ de la salle que nos députés venaient d'abandonner. L'entrée actuelle est rue du Jeu-de-Paume et rien n'indique qu'il y ait eu autrefois une autre entrée.

Avant d'imiter les membres de l'Assemblée constituante de 1789 et nos représentants de 1879, et de quitter Versailles pour Paris, il convient de dire

Salle du Jeu de paume. — État actuel.

deux mots de l'artiste qui fut chargé d'élever cette salle des États-Généraux. Il est intéressant à plus d'un titre, puisque c'est le premier architecte que nous rencontrerons dans cette étude où chaque chapitre nous montrera des maçons occupés à construire à côté de politiques occupés à démolir.

Architecte et antiquaire, Paris, né à Besançon,

en 1745, fut, on peut le dire, l'ami de Louis XVI.
Cette nature simple et probe plaisait à ce débonnaire. Il existait, d'ailleurs, sous l'ancien régime,
entre les plus élevés par le rang et les artistes, une
cordialité de rapports dont rien ne peut donner
l'idée. Le roi très chrétien avait moins de morgue
qu'un jacobin nanti d'hier qui vous fera peut-être
attendre dans son antichambre pendant qu'il fume
des cigarettes. Louis XVI, très instruit, très désireux de tout connaître, plus intéressé malheureusement par les choses secondaires que par les
questions qui relèvent du gouvernement, allait fréquemment dans l'atelier de Paris qui avait son
logement à Versailles ; il examinait les plans, questionnait, discutait, puis soudain : « Je vous empêche
de travailler, Monsieur Paris, disait-il, mettez-moi
donc à la porte. »

Nommé chevalier de Saint-Michel par le roi qui
voulut lui-même dessiner ses armoiries, Paris fut
chargé de la construction de la salle des Notables
qui devint la salle des États-Généraux, il présida
enfin à l'installation de l'Assemblée nationale dans
cette salle du Manège où devait être condamné à
mort le roi que l'artiste chérissait.

Ceux qui voudraient consacrer une publication
spéciale au sujet que nous ne faisons qu'effleurer
trouveront les plans de ces salles à la bibliothèque de

Besançon à laquelle Paris, en mourant, fit don de toutes ses collections. Ils sont enregistrés ainsi dans le portefeuille 288 : Plans, coupes et détails des salles des États à Versailles et à Paris (8 feuilles); élévation, coupe et détail de la salle des Notables et de celle des États-Généraux, à Versailles (6 feuilles); coupe et détail de l'amphithéâtre de la salle des États-Généraux à Versailles (13 feuilles).

Le cœur brisé par les événements tragiques qui se succédaient sous ses yeux, Paris chercha un asile dans les montagnes de la Franche-Comté, il ne revint à Paris qu'à la fin de la Terreur et fut, de 1807 à 1808, directeur de l'école de Rome, en remplacement de Suvée. C'est le seul artiste qui, sans être peintre, ait été chargé de ces fonctions. Le rêve de sa vie eût été d'élever un monument expiatoire à Louis XVI, il communiqua ses plans à Chateaubriand qui les décrivit longuement et oublia de nommer l'auteur. Cette omission attrista les derniers jours de ce vieillard qui eût regardé comme la plus haute récompense de sa fidélité à une auguste mémoire de voir son nom prononcé par le grand écrivain royaliste.

II

Les journées d'Octobre surprirent l'Assemblée qui dut se mettre en quête d'une salle qui pût la

ecevoir et resta provisoirement à Versailles. Dans
a séance du samedi 10 octobre, le président Mounier donna lecture d'une lettre écrite par les commissaires chargés de la délicate mission de découvrir un abri pour leurs collègues, M. le duc d'Aiguillon, M. Guillotin et M. La Ponte. « Ils avaient, disaient-ils, parcouru les endroits les plus vastes de la capitale, aucun ne leur avait paru plus convenable que le Manège des Tuileries. On y établira les mêmes bancs, mais les galeries destinées aux spectateurs ne pourront contenir que cinq cents ou six cents personnes; les bureaux seront logés aux Feuillants et les comités à l'hôtel de la Chancellerie, place Vendôme; les commissaires ne peuvent fixer encore la somme que ces nouvelles dispositions coûteront, ils y porteront la plus scrupuleuse économie. Il leur est également impossible de déterminer le temps que ces arrangements exigeront. »

L'Assemblée autorisa les commissaires à donner es ordres nécessaires. Il fallait, cependant, en attendant que les travaux du Manège fussent achevés, rouver une installation provisoire à Paris. Dans la éance du lundi 12 octobre, les mêmes commisaires vinrent rendre compte de leurs démarches, ls annoncèrent que l'Assemblée pourrait s'établir ncessamment et provisoirement à l'Archevêché.

Mgr l'archevêque de Paris offrait tout ce qui pourrait convenir dans son palais à l'Assemblée.

L'Assemblée décréta alors qu'elle interromprait ses séances à Versailles à partir du jeudi matin, et qu'elle s'ajournerait au lundi suivant à l'Archevêché de Paris.

Ce fut donc à l'Archevêché, saccagé en 1832 et remplacé aujourd'hui par le presbytère et

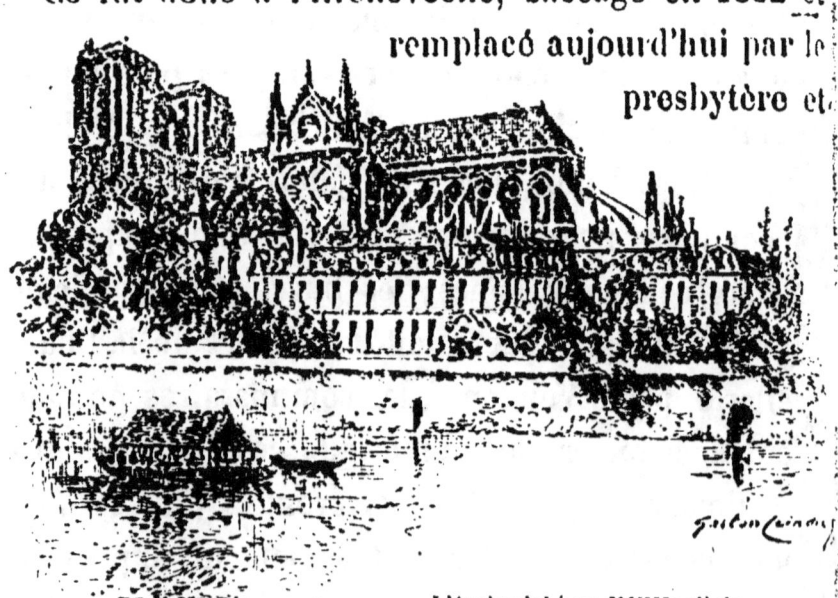

L'Archevêché au XVIIIe siècle.

la nouvelle sacristie de Notre-Dame, que l'Assemblée nationale tint sa première séance à Paris, le lundi 19 octobre 1789.

Le *Journal de Paris*, en constatant dans quelles conditions s'accomplit cet acte si considérable, nous fournit sur cette salle temporaire des renseignements utiles :

« La première séance de l'Assemblée nationale à Paris devait être nécessairement un événement dans cette capitale. Cette partie du peuple qui accourt et afflue toujours où il arrive quelque chose formait aux environs de l'Archevêché des haies au milieu desquelles ont passé les voitures des députés. Le plus grand ordre avait été établi à l'avance par les plus sages précautions de la Commune de Paris; rien ne l'a troublé, les expressions de l'estime du peuple et de son amour pour des hommes qu'il regarde comme les régénérateurs et les défenseurs de ses droits ont été les seuls mouvements aperçus dans cette multitude.

« A peine est-on entré dans la salle de l'Archevêché destinée provisoirement aux séances, qu'on a senti que ce local y était très peu propre : on n'était pas huit cents et un grand nombre de députés étaient sans siège; on remuait et on respirait à peine. Ceux qui étaient placés près des croisées qu'il fallait tenir ouvertes étaient incommodés par l'air, et ceux qui en étaient loin, manquant d'air, craignaient d'être étouffés. On a cru entendre aussi quelques craquements dans les appuis de la galerie qui règne tout autour de la salle, et cette inquiétude n'a mis personne plus à l'aise. Plusieurs fois pendant la séance, il s'est élevé de tous les côtés de la salle des voix qui demandaient un autre local. »

On hâta les travaux de la salle du Manège que Paris avait été chargé de mettre en état. Une lettre de cet architecte lue dans la séance du 7 novembre annonça que tout était terminé, et le lundi 9 novembre, l'Assemblée prenait définitivement possession du nouveau local.

Il est intéressant, je crois, d'essayer de reconstituer ce coin de Paris, qui devait être le théâtre de si dramatiques événements. Pour bien comprendre l'aspect qu'avait en 1789 ce quartier qui se prêtait si merveilleusement à devenir un champ de bataille pour les insurrections et les émeutes, regardons aux extrêmes limites. La place du Carrousel bornée par la rue Saint-Nicaise était alors toute petite. L'hôtel de Longueville et les écuries d'Orléans la resserraient au fond du côté du pont des Saints-Pères. L'emplacement actuel de la rue de Rivoli entre la rue du Dauphin et la rue de l'Echelle était occupé par les écuries du roi qui donnaient sur la petite rue Saint-Louis ainsi que quelques maisons ayant deux entrées, l'une sur la rue Saint-Louis, l'autre sur la rue de l'Echelle. La cour des Tuileries proprement dite était divisée en trois cours distinctes : la cour des Suisses, la cour des Tuileries, enfin la cour des Princes, obstruée par des dépendances, des corps de garde et des bâtiments de service.

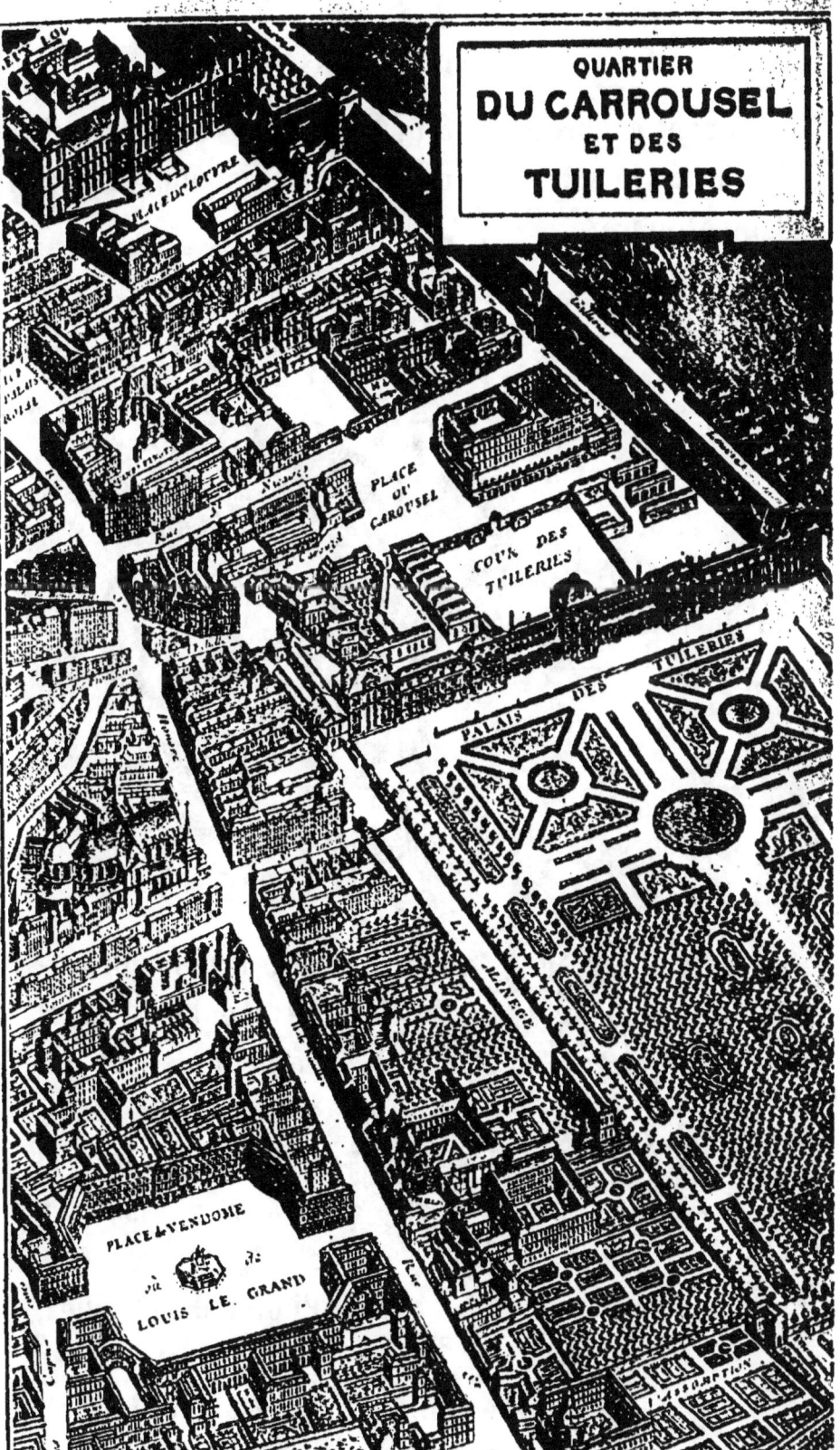

Faisons encore un détour, si vous le voulez, avant d'aborder la salle du Manège, et descendons la rue Saint-Honoré depuis l'église Saint-Roch jusqu'à la rue Royale.

Nous trouvons d'abord l'immense hôtel de Noail-

Les Jacobins.

les, devenu un hôtel meublé, l'hôtel Saint-James, et qui eut avant cette transformation un si étrange possesseur, sir Egerton. En face l'hôtel de Noailles, à l'endroit où se trouve aujourd'hui la rue du Marché-Saint-Honoré, se dressait la grande porte d'entrée du couvent des Jacobins où un club qui s'appela le club Breton et la société des amis de la Constitution, avant de s'appeler le club des Jacobins, venait d'être installé dans la bibliothèque d'abord, dans la chapelle ensuite.

Sur l'emplacement qui s'étend entre la rue

Les Feuillants et les Capucins.

d'Alger et la rue de Castiglione, les Feuillants avaient fait bâtir, en bordure de leur vaste monastère, des maisons de location qui existent toujours. En face de la place Vendôme s'élevait la magnifique entrée que François Mansart avait construite pour le couvent des Feuillants. Sous la Régence, on avait ouvert un passage entre le jardin des Tuileries et la chapelle, afin que Louis XV pût venir entendre l'office aux Feuillants, et le public s'était habitué à traverser les cours pour se rendre aux Tuileries.

Le couvent des Capucins, plus vaste encore, mais moins opulent d'apparence, occupait tout l'espace compris entre les rues Saint-Honoré, de Rivoli, de Castiglione et de Luxembourg, récemment débaptisée. Ses jardins verdoyaient à l'endroit où s'élevait il y a quelques années, le ministère des finances, à l'endroit même où l'on vient de créer une nouvelle rue, qu'on a d'abord appelée à tort rue des *Feuillants*, quand on aurait dû l'appeler rue des *Capucins* et que l'on vient de nommer rue Rouget-de-l'Isle, sans aucun motif.

Enfin, en avançant toujours, on trouvait, avant de parvenir à la rue Saint-Florentin, le couvent de l'Assomption, dont l'église et le cloître subsistent encore.

Si, après avoir suivi la rue Saint-Honoré, vous vous étiez transporté au coin où la rue de Rivoli débouche aujourd'hui sur la place de la Concorde, vous eussiez aperçu une fontaine monumentale, un corps de garde et une petite porte basse qui donnait accès sur la terrasse des Feuillants.

Il semble que nous ayons perdu de vue notre Manège; nous le distinguons bien mieux, au contraire, tel qu'il était, encaissé en quelque façon entre des jardins d'hôtels et de couvents et le mur de la terrasse des Feuillants. Primitivement destiné aux pages du roi et dépendant de la Grande Écurie, il était devenu en 1789 une propriété privée. Nous lisons dans le *Guide* de Thiéry : « L'Académie royale d'équitation se tient dans le Manège des Tuileries où la jeune noblesse et les jeunes gens de famille distinguée apprennent à monter à cheval et les autres exercices qui leur conviennent. M. de Villemotte, écuyer en chef; M. de Grimoult, écuyer en second. »

Devant le Manège s'étendait une longue cour, avec quelques légers bâtiments du côté des galeries actuelles, qui pouvaient être ou des écuries ou des échoppes. Le Manège lui-même présentait une façade assez insignifiante à trois arcades, dont l'une servait d'entrée. Les armes de France étaient sculptées au-dessus de la porte; sur la frise on lisait : *Assemblée nationale.*

On pénétrait dans la cour du Manège de trois côtés : soit en sortant des Tuileries, par une porte de bois très étroite qui est remplacée aujourd'hui par la porte-grille de la rue du Dauphin; soit en venant de la rue Saint-Honoré, par le cul-de-sac du Dauphin, inaccessible aux voitures et fermé par des barrières; soit enfin derrière le bâtiment du

Manège en traversant le passage ouvert à travers le couvent des Feuillants.

Cette description, quoique longue, était nécessaire,

Le Pont-Tournant.

à notre avis, pour faire comprendre les scènes dont la salle du Manège fut le témoin. Les séances de plus en plus orageuses des Assemblées troublèrent bien vite le peuple qui, à son tour, vint troubler les As-

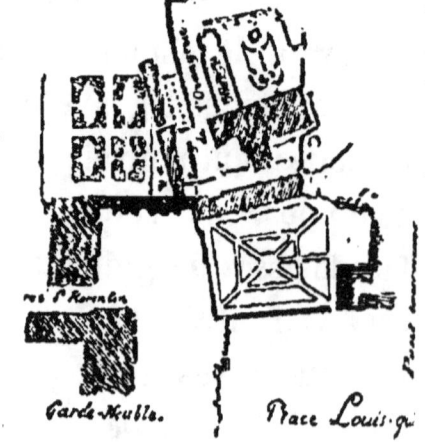

La fontaine.

semblées. L'émeute qui avait respecté l'Assemblée nationale apprit bientôt le chemin de l'Assemblée législative et vint plus tard dicter ses volontés à la Convention.

Bloquée en quelque façon dans un étroit espace, d'où il était impossible de sortir, une Assemblée délibérante était sans défense contre les excitations, les tumultes, les passions soulevées que la rue déchaînait sans cesse sur son seuil. Tandis que par les petites ruelles qui avoisinaient les Tuileries l'insurrection pouvait arriver presque immédiatement devant le palais du souverain,

Place Louis XV : La fontaine.

la foule s'animant par de véhémentes discussions dans le jardin des Tuileries ou du Palais-Royal, recueillant à la porte des Jacobins le mot d'ordre des meneurs, témoignant bruyamment dans les tribunes son approbation ou sa désapprobation, enveloppait l'Assemblée elle-même d'une atmosphère de passion et de fièvre qui enlevait le sang-froid aux

Salle de la Convention. (Le Manège.)

plus fermes et rendait impossible tout débat sérieux et calme.

Après avoir montré les dehors de la salle du Manège, pénétrons maintenant dans l'intérieur même. Cette fois encore, le *Journal de Paris* va nous fournir, avec accompagnement de commentaires fort sensés, des renseignements précieux sur les dispositions et l'acoustique de la salle :

« L'Assemblée nationale, lisons-nous à la date du 10 novembre, s'est transportée aujourd'hui à la salle qu'on lui préparait aux Tuileries depuis son arrivée dans la capitale. Ce local infiniment plus commode, infiniment plus convenable à la dignité de l'Assemblée nationale que celui de l'Archevêché, ne peut cependant, sous aucun rapport, être comparé à celui de Versailles. C'est un carré très long et très étroit. La voûte, très épaisse, a des formes qui, au lieu de répercuter la voix, la gardent et l'absorbent. On a eu beau placer la tribune et les orateurs au milieu, les voix les plus fortes et les plus distinctes ont peine, même au milieu d'un grand silence, à parvenir aux extrémités de ce carré long. Par un autre effet de cette même disposition sans doute de la voûte, les murmures, et il y en a souvent, ne s'élèvent pas et ne se perdent pas en l'air : ils restent bas et fatiguent singulièrement, tandis qu'on a beaucoup de peine à démêler la voix de l'orateur. Il serait fâcheux que cette disposition de la salle ajoutât encore à l'influence des fortes poitrines à qui il n'appartient pas de dicter les lois des nations. Que peut la raison avec un filet de voix ? disait un homme de talent à qui on reprochait d'avoir gardé le silence dans une dispute ? Si la salle est sourde, sans qu'il y ait aucun moyen d'y remédier, voilà donc encore un plus grand nombre de députés condamnés à donner leurs suffrages sans jamais donner leurs idées. La vérité qu'ils pourront voir, ils ne pourront pas la montrer; l'hommage qu'ils lui rendront ne fera pas de prosélytes; elle aura en eux des amis sans avoir des secours. Peut-être les gens de l'art pourront-ils trouver les moyens de rendre la salle un peu plus sonore, et on voit qu'il importe extrêmement qu'ils en cherchent. »

Les gens de l'art cherchèrent en effet le moyen de diminuer l'influence des fortes poitrines et d'assurer entre les voix de stentor et les filets de voix cette égalité qu'on voulait établir partout alors.

Un sieur Gérard inventa une bizarre mécanique que l'on retrouve dans les gravures du temps avec cette mention : « *Siège oral fixe ou mobile* destiné à renforcer la voix des orateurs dans une grande Assemblée. Voir le mémoire imprimé. Il se vend chez le sieur Tonnelier, marchand mercier, rue Saint-Jacques, près le collège du Plessis. 1 l. 4 s. »

Les *Révolutions de Paris* de Prudhomme célèbrent avec enthousiasme cet appareil qui semble avoir été inspiré par une réminiscence des moyens employés dans les théâtres antiques, pour porter au fond de la salle la voix du chanteur ou de l'acteur.

« L'invention du siège oral, disent les *Révolutions de Paris*, répond à une partie des difficultés que les partisans du système représentatif font sur les inconvénients des grandes Assemblées. Nous allons en donner la description : « Que le marchepied qui soutient le bureau des secrétaires et celui du président soit en treillis de bois ou de fer ; que ce treillis recouvre une voûte en maçonnerie renversée et parabolique ; que derrière la chaire du président soit placé un grand vase parabolique de même dimension que la voûte du marchepied ; que la table et surtout le fauteuil du président

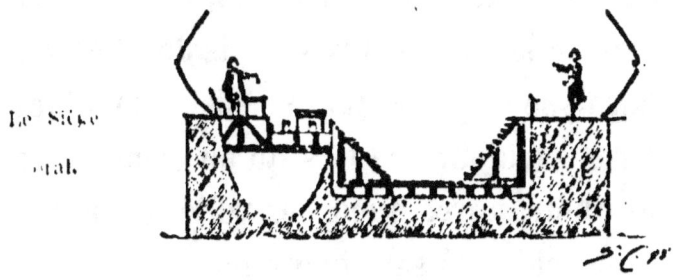

Le Siège ...

soient élevés et même fixés de façon que la tête du président soit à peu près aux foyers respectifs du vase et de la voûte renversée. »

J'ignore si le système du sieur Gérard fut expérimenté. En tout cas, dès la première séance, l'Assemblée eut à s'occuper des réclamations du directeur du Manège. Le président donna communication d'un mémoire de M. de Villemot (celui que le *Guide*

Thiery appelle M. de Villemotte), dans lequel le pétitionnaire faisait valoir que cet établissement lui avait coûté 90,000 francs, qu'il avait placé là la dot de sa femme, et qu'il serait forcé de rendre compte de cette somme à son fils. Quelques députés parlèrent de renvoyer cette demande au Pouvoir exécutif; d'autres pensèrent que « l'Assemblée devait se mêler elle-même d'un objet qui la regardait si directement », et le mémoire de M. de Villemot fut adressé au Comité des finances.

Le 1er octobre 1791, l'Assemblée nationale termina ses séances et fut remplacée par l'Assemblée législative. A partir de cette époque, la débandade absolue commence. L'Assemblée, en accordant les honneurs de la séance aux soldats de Châteauvieux, avait paralysé d'avance toute résistance, et les chefs populaires savaient dès lors qu'en criant fort ils se feraient obéir, après quelques velléités de protestation d'une majorité sans courage.

Pétion, d'ailleurs, le maire de Paris, était l'homme qu'il fallait aux circonstances: toujours absent au moment du péril, il apparaissait toujours, quand tout était fini, pour donner raison au plus fort dans un langage hypocrite et sentencieux qui lui était particulier; doucereux, solennel et fourbe, il pensait que tous les attentats avaient leur côté légal, dès qu'ils étaient réussis, et excusait les plus grands crimes avec des périphrases parlementaires dont nul n'a jamais possédé le secret comme lui.

Au 20 Juin, on se décida à tâter définitivement l'Assemblée qu'une bande de vingt mille pétionnaires armés avait envahie, et quand on fut bien convaincu de la faiblesse des Girondins et de l'absence de toute énergie chez Louis XVI, qui, admirable de courage passif, n'était point organisé pour l'action, le 10 Août fut résolu. Nous n'avons pas à raconter en détail ces journées si connues.

Après le 10 Août, la famille royale coucha trois nuits dans les cellules des Feuillants. Ce fut là que l'ambassadrice d'Angleterre envoya des hardes à la reine de France qui n'avait plus de souliers, et au petit dauphin dont les vêtements déchirés par le contact de la foule tombaient en lambeaux. Le couvent, qui était jadis un des monastères les plus fréquentés et les plus riches de Paris, présentait déjà l'aspect d'une solitude, et les hôtes d'autrefois en étaient partis depuis longtemps. Ceux qui voudraient du reste se faire une idée du séjour lugubre où la famille royale passa les premières heures d'une captivité qui devait être suivie de jours si affreux, n'ont qu'à consulter une gravure datée de 1804, au moment où la démolition du couvent était imminente. Les tombeaux fastueux des Guémenée, des Beringhem, des Rostaing ont été saccagés; les pavés en mosaïque sont cassés ; les inscriptions, les statues funéraires, les blasons sculptés gisent çà et là sur le sol. L'herbe folle a poussé partout. Les arbres séculaires, qu'on ne taille plus, étendent leurs branches dans le sanctuaire à travers les vitraux brisés. Un jardinier a pris la chapelle pour magasin, et nous le voyons arroser tranquillement ses pots de fleurs alignés sur quelque sculpture de marbre.

Le 13 août, la famille royale partit pour le Temple dans

Ruines des Feuillants (en 1804).

une voiture à dix places, qui prit le passage des Feuillants et se dirigea vers le Temple par les boulevards. En traversant la place Louis-le-Grand, où la statue de Louis XIV venait d'être renversée,

Manuel, en homme bien élevé, ne perdit pas l'occasion d'insulter le monarque captif : « Voilà, dit-il à Louis XVI, comment le peuple traite les rois. »

L'Assemblée législative qui, par son indécision, son imprévoyance et son attitude tremblante devant la démagogie, avait d'avance rendu la Terreur possible, allait disparaître. Elle n'avait pas eu assez de sens politique pour s'opposer au 20 Juin et au 10 Août; elle n'eut pas assez de sens moral pour punir les massacreurs de Septembre. C'est à la conduite oblique qu'il avait tenue dans ces affreuses journées que Pétion, qui avait eu le triste courage de féliciter les égorgeurs de leur patriotisme, dut l'honneur de présider le premier cette Convention qui devait envoyer son parti au supplice. La transmission des pouvoirs se fit aux Tuileries avec une certaine solennité.

« L'ouverture de la Convention nationale, dit le *Journal de Paris*, était indiquée au 20 Septembre. Ce jour-là, les députés arrivés à Paris se sont réunis vers sept heures du soir au palais des Tuileries. Ils étaient au nombre de deux cent soixante et onze. Après un appel nominal, les pouvoirs ont été vérifiés sous la présidence du doyen d'âge. Une élection faite à haute voix a ensuite placé Pétion au fauteuil, et au bureau les six secrétaires dont voici les noms : Condorcet, Rabaut, Lassource,

Brissot, Vergniaud, Camus. Ces nominations faites, il fut décidé que, le lendemain, vers onze heures du matin, la Convention irait ouvrir ses séances dans la salle de l'Assemblée législative.

« L'Assemblée législative, dont la séance n'avait pas cessé d'être permanente, arrêta, dans la matinée du vendredi 21, sur la proposition de François de Neufchâteau, qu'une députation irait au-devant de la Convention aux Tuileries, lui offrirait les vœux de la Nation et l'escorterait. A onze heures et demie, douze députés de l'Assemblée conventionnelle entrent dans la salle du Corps législatif. « Ci« toyens, dit l'un d'eux, la Convention nationale est « constituée, elle va se rendre en ce lieu. » Le président prononce ces paroles : « Les séances du « Corps législatif sont finies. » L'Assemblée entière se lève et va au-devant de la Convention.

« Les membres qui la composent, escortés des législateurs qui viennent de perdre leur caractère, entrent deux à deux; les applaudissements réitérés des tribunes, à l'entrée d'anciens députés, témoignent la gratitude publique et l'espérance générale qu'ils excitent. Pétion marche à leur tête; Pétion, dont la sérénité au milieu des orages de la liberté atteste si bien la stabilité que cette liberté a acquise et l'indifférence de ceux qui la servent, comme lui, à tout danger personnel. »

La Convention, en choisissant, pour sa séance de vérification et d'organisation, la salle des Gardes, aux Tuileries, avait tenu à prendre ainsi possession publiquement de l'ancien palais des rois, sans doute en raison de l'axiome déjà célèbre : « On ne détruit que ce qu'on remplace. » Elle n'en continua pas moins à siéger quelque temps au Manège. Dès la première séance, le 21 septembre, elle avait, non pas proclamé la République, comme on l'a dit, mais déclaré, sur la proposition de Grégoire, que la royauté était abolie.

Ce fut encore dans la salle du Manège qu'eut lieu le procès de Louis XVI. Les clameurs frénétiques des tribunes se mêlaient incessamment aux discussions et couvraient la voix de ceux qui essayaient non pas de prouver l'iniquité de ce procès, iniquité reconnue par tout le monde, mais d'encourager la Plaine, folle de peur, à dire tout haut ce qu'elle pensait tout bas. C'est en vain qu'un républicain, chez lequel les sentiments honnêtes n'étaient pas éteints, s'était écrié : « Je demande, au nom de la patrie, au nom de l'humanité, au nom de la morale publique, qu'on prenne des mesures pour que, chaque fois que quelqu'un préjugera le sort de l'accusé, nous n'entendions pas ces vociférations de cannibales. » Tout fut inutile, et quand Louis XVI sortit pour la dernière fois de la Convention, il vit des forcenés s'approcher de sa voiture, et, le poing levé, hurler devant lui :

Qu'un sang impur abreuve nos sillons !

Avant de se séparer, l'Assemblée nationale s'était préoccupée de trouver un local moins exigu que la salle du Manège pour la Convention qui allait ouvrir ses séances. Elle avait rendu, à la date du 14 septembre 1792, le décret suivant :

« L'Assemblée nationale, considérant qu'il importe de fixer les séances de la Convention nationale dans le local le plus convenable à la dignité nationale; qu'aucun ne peut mieux remplir cet objet que le château des Tuileries;

« Après avoir entendu le rapport de la commission extraordinaire et du comité d'instruction publique, sur la pétition présentée par le maire de Paris, et sur les observations du ministre de l'intérieur, décrète qu'il y a urgence.

« L'Assemblée nationale, après avoir décrété l'urgence, décrète que le ministre de l'intérieur est autorisé à faire préparer aux Tuileries, par le sieur Vignon, un emplacement propre à recevoir le plus promptement possible la Convention nationale, sans que les dépenses à faire pour cet établissement puissent excéder 300.000 livres. L'Assemblée nationale met à cet effet à la disposition du ministre de l'intérieur la somme de 300.000 livres, dont il rendra compte à la nation.

« Signé : Danton, président du conseil exécutif provisoire; contresigné, Danton, et signé du sceau de l'État. »

La salle choisie fut la salle de spectacle des Tuileries ou salle des *Machines*, construite par Vigarini, en 1657, et dont Noël Coypel avait peint les plafonds sous la direction d'Errard, chargé de la décoration générale.

Vignon se mit à l'œuvre, et le ministre de l'intérieur Roland, en venant encourager les ouvriers, adressa de chaleureuses félicitations à l'architecte. Mais tout changea bientôt.

Que se passa-t-il au juste? Mme Roland, cette Philaminte envieuse qui inspirait les Girondins et leur imposait tous ses caprices, mit-elle tranquillement à une décision de l'Assemblée son véto, moins discuté que le véto constitutionnel de Louis XVI? Ce qui est certain, c'est que Vignon, chargé officiellement de la construction de la nouvelle salle, fut brusquement remplacé par un autre architecte, l'architecte Gisors. Les républicains au pouvoir considèrent volontiers comme péché véniel ces actes de favoritisme qu'ils blâment si durement chez les tyrans.

Quoi qu'il en soit, Vignon protesta et adressa à la Convention une requête dont le début est bien dans le ton déclamatoire de l'époque :

« Citoyens législateurs, votre religion a été surprise, la fortune publique a été dilapidée ; mes talents, ma réputation, mon honneur ont été compromis par le ministre Roland, et si la responsabilité des ministres n'est pas illusoire, le temps est arrivé de l'exercer dans toute sa rigueur ; il faut enfin que le masque dont quelques intrigants se sont couverts soit arraché, et que les regards du public soient frappés de leur hideuse laideur.

Ruines de l'Hôtel de Longueville.

« C'est principalement sur l'architecte Gisors que doit porter tout le poids de la justice nationale ; car il vous a trompés : 1° en n'exécutant pas les plans qu'il vous a présentés et que vous avez décrétés ; 2° en augmentant considérablement les dépenses, tant par sa mauvaise foi que par son ignorance ; 3° en privant journellement plus de cinq cents citoyens d'assister à vos séances ; 4° enfin, en vous promettant votre salle pour le 1er novembre dernier. »

Pour se justifier d'avoir retiré à Vignon la direction des travaux, Roland prétendait que les frais dépasseraient les 300.000 francs convenus, et que l'architecte compromettait la solidité des bâtiments.

Le comité des inspecteurs de la salle nomma les citoyens Garré et Aubert, qui démontrèrent la fausseté des allégations du ministre de l'intérieur et constatèrent, toujours à en croire Vignon, « qu'il avait su disposer sa *basilique* de manière à contenir 820 députés, 200 suppléants, 100 admis aux honneurs de la séance, et enfin 1,670 places assises pour le peuple. »

La Convention, cependant, engagée par Roland, ne voulut pas le désavouer et préféra rapporter le décret de l'Assemblée nationale, mais elle accorda une indemnité à Vignon.

Le comité des inspecteurs de la salle semble avoir été favorable aux réclamations de Vignon, ou du moins avoir gardé rancune à Roland. Celui-ci, en effet, vint se plaindre à la Convention que les commissaires inspecteurs usurpassent sur ses fonctions et prétendissent se mêler de ce qui ne les regardait pas. Il trouva à qui parler et reçut de la part du comité la lettre suivante :

« Vous avez inculpé ce matin, Monsieur, le comité des inspecteurs de la salle, en avançant à la Convention nationale qu'il vous contrarierait dans les opérations déterminées par le plan du citoyen Gisors pour la salle dont l'emplacement a été fixé au palais des Tuileries. Le comité, Monsieur, est on ne peut plus étonné de cette dénonciation. Vous voudrez bien, Monsieur, désigner quels sont les membres de ce comité qui contrarient la surveillance que vous a confiée la Convention ; il importe sans doute à tous ses membres, et pour leur zèle irréprochable, de connaître et d'approfondir le motif de votre procédé envers le comité qui, réuni en ce moment, s'attend à une prompte réponse. »

On rédigea, séance tenante, un procès-verbal qui fut signé par les citoyens Calon, Robin, Sorin, J.-B. Lacoste, Hugues, Projean, Belin, Charles Duval, Sauteyras, Fiquet, Gamon et Perrin.

Ainsi sommé de s'expliquer, Roland, selon l'habitude des Girondins, qui entassaient de grandes phrases pour ne rien dire, se réfugia derrière des équivoques. Voici, au reste, son incolore et prétentieuse réponse :

« Je n'ai point parlé, Messieurs, de la salle de la

Convention du château des Tuileries; je n'y avais point même pensé, et j'ai été fort étonné que quelqu'un qui, sans doute, ne m'avait pas entendu, parlât de cet objet. Je n'ai parlé que du projet du placement des comités, des architectes et entrepreneurs qui s'étaient présentés à mon insu, et qui avaient prétendu faire des dispositions dont je n'avais pas connaissance. J'ai voulu éviter beaucoup d'abus et prévenir ceux qu'aurait occasionnés le décret d'hier sans les représentations que j'ai été faire aujourd'hui. Voilà, Messieurs, ma réponse exacte et dans sa sincérité, comme tout ce que je dis, tout ce que je fais. Tel je suis et tel je serai toujours. »

Ce fut le 10 mai 1793 seulement que la Convention prit possession de la nouvelle salle. Les repré-

L'Assemblée constituante (Salle des Menus).

sentants semblent avoir éprouvé un peu ce désarroi qu'on éprouve en changeant de domicile et avoir songé davantage ce jour-là à considérer les dispositions de la salle qu'à se livrer à leurs querelles habituelles. C'est du moins l'impression optimiste du *Journal de Paris*, qui, à la date du 11 mai, contient, avec une appréciation très circonspecte de la salle inaugurée la veille, des réflexions toujours très sages et des espérances toujours destinées à être déçues :

« La Convention a tenu aujourd'hui, pour la première fois, sa séance dans la nouvelle salle aux Tuileries.

« On ne peut bien juger de la forme de cette salle que par les effets que la voix des orateurs et l'œil du président y produiront. Ces effets mériteront d'être observés. Comme le dit Voltaire, l'âme est un peu machine. Les causes physiques agissent sans cesse sur nous. C'est par des raisons physiques qu'au spectacle un parterre debout est plus bruyant qu'un parterre assis, qu'à l'armée les troupes en masse sont plus courageuses qu'en ordre mince. Des tribunes plus ou moins élevées, placées au-dessus ou au-dessous des députés, ou à leur niveau, toutes choses égales d'ailleurs, auraient plus ou moins la malheureuse faculté d'influencer les délibérations des députés; dans une salle circulaire où chacun serait vu de tous les autres, les passions seraient mieux contenues que dans une salle où chacun pourrait se placer au centre d'un parti qui le masquerait au parti contraire.

« Aujourd'hui, déjà, on a fait une observation dont on pourrait tirer parti. Les députés, étant arrivés successivement, se sont assis indifféremment à la première place qui s'est offerte à eux. Point de côté droit, point de gauche, point de bosquets, point de plaine, point de montagne. Pétion s'est trouvé auprès de Danton, Bentabolle à côté de Lanjuinais, Rabaut à côté de Couthon. La séance a été calme, décente, et il ne lui en fallait pas davantage pour être aussi majestueuse et imposante.

« Même observation avait été faite lorsque l'Assemblée constituante s'est établie au Manège. S'il est possible de mettre du calme, de la décence, de la dignité dans l'Assemblée par la seule dispersion des hommes qui composent les divers partis, s'il est permis d'assurer à chaque membre la pleine possession de sa raison, de son sang-froid et de sa liberté, en le séparant du groupe au milieu duquel il fermente, s'échauffe ou cède à la volonté d'autrui, pourquoi n'assujettirait-on pas chaque député à s'asseoir à une place qui serait déterminée par le hasard ou par une combinaison quelconque du moins? On ne verrait pas les représentants du peuple séparés comme deux corps d'armée rangés en bataille en face l'un de l'autre. »

Nous n'avons guère d'autre document graphique sur la salle de la Convention que la gravure de Monnet qui représente la journée de Prairial. Il est difficile de se rendre compte de l'aspect que la salle offrait ordinairement, en présence des foules frémissantes que l'artiste nous montre envahissant tous les sièges des députés. La tribune au lieu d'être en face du président, comme dans la salle du Manège, était au-dessous de lui, un buste de Brutus la surmontait. Des bustes de Lycurgue, de Solon, de Caton, alternaient à droite et à gauche avec des lampadaires de forme antique. Un exemplaire de la Constitution imprimé sur papier peint dans la fabrique de Daguet (1), et qu'on plaçait dans tous les districts et dans tous les clubs, était placardé derrière le bureau ayant pour pendant les tables des Droits de l'homme. A la voûte pendaient les drapeaux pris à l'ennemi; des tribunes séparées par des faisceaux étaient disposées de chaque côté; dans le fond, depuis le bas jusqu'au faîte, s'étageaient des gradins en hémicycle sur lesquels les spectateurs prenaient place. Le peuple murmurant, grondant, menaçant

(1) Le seul exemplaire connu de cette Constitution sur papier peint a été acquis par la bibliothèque Carnavalet.

semblait ainsi faire partie de l'Assemblée elle-même.

A droite et à gauche deux vomitoriums livraient passage aux députations qui se succédaient incessamment à la barre pour demander de nouvelles proscriptions.

On entrait directement dans la salle de la Convention par un perron qui donnait sur la terrasse des Feuillants, mais on pouvait y parvenir aussi du côté du Carrousel en traversant les salles occupées par le Comité de salut public. Un petit salon qui se trouvait à gauche de l'estrade du président et n'était séparé du jardin que par une antichambre offrait encore une communication dont l'émeute profita en prairial.

Il ne faudrait pas prendre trop au sérieux la peinture idyllique que le *Journal de Paris* nous trace de la première séance tenue aux Tuileries. Dès cette première journée, Marat monta à la tribune pour déposer la motion suivante :

« Je propose, dit-il, que la Convention décrète la liberté illimitée des opinions, afin que je puisse envoyer à l'échafaud la faction des hommes d'Etat qui m'ont décrété d'accusation. »

Quelque blasé que l'on soit sur les spectacles de la Révolution, on éprouve toujours un sentiment d'inexprimable étonnement en voyant qu'un fou étranger qui débitait de pareilles insanités devant une grande Assemblée ait jamais pu devenir le maître d'un pays tel que la France.

Le *Moniteur* d'ailleurs est plein de ces énormités. Dans cette même séance du 10, Lassource propose gravement cette modification au règlement :

« Quant aux mouvements tumultueux qui vous agitent, aux injures qui souvent sont proférées dans cette enceinte, je pose en principe que celui qui trouble la Convention nationale se rend coupable du crime de lèse-patrie, de lèse-humanité ; et bien ! je demande que celui qui désormais osera se permettre une injure contre un de ses collègues soit puni de mort et exécuté séance tenante. »

Lorsque M. Gambetta, trouvant insuffisant un règlement qui avait suffi à des hommes comme Lainé, Royer-Collard, Sauzet, Dupin, Morny, Grévy, Buffet, s'efforça de faire voter des pénalités draconiennes contre les interrupteurs, M. Baudry d'Asson présenta un contre-projet qui était comme la satire des nouveaux articles proposés. On l'accusa de manquer de respect à la souveraineté nationale : qu'auraient dit nos députés de Lassource qui faisait cependant partie de cette glorieuse Convention que l'on vante à tout propos ?

L'appréciation favorable du *Journal de Paris* sur la nouvelle salle n'était point partagée par les jouraux avancés. Soit hostilité contre l'architecte Gisors protégé par Roland, soit pour toute autre cause, es *Révolutions de Paris*, de Prud'homme, critiquent vivement les dispositions prises, dans un article u'il faut citer, car il contient des renseignements tiles sur cette salle dont l'aménagement intérieur st peu connu.

« Un des plus beaux monuments de Paris et du 1onde est le château des Tuileries, et l'un des plus eaux théâtres de l'Europe, sans en excepter celui e Rome, était la salle des Machines construite par rdre de Louis XIV ; les loges soutenues par de uperbes colonnes corinthiennes pouvaient contenir ort à leur aise et convenablement placées sept à uit mille personnes. Cet édifice vient de changer e face et de destination, on n'y représente plus de omédies-ballets à grand spectacle, c'est à présent sanctuaire des lois, l'aréopage de la République, temple de la nation, en un mot le lieu d'assemblée es représentants du peuple français.

« On doit croire que le faste de Louis XIV dit le rand le cède aujourd'hui à une majestueuse simlicité, on doit s'attendre surtout que le peuple ouverain sera admis aux séances de ses mandaires en aussi grand nombre et avec au moins aunt d'égards que jadis la valetaille des cours était dmise aux fêtes d'un despotisme orgueilleux.

« Nous avons été trompés ; tout ce qu'il y a de bien est ce à quoi l'architecte et le ministre moderne n'ont point touché, ils ont gâté le reste ; ce n'est pas une salle d'assemblée de législateurs, mais bien plutôt une vaste école de droit à l'usage de quelques centaines de juristes. C'est presque une copie du nouvel amphithéâtre des élèves en chirurgie, rue des Cordeliers.

« Le beau vestibule de Philibert Delorme, le magnifique escalier rebâti sous les yeux de Colbert, l'ancienne chapelle devenue un temple à la Liberté, et d'autres issues qu'on n'a eu besoin que de décorer d'attributs analogues semblaient annoncer une pièce d'architecture qui ne devait pas être inférieure à la salle des ci-devant Menus-Plaisirs de Versailles. Eh bien, tout ce pompeux préliminaire aboutit à une porte latérale, laquelle vous ouvre un couloir pour arriver aux gradins carrés longs où siège la Convention. En face de ces gradins, dans un enfoncement, est la place du président. Le dernier magistrat de la république romaine représentait avec plus de dignité sur son tribunal. La tribune de l'orateur est à quelques marches plus bas devant le fauteuil du président qu'il efface. On dirait d'un chancelier de France dans un lit de justice. La chaise curule du consul et la tribune aux harangues figuraient bien autrement à Rome.

« Il faut lever les yeux vers le plafond des deux extrémités de ce local parallélogramatique, pour découvrir huit à neuf têtes encaquées sous une voûte profonde et sourde. C'est là où se trouve le peuple. Il y a encore quelques tribunes moins hautes sur le côté, mais les plus commodes ne sont pas pour lui, elles sont pour les billets que les députés distribuent à leurs cuisiniers ou aux femmes de chambre de leurs femmes. Si le peuple souverain savait que, dans cette même salle, les valets de pied, les valets de garde-robe du prince étaient assis avec plus de décence et en bien plus grand nombre que lui! il semble que ce soit par grâce qu'on lui permette d'assister aux délibérations de ses mandataires. Ils l'ont relégué le plus haut qu'ils ont pu, le plus loin d'eux, comme pour se soustraire à ses regards, et ils ont agi prudemment si leur intention est de ne pas mieux se conduire dans la salle des Machines, qu'ils ne l'ont fait dans celle du Manège ; mais il est trop visible peut-être que dans ce nouveau plan on a voulu rendre le peuple pour ainsi dire étranger à ses représentants, on est passé d'un excès à l'autre, car si la coupe de l'ancien local avait des inconvénients à cet égard, celle du nouveau en a de bien plus graves. Nous attendrons encore quelque temps pour parler des autres défauts de cette salle.

« Disons pourtant que ce que les artistes appellent décors y est fort bien entendu. Disons aussi que si nous n'avons pas de Cincinnatus, de Camille, de Lycurgue, de Solon, de Brutus, faut-il ajouter de liberté, au moins nous pouvons en contempler les images à la Convention : tous les grands modèles sont là sous les yeux de nos législateurs. A l'autre bout du Jardin national on voit un marbre, copie de l'antique, qui est plus beau que son original. La Convention n'en est pas encore là. »

La question des places mises à la disposition du public était alors, ne l'oublions pas, d'une importance capitale. Le peuple avait pris l'habitude d'intervenir, comme le chœur antique, dans les tragédies qui se jouaient sous ses yeux. Couvrant la voix des modérés, encourageant les orateurs de la Montagne, les clameurs des tribunes changeaient soudain la physionomie des séances. Ces spectateurs bruyants étaient pour les meneurs un argument d'une saisissante éloquence : « Le peuple veut, le peuple proteste, le peuple s'indigne, le peuple frémit ! » criaient les coryphées de la Montagne en montrant à leurs collègues quelques sans-culottes crasseux et quelques tricoteuses hideuses qui soulignaient de leurs frénétiques applaudissements placés aux bons endroits un discours qu'ils avaient entendu la veille aux Jacobins.

Un procès-verbal des inspecteurs de la salle témoigne de cette préoccupation et indique le désir de ne pas laisser diminuer par des cartes de faveur l'importance de cet élément faubourien qui constituait la force de la Montagne. « Considérant, porte ce procès-verbal, que le système d'égalité, conservateur de la liberté, ne permet aucun privilège, le Comité décide que le président et les députés n'auront de billets de tribune que lorsque leur tour viendra dans l'ordre alphabétique de leur département; il leur interdit d'introduire aucun étranger dans la salle et défend aux huissiers de recevoir des billets signés d'eux. »

Ce procès-verbal est du 25 mai. Six jours après, les spectateurs populaires devaient, en pesant sur l'Assemblée, décider du sort des Girondins.

Au 31 mai, les Girondins furent les victimes des mêmes attentats dont ils avaient été au 20 Juin et au 10 Août les complices inconscients ou du moins les témoins complaisants. Assiégée dans ces Tuileries où elle avait remplacé le pouvoir exécutif, la Convention dut s'incliner devant la volonté de l'émeute qui avait Marat pour porte-parole. Jamais Assemblée française ne subit humiliation comparable à celle qu'accepta docilement cette Convention dont on a tant célébré la fermeté.

Jamais séquestration d'une Assemblée ne fut plus

complète qu'en cette journée du 31 Mai qui fut, en réalité, un 31 Octobre réussi. La chronique, qui n'oublie rien des menus détails qui serviront plus tard à l'histoire, nous a montré M. Jules Favre, prisonnier depuis cinq heures à l'Hôtel de Ville et contraint de s'abriter une minute derrière un rideau. Impérieusement pressés, eux aussi, par la nature, Grégoire et quelques autres membres furent conduits hors de la salle, escortés de quatre fusilliers, gardés à vue et ramenés de même jusqu'à la porte extérieure.

Quand la Convention vaincue, ayant cherché vainement un passage de tous les côtés, rentra pour se décapiter elle-même et décréter d'accusation les Girondins, ces Opportunistes d'autrefois, qui s'étaient cru si habiles et qui avaient enfin rencontré leur maître, Couthon la souffleta de son ironie : « Les membres de la Convention, dit-il, peuvent être pleinement rassurés sur leur liberté. Ils ont trouvé partout un peuple bon, mais qui veut se faire justice. »

C'étaient à peu près les paroles que Pétion avait adressées à Louis XVI, quand il lui affirmait que les insurgés du 20 Juin, qui avaient envahi les Tuileries, en criant : « A bas le Véto! Mort à l'Autrichienne! » étaient venus avec des *intentions pures*.

A dater du 31 Mai, la Convention débarrassée des modérés, est véritablement la maîtresse des

Tuileries, qui sont devenues le *Palais national*, et complète son installation.

A dater du 4 juillet 1793, le comité des inspecteurs de la salle ordonne de placer dans le pavillon de l'Unité une horloge à timbre, de Lepaute, marquant les heures sur trois cadrans en émail de six [p]ieds de diamètre, l'un du côté du jardin, l'autre [a]u côté de la cour, et le troisième dans la première [s]alle servant d'entrée au lieu des séances. Le comité [o]rdonne encore de transporter dans la salle des [s]éances la pendule horizontale de Lepaute placée [a]u ci-devant Palais-Bourbon.

Le pavillon de l'Unité est l'ancien pavillon de [l']Horloge ; le pavillon de Flore prend le nom de [p]avillon de la Liberté, et le pavillon de Marsan le [n]om de pavillon de l'Égalité. C'est là que siège le [f]ameux Comité de salut public. C'est là que sont [r]éunis ces dossiers qu'on porte au tribunal révo[l]utionnaire, c'est là que Labussière qui, pour se [m]ieux cacher, a cherché un emploi dans l'antre [m]ême de la Révolution, vient parfois le soir dérober [a]u hasard quelques pièces, c'est-à-dire sauver quel[q]ues têtes comme celle de Joséphine Beauharnais [e]t des comédiens du Théâtre-Français.

Les autres comités prennent possession des hôtels [d]u voisinage. Le Comité de sûreté générale se réunit [m]aison de Brionne, l'ancien hôtel du grand écuyer, occupé encore en 1789 par la comtesse de Brionne, le prince de Lambesc, la princesse de Vaudemont et Mlle de Montmorency. Le comité des finances a choisi pour ses bureaux la maison Breteuil, rue de la Convention ; le comité de législation, la maison de Coigny, rue Nicaise ; le comité d'instruction publique, la maison d'Elbeuf, place Marat ; le comité du commerce et des approvisionnements, la maison ci-devant Noailles, rue Honoré.

La Convention, encore une fois, est là chez elle. A quelques pas, est la place de la Révolution, où l'on guillotine ; devant elle le jardin où l'on célèbre les fêtes publiques. Du haut du balcon du pavillon de l'Égalité, les conventionnels donnent le signal des réjouissances, puis descendent dans le jardin pour figurer dans les cortèges avec des épis de blé à la main et aller solennellement près du grand bassin mettre le feu à un mannequin qui représente le Fanatisme, l'Aristocratie ou la Contre-révolution.

Ce fut cette salle qui, après avoir vu les Danton, les Camille Desmoulins, les Fabre d'Eglantine, et tant d'autres après eux descendre de leur banc pour monter à l'échafaud, assista aux luttes de Thermidor. Nous avons essayé d'indiquer ailleurs (1) quelles ombres planaient encore sur cette journée si souvent racontée et si peu connue. L'Histoire a fait

(1) Les *Fêtes nationales de la France*. (Librairie Baschet.)

justice de la légende qui nous montre là une conspiration de la pitié. Les Tallien, les Barras, les Fréron avaient été d'implacables proscripteurs et ne valaient pas comme moralité ceux qu'ils envoyaient à la mort. Ils songèrent très sérieusement à continuer la Terreur pour leur compte. Le 9 Thermidor fut plutôt une sorte de lutte entre des fauves à sang froid et des fauves à sang chaud. Ils s'observèrent quelque temps, puis s'élancèrent les uns sur les autres avec l'instinct de l'animal qui se sent menacé et qui se défend.

Le combat ne fut même pas aussi savamment préparé que l'on imagine. Sans doute, Robespierre ruminait quelque chose; à la fête qui devait se célébrer le lendemain, en l'honneur de Barra et de Viala, il comptait prononcer quelques-unes de ces paroles ambiguës et sinistres par lesquelles il désignait ses ennemis à la proscription; Lebas et lui avaient visité à maintes reprises le camp des Sablons, pour s'assurer l'appui des élèves de l'école de Mars (1), mais ni lui ni ses adversaires n'avaient de plan bien arrêté. Ils subissaient tous l'espèce

(1) Consulter à ce sujet une brochure très singulière du colonel Langlois, fondateur des Panoramas : *Souvenirs de l'École de Mars et de 1794*, par Hyacinthe Langlois du Pont-de-l'Arche. Voir aussi un ouvrage un peu confus mais intéressant, *Types révolutionnaires*, par M. le comte de Martel (librairie Plon), qui contient des documents curieux sur le 9 thermidor.

d'ivresse hébétée que dégageait cet échafaud toujours en permanence. Ils ne tenaient pas à la vie, non par stoïcisme, mais parce que l'ignoble régime de la Terreur avait enlevé à l'existence tout ce qui en fait l'honneur et le charme.

Ce qui décida le succès fut que le 9 Thermidor fut non pas une journée, mais une soirée. A la suite de la séance du 8, Robespierre avait été acclamé aux Jacobins; décrété d'accusation dans la séance du 9, il traversa à quatre heures la grande cour qui précédait la salle de la Convention, puis la petite cour de l'hôtel de Brionne, et fut enfermé dans une salle dépendant du Comité de sûreté générale, au pavillon de Flore, devenu le pavillon de la Liberté. C'est là qu'il dîna en compagnie de son frère. Entre cinq et six heures, il fut conduit à la prison du Luxembourg dont le concierge refusa de le recevoir; de là on le mena à la mairie la plus voisine, où il fut délivré à huit heures. Au même moment, on délivrait tous ses complices répartis dans diverses prisons, Robespierre jeune à Saint-Lazare, Couthon à la Bourbe, Saint-Just aux Écossais, — ce qui démontre que les officiers municipaux leur étaient dévoués. A neuf heures ils se trouvaient tous réunis à l'Hôtel de Ville, entourés de leurs partisans, protégés par des sections fidèles.

Pourquoi ne marchèrent-ils pas sur la Convention

qu'ils auraient occupée presque sans résistance? Par l'unique raison que les mouvements populaires, les *journées* étaient réglées comme du papier à musique; on se mettait en route vers midi avec tout un cortège de vainqueurs de la Bastille, de vainqueurs du 10 Août, de représentants des Sociétés populaires, et l'on allait imposer les volontés des faubourgs à l'Assemblée. La pluie vint à tomber justement ce soir-là, après quelques semaines d'effroyable sécheresse; chacun se souhaita le bonsoir et se dit à demain. Au 31 Octobre, les choses se passèrent absolument de la même façon. Les gens qui quittèrent la place de l'Hôtel-de-Ville à neuf heures s'allèrent coucher avec l'agréable perspective d'être gouvernés le lendemain par Blanqui, et n'apprirent qu'à leur réveil qu'ils avaient encore la joie de posséder M. Étienne Arago comme maire de Paris.

Au moment où Robespierre et ses amis se félicitaient à l'Hôtel de Ville du résultat de la journée, les Thermidoriens réunis dans le petit cabinet placé à gauche de l'estrade du président, et dont nous avons déjà parlé, n'étaient point gais, et, pour employer l'expression populaire, passaient un vilain quart d'heure ; l'entrain désespéré qui les avait poussés en avant, et qui avait gagné les modérés, étonnés eux-mêmes de ne plus trembler, était un

peu tombé ; ils savaient que la Plaine, toujours
lâche, et qui se repentait déjà d'avoir eu une
minute d'énergie, les abandonnerait le lendemain.
Barrère, étendu sur un matelas, se bourrait le nez
de tabac et débitait gravement des apophthegmes
décourageants. « Il n'y a qu'un moyen de nous
défendre, dit Fréron, c'est de faire nommer par la
Convention des représentants pour diriger les

Les Écuries d'Orléans, au Carrousel.

forces armées de Paris et de faire lever les sections. »

Alors la place sombre, plongée déjà dans ce silence particulier qui suit les journées de révolution,
où chacun, craignant de se compromettre avec des
passants, rentre dans sa maison ou regagne son
club, s'emplit soudain de tumulte et de lumière.
Les douze conventionnels désignés, Fréron, Beau-
prey, Féraud, Bourdon (de l'Oise), Rovère, Bolet,

elmas, Léonard Bourdon, Auguis, Legendre, Goupillot de Fleury et Huguet, montent à cheval et s'élancent dans toutes les directions en s'efforçant de réveiller cette ville, si longtemps muette d'épouvante. Devant eux, les huissiers de la Convention et des gendarmes portent des flambeaux, et à chaque carrefour on crie, avec une mise en scène qui impressionnait le peuple habitué pourtant à tant de spectacles : « Robespierre est hors la loi ! » Quand on passa devant le Théâtre-Français, où on jouait *Epicharis* et *Néron*, l'acteur dut répéter trois fois, aux applaudissements de la salle, l'hémistiche : *Tremblez, tyrans !* — Voilà qui est bien, dit Barrère toujours couché sur son matelas, quand Barras, qui avait pris le commandement des troupes, vint lui annoncer ce qui avait été fait, mais c'est sur la Commune qu'il fallait marcher. Le terroriste au langage fleuri qu'on avait surnommé l'Anacréon de la guillotine savait combien tombent vite ces beaux enthousiasmes.

Barras comprit, disposa ses troupes en deux colonnes ; l'une s'avança par les quais, l'autre par la rue Saint-Honoré et la rue de la Verrerie et vers dix heures l'Hôtel de Ville était pris. Merda, qui, devenu général et baron, tomba à la Moskowa, fracassa d'un coup de pistolet, la mâchoire de Robespierre ; Couthon se cacha dans un égout,

Lebas se brûla la cervelle, Henriot, enfin, fut jeté par les fenêtres par ses amis...

Germinal fut un essai de revanche des faubourgs contre le 9 Thermidor. Envahie une partie de la journée, la Convention fut délivrée par les sections de l'ordre et vota la déportation de Billaud-Varennes, de Barrère, de Collot-d'Herbois et l'arrestation de Léonard Bourdon et d'Huguet. Tous ceux-là, on l'a vu, avaient été des Thermidoriens de la première heure, non point dans le sens d'une réaction vers les sentiments d'humanité que nous attribuons faussement à ce mouvement, mais dans le sens simplement hostile à Robespierre, c'est-à-dire purement défensif. Est-il besoin de répéter que Joseph Le Bon et Carrier siégèrent longtemps à la Convention, sans que nul songeât à les inquiéter? Fouquier-Tinville lui-même fut un Thermidorien du dernier moment, en requérant l'application de la loi contre Robespierre qu'on lui apportait tout pantelant.

Prairial fut plus sérieux que Germinal. La famine, cette fois, était presque une excuse pour l'émeute. Deux onces de pain par personne, tel était le régime auquel était soumis Paris; voilà à quel résultat en était arrivée, après trois années de dictature, cette Convention qui avait versé tant de sang, sous prétexte de faire le bonheur du peuple.

Du pain et la Constitution de l'an III! criaient les femmes qui servaient d'avant-garde et qui, avec la force des nerfs féminins, avaient renversé tous les obstacles et pénétré dans la salle. Un général de brigade vint se mettre à la disposition de l'Assemblée et parvint à faire évacuer la salle une première fois. Mais bientôt la foule se rua sur la porte du petit cabinet placé à la gauche du président et qui communiquait d'un côté avec le salon de la Liberté et de l'autre avec l'Assemblée. Des jeunes gens armés de fouets chassèrent encore une fois ces malheureuses, qui demandaient du pain à ces républicains repus qui, associés aux fournisseurs, prodiguaient l'or aux actrices de Feydeau. Les jeunes gens ne réussirent qu'un instant à refermer la porte qui, sous une dernière et formidable poussée, vola bientôt en éclats.

Du côté du Carrousel les hommes attaquaient ; Féraud, qui revenait à cheval, était enlevé par la foule et piétiné. Une fille italienne, Aspasie Carlamigelli, lui brisait le crâne à coups de sabots ; Lucien le Boucher lui coupait la tête.

Y eut-il là erreur? prit-on Féraud pour Fréron ou pour Fox, l'adjudant général chargé de transmettre des ordres de résistance? Le mystère n'a jamais été éclairci ; les historiens révolutionnaires, quand ils racontent un assassinat commis par le peuple, paraissent toujours insinuer qu'il y a un peu de la faute de la victime, et en cette circonstance ils ne semblent pas loin d'accuser ce malheureux Féraud d'avoir porté un nom qui prêtait à la confusion. A trois heures, — c'est l'heure habituelle, — l'envahissement était complet. Ici, il faut consulter les *Derniers Montagnards*, un beau livre qui serait un chef-d'œuvre s'il n'y manquait cette impartialité sereine qui est la qualité maîtresse de l'historien ; il faut lire la magnifique description dans laquelle l'auteur, commentant éloquemment la gravure de Monnet, nous fait assister en quelque sorte aux scènes lamentables de prairial.

« Le désordre, l'effroi, l'horreur, étaient à leur comble. Une foule hurlante, déguenillée et farouche, des cliquetis d'armes, des appels, des jurons, des menaces, des femmes les cheveux épars, assises aux places des députés, les carmagnoles envahissant les tribunes, la foule sur les marches, la foule dans le parquet, la foule sur les bancs; les députés, amis ou adversaires, groupés au hasard, également menacés et souvent maltraités par cette multitude qui n'écoute personne dans une Assemblée qu'elle ne respecte plus. Chaque banc, chaque coin de la salle voit une lutte partielle. Les députés sont insultés, menacés, quelques-uns blessés. La poussière, la vapeur des foules enveloppant comme d'un nuage l'Assemblée mugissante, une insupportable chaleur, des cris assourdissants, tout se confond et se heurte. Sombre tableau! Le peuple outrageait ses tribuns. Et le président siégeait sous les drapeaux en haillons qu'avaient arrachés à l'ennemi les soldats de Hondschote et de Jemmapes! »

Les envahisseurs arrivèrent jusqu'au fauteuil du président et présentèrent à Boissy-d'Anglas au bout d'une pique, la tête de Féraud. En apercevant cette tête couverte de poussière que rendaient presque méconnaissable les longs cheveux que le sang collait sur les joues, le président, impassible, souleva son chapeau à plumes et salua. Ce geste sublime a immortalisé le nom de Boissy-d'Anglas, et l'histoire qui contrôle tout, et qui détruit tant de renommées usurpées, a ratifié le jugement des contemporains. Une anecdote, racontée par M. Saint-Marc Girardin, atteste que cet héroïsme, comme tous les vrais héroïsmes, fut simple et étranger à toute préoccupation théâtrale.

« Quelques temps après cette terrible séance, Boissy-d'Anglas, raconte M. Saint-Marc Girardin, montrait à M. Pasquier et à quelques amis la salle de la Convention et leur expliquait sur les lieux la scène du 2 prairial; étant monté avec lui sur l'estrade du fauteuil du président, dit M. Pasquier, j'aperçus au fond de cette estrade une porte que je n'y avais pas encore vue. — Qu'est-ce donc cette porte nouvelle, lui dis-je? — Oui, vous avez raison, dit tout haut M. Boissy-d'Anglas, elle n'est percée que depuis quelques jours et bien heureusement peut-être pour ma gloire, car qui peut savoir ce que j'aurais fait si j'avais eu derrière moi cette porte prête à s'ouvrir pour ma retraite? peut-être aurais-je cédé à la tentation? — Voilà bien, dit Pasquier, le mot du vrai brave, qui avoue sans rougir que la peur est possible à l'homme. »

Boissy-d'Anglas, d'ailleurs, en dehors même de cet acte d'intrépidité, montra dans cette séance une incomparable présence d'esprit. Il sut tenir au fauteuil quatre heures sans rien mettre aux voix, ce qui enlevait au mouvement toute sanction. Il fut aidé du reste en ceci par l'indécision des chefs de la Montagne, Romme, Soubrany, Duquesnoy, Bourbotte, qui ne demandant rien de précis, se contentèrent de vagues appels à la conciliation et laissèrent enfin aux sections conservatrices — pour employer un mot inconnu alors — le temps d'arriver. A dix heures, les sections de la butte des Moulins et de Lepelletier, qui s'étaient longtemps demandé si la Convention valait bien la peine d'être défendue, accoururent et dissipèrent l'émeute. La Convention fut implacable, comme toutes les Assemblées qui ont eu peur, et vota sur l'heure l'arrestation de Romme, de Soubrany, de Prieur de la Marne, de Goujon, de Bourbotte, de Ruhl, de Le Carpentier, de Peyssard, de Albitte, Pruel, Borie, Payau.

Le 13 Vendémiaire fut la dernière de ces journées violentes, qui avaient marqué chaque année l'existence de la Convention.

Cette fois c'étaient les sections conservatrices qui se mettaient en insurrection, et les dispositions prises attestèrent qu'en matière d'émeutes elles étaient fort inexpérimentées. En réalité il n'y eut pas émeute, mais bataille. Les sections qui s'étaient éclérées le 11 au Théâtre-Français étaient maîtresses de toute la rue Saint-Honoré, de la place Vendôme, de la place du Palais-Royal. La ligne de défense de la Convention commençait au Pont-Neuf, suivait les quais de la rive droite jusqu'aux Champs-Élysées, et se prolongeait jusqu'aux boulevards.

Sans doute Bonaparte, nommé commandant en second, rendit d'utiles services à Barras, mit de l'ordre dans l'ensemble des opérations, pensa à sauver l'artillerie qui était au camp des Sablons gardée seulement par cent cinquante hommes. Il ne semble pas cependant avoir joué là le rôle foudroyant de dompteur de peuples qu'on lui attribua plus tard. Barras, dans son rapport, ne lui consacre que quelques lignes. « J'appelai à moi, dit-il les officiers destitués... Le général Bonaparte, connu par ses talents militaires et son attachement à la République, fut nommé sur ma proposition commandant en second. » Ce nom qu'on écrit encore Buona-parté, n'est prononcé que trois jours après dans la séance de la Convention, et il est visible qu'on a voulu enfler un peu le mérite de cet officier encore obscur pour diminuer l'importance des services rendus ce jour-là par ces généraux déjà glorieux qui avaient tous une personnalité qui pouvait donner de l'ombrage. Ce furent en effet les généraux de Vendée et de Sambre-et-Meuse qui, payant de leur personne, décidèrent de cette journée de Vendémiaire qui fut gagnée par des officiers supérieurs. Ils étaient là tous, Brune, Carteaux, Solignac, Verdières, Dufraisse, étrangers pour la plupart aux crimes que l'Assemblée avait commis pendant qu'ils se battaient aux frontières, méprisant ceux qui les avaient commis, mais peu sympathiques aussi aux hommes qui attaquaient l'Assemblée. Leur sang s'échauffa quand ils virent le comte Maulauvrier, en grand uniforme de maréchal de camp et le cordon bleu sur la poitrine, déboucher par la rue de Beaune à la tête de 1,200 hommes et se préparer à franchir le Pont-Royal. Verdières repoussa cette colonne; Carteaux défendit l'entrée du Pont-Neuf; Brune, s'élançant par la rue Saint-Nicaise et la rue de Rohan, prit possession du Théâtre-Français. Du côté de Saint-Roch la lutte fut particulièrement vive.

Entassés dans le cul-de-sac étroit qu'on appelait la rue de la Convention, les défenseurs de l'Assemblée, qui n'avaient absolument qu'un canon, se trouvaient dans une situation désastreuse vis-à-vis des royalistes qui, occupant les marches de Saint-Roch, les fusillaient à leur aise. A la baïonnette ! crièrent les républicains réunis autour du représentant Cavaignac, de Rouget de Lisle, du général Vachot, de l'adjudant général Noël, du commissaire des guerres Ilion, qu'on batte la charge !

— Vous voulez la charge, dit un vétéran des guerres de Vendée, je vais la battre, mais je vous préviens que ce sera chaud... Les officiers crient : en avant ! de cette voix tonnante qui avait retenti dans tant de batailles, et grenadiers, officiers, représentants s'élancent pêle-mêle sous les balles vers Saint-Roch dont le clocher resta cependant jusqu'à huit heures aux mains des sectionnaires. On voit qu'il y a loin de ce tableau au récit qui nous montre Bonaparte, déjà tout-puissant, et écrasant les rebelles au nom du principe d'autorité.

III

Avant de se séparer, après avoir voté la Constitution de l'an III, la Convention, on le sait, pour soustraire la majeure partie de ses membres aux chances fort douteuses d'une réélection, avait décidé que les deux tiers au moins des nouveaux conseils seraient composés de Conventionnels, ce qui était, par parenthèse, une singulière façon de consulter la volonté nationale qu'on invoquait à tout propos. Le 30 août 1795, on tira au sort les noms des députés de la Convention qui devaient être incorporés dans les conseils.

Le 27 octobre suivant, le nouveau Corps législatif se forma en assemblée générale aux Tuileries, dans la salle où avait siégé la Convention et procéda à la division en deux conseils. Le lendemain, les deux chambres tinrent chacune séparément leur première séance. Le Conseil des Anciens continua à siéger dans la salle de la Convention. D'après un décret du deuxième jour complémentaire de l'an III les Cinq-Cents devaient siéger au Palais-Bourbon; mais le local n'étant pas encore prêt pour les recevoir, ils se décidèrent à retourner provisoirement dans la salle du Manège. Des ordres furent donnés pour pousser activement les travaux d'appropriation du Palais-Bourbon.

L'emplacement sur lequel s'élevait le Palais-Bourbon avait fait partie du Pré aux Clercs; au commencement du XVIII° siècle, on projeta d'y bâtir un hôtel pour les mousquetaires, mais le projet fut abandonné et la duchesse de Bourbon acheta le terrain et s'y fit construire un hôtel splendide..

Louise Françoise de Bourbon, quatrième fille légitimée de Louis XIV et de M°¹° de Montespan, avait quelques raisons de chercher un lieu écarté où elle pût abriter une vie qui n'avait rien d'édifiant. Agée déjà de quarante ans, elle vivait presque publiquement avec Léon de Madaillan de Lesparre, comte de Lassay, qui avait alors vingt-sept ans. « Il plut à M°¹° la duchesse, nous raconte Saint-Simon, vers le temps de son mariage avec sa tante; elle le trouva sous sa main. La liaison entre eux se fit la plus intime et la plus étrangement publique. Il devint, à visage découvert, le maître de M°¹° la duchesse et le directeur de toutes ses affaires. Il y eut bien quelque voile de gaze là-dessus, pendant le reste de la vie du roi (Louis XIV), qui ne laissa pas de le voir, mais qui, dans ses fins, laissait aller bien des choses, de peur de se fâcher et de se donner de la peine, mais, après lui, il n'y eut plus de mesure. »

Les pamphlétaires, les faiseurs de couplets satiriques s'égayèrent sur la liaison d'un jeune homme avec une quadragénaire; mais les amoureux laissèrent railler, et quand Mme de Bourbon eut gagné des sommes considérables, grâce au *Système*, ils songèrent à se bâtir un petit nid loin du bruit, des rumeurs, des dérangements de la ville. Les environs des Invalides étaient alors presque déserts; l'Esplanade était un marais; l'herbe poussait partout à l'endroit où passent aujourd'hui des rues magnifiques. La duchesse abandonna l'hôtel Condé (maintenant le théâtre de l'Odéon) et demanda aux architectes Girardini et l'Assurance des plans pour une demeure qui ne ressemblât pas aux hôtels ordinaires.

Le Palais-Bourbon qui, commencé en 1765, et terminé en 1777, coûta en tout 10.361.246 livres, constituait une superbe habitation. Du côté de la Seine, une immense terrasse dominait le cours du fleuve; du côté de la rue de l'Université, on pénétrait, en franchissant un portique, dans une première cour plantée de marronniers qui précédait la cour d'honneur. Le bâtiment, composé d'un seul rez-de-chaussée, se terminait, à droite et à gauche, par deux pavillons. Un groupe représentant le Soleil sur son char, entouré des Saisons, ornait la façade principale, et les statues des Muses décoraient les deux ailes. A gauche, des bosquets et des parterres habilement dessinés séparaient l'hôtel de ses dépendances et de l'hôtel Lassay.

La duchesse de Bourbon, en effet, n'eût point trouvé de charmes à son logis si son cher Lassay n'eût été près d'elle. Elle lui céda une partie des terrains du côté des Invalides, afin qu'il y élevât lui-même un hôtel dont, avec son goût exquis, il dirigea personnellement les travaux.

Hôtel de Lassay.

Les nouvellistes qui, sous des déguisements turcs ou persans, risquaient alors tant de vérités, nous ont conté l'aventure de Roxane-Bourbon et de Kodabindi-Lassay, dans les *Mémoires et anecdotes pour servir à l'histoire de Perse*. « La princesse Roxane, écrit l'auteur masqué, avait été gouvernée jusqu'à sa mort par Kodabindi, seigneur persan de beaucoup d'esprit, fin courtisan, intrigant, sachant profiter de la faveur, et qui, sous Ali-Homajos (le Régent), en avait habilement tiré parti pour se faire une fortune considérable. Roxane ne décidait rien que par ses avis. Elle avait tant de confiance en luy qu'elle luy abandonna la direction d'un magnifique palais qu'elle faisait bâtir. Tout joignant, Kodabindi en fit élever un petit, mais superbe, mais mieux entendu, mieux ordonné, plus commode, plus recherché, préférable, en un mot, au jugement des connaisseurs par le goût et les vraies beautés qui y régnaient. On assure qu'on voyait dans ce palais des tableaux originaux d'un très grand prix, dont il n'y avait que des copies dans celui de Roxane, à qui cependant, dit-on, les originaux appartenaient. Les deux palais se communiquaient par une porte secrète et une galerie souterraine qui dérobaient Kodabindi aux regards des curieux, »

Par un contraste singulier, l'hôtel construit par celui qu'on peignait alors sous les traits d'un grand seigneur persan imaginaire devait être habité, pendant quelques jours en 1873, par un véritable schah de Perse.

Nul cependant n'aura laissé dans cette demeure de traces plus profondes que l'homme d'État-dandy qui avait attelé au char brillant de sa fortune la politique de l'amour et l'amour de la politique, et qui eut avec Lassay plus d'un point de ressemblance. Tous deux rivalisent par le charme mondain ; tous deux paraissent, au point de vue artistique, continuer une même tradition. Si les Rubens, les Murillo, les Van-Dyck du premier, le portrait de Charles Ier, notamment, acheté par Crozat à la vente Lassay, sont maintenant l'ornement du Louvre; les Hobbema et les Ruysdaël du second ont été célèbres sous le second Empire.

Mais qui n'a lu le *Nabab*, où la plume d'un grand romancier s'est chargée de mettre en relief l'individualité frivole, et sérieuse en même temps, du duc de Mora? Qui ne se souvient de la mort de ce privilégié de la Destinée qui possède tout et qui va tout perdre? Qui ne se rappelle les moindres détails, l'inquiétude des clients qui sentent la protection s'écrouler avec le protecteur, le va-et-vient tumultueux des laquais, et jusqu'aux cris des *ouistitis* qui, troublés par ce va-et-vient insolite, se livrent dans leur cage dorée à des gambades effrayantes, pendant que, sur le pont, la clarinette, dont le bruit agaçait tant le malade, continue à donner ses notes grêles?

Morny a disparu depuis longtemps, mais la clarinette est toujours sur le pont; pareille à la flûte dont Tiberius Gracchus se faisait accompagner à la tribune, elle reste dans le voisinage de l'hôtel de la

Présidence pour calmer à l'occasion le triomphant des luttes du Forum.

C'est cet hôtel Lassay qui est devenu l'hôtel de la présidence, occupé aujourd'hui par M. Brisson.

Les Condé après la mort de la duchesse de Bourbon, s'installèrent définitivement dans cette demeure, où ils firent encore exécuter, par Bellisard, d'importantes modifications, et qui fut confisquée comme bien d'émigrés.

La salle destinée aux Cinq-Cents, au Palais-Bourbon, ne fut complètement terminée qu'au commencement de l'année 1798. Au moment de quitter cette salle du Manège, pleine de si dramatiques souvenirs les Conventionnels qui faisaient partie des Cinq-Cents semblent avoir éprouvé une émotion très profonde. On devine qu'emportés jusque-là par le cours vertigineux des événements, qui laissaient à peine aux hommes de la période révolutionnaire la faculté de penser, ils se sont retournés, pour la première fois, pour contempler tout ce qu'ils laissaient derrière eux; qu'ils ont, pour la première fois aussi, regardé la place où siégeaient, il y a six ans, à la même époque de l'année, des morts illustres tombés sous le couperet. La terrible page d'histoire écrite entre les murailles du Manège leur apparut dans son ensemble, et ils furent pris tous d'une sorte de mélancolie peu habituelle aux Assemblées.

A la séance du 29 pluviôse an V, Martinel se fit, dans un langage moins emphatique que d'ordinaire l'interprète de ce sentiment. « Le jour approche, dit-il, où le Conseil abandonnera cette enceinte pour siéger dans la nouvelle salle qui lui est préparée. Mais avant de quitter ces lieux dont le souvenir est lié à tant d'idées et de douleurs, qui de nous n'éprouve le besoin de se recueillir un instant ? »

Martinel évoqua ensuite la grande ombre de Mirabeau, et rendit aux mânes de Vergniaud et de Guadet un hommage qui dut faire plaisir aux Conventionnels qui, au 31 mai, avaient, par peur de la bande de Marat, envoyé leurs collègues à l'échafaud.

Sur la proposition de l'orateur l'Assemblée adopta le projet de résolution suivant :

« ART. 1er. Le palais destiné à recevoir le Conseil des Cinq-Cents, par le décret de la Convention nationale du premier jour complémentaire de l'an III, est nommé *Palais national du Conseil des Cinq-Cents*.

« La rue de Bourgogne et la place qui la sépare du palais sont nommées l'une la *rue* et l'autre la *place du Conseil des Cinq-Cents*.

« ART. 2. La salle des séances du Conseil des Cinq-Cents est dédiée à la *Souveraineté du peuple français*.

« Art. 3. Aussitôt après que le Conseil des Cinq-Cents aura quitté sa salle provisoire, il sera placé sur les murs intérieurs et extérieurs de cet édifice des tables de marbre pour éterniser la mémoire des époques et des événements de la Révolution française qui s'y sont passés, tels que le temps que chaque Assemblée nationale a siégé, la déclaration de guerre contre toutes les puissances coalisées, la journée du 10 Août, l'abolition de la royauté, la proclamation de la République, le jugement du dernier roi des Français, la paix signée avec quelques-unes des puissances de l'Europe, la journée du 18 Fructidor, enfin les vœux et les offrandes des républicains français pour la descente en Angleterre.

« Dans le cas où la démolition de cet édifice serait jugée nécessaire, et quelle que soit la destination du local, il sera réservé un emplacement à l'effet d'y élever un monument qui sera dédié à la Postérité, et sur lequel seront reportées les inscriptions dont il est fait mention à l'article précédent. »

La mort de l'infortuné Louis XVI était encore, on le voit, considérée comme une date glorieuse par les Cinq-Cents, et cette Assemblée, qui devait être dispersée au 18 Brumaire, choisit la date du 21 Janvier pour l'inauguration de la nouvelle salle.

« La séance du 2 pluviôse, raconte le *Moniteur*, a été consacrée par le Conseil des Cinq-Cents à l'inauuration de son nouveau palais. A onze heures, la salle a été ouverte aux spectateurs; à deux heures, les décharges d'artillerie se sont fait entendre. Les huissiers, les messagers d'État, les secrétaires rédacteurs, les secrétaires du Conseil et les présidents, suivis de tous les membres en costume ont défilé au bruit des instruments guerriers et ont pris place.

« Le président a prononcé un discours d'inauguration dans lequel, commémorant l'anniversaire du 21 Janvier, il a retracé les crimes de la monarchie et dédié le nouveau palais à la souveraineté du peuple.

« Le Conseil s'est ensuite rendu dans la cour principale du palais dans le même ordre que celui suivi à son entrée. Là s'est exécutée, conformément aux instructions publiées par la commission des inspecteurs, la cérémonie de la plantation d'un arbre de la Liberté. Le président a prononcé une harangue; le concours nombreux des spectateurs a répondu par le cri de: « Vive la République! » et l'artillerie par des charges réitérées.

« Le Conseil, après la plantation de l'arbre de la Liberté, est rentré au lieu de ses séances, et tous ses membres ont prêté le serment décrété. »

Le costume dont parle le *Moniteur* était vraisemblablement l'ancien costume des Conventionnels:

habit bleu à boutons d'or avec ceinture tricolore, car un incident avait retardé la livraison des oripeaux baroques dans lesquels les gravures de Chataignier et l'amusant album de Grasset Saint-Sauveur nous montrent les Cinq-Cents : robe longue et blanche, manteau écarlate, ceinture bleue, toque de velours bleue surmontée d'une aigrette tricolore. Dans la séance du 27 nivôse, Cornudet était monté à la tribune pour annoncer à ses collègues ce funeste contretemps. « On avait pris toutes les mesures, avait-il dit, pour que le 2 pluviôse prochain, correspondant au 21 Janvier, jour de la justice nationale, les membres du Conseil fussent constitutionnellement vêtus; mais les manteaux faisant partie des costumes envoyés à Lyon pour la broderie y ont été saisis sur l'ordre du ministre de la police générale, sous le prétexte que l'étoffe provenait de fabrique anglaise. »

Le *Journal de Paris*, toujours enthousiaste, ne tarit pas d'éloges sur le local qu'on vient d'inaugurer. « Toutes les ressources de l'art, s'écrie-t-il, ont été prodiguées pour rendre la nouvelle salle magnifique, commode et sonore; la forme est celle d'un cercle; la tribune et le siège du président en occupent un segment; des gradins circulaires assis sur un massif de maçonnerie s'élèvent en amphithéâtre et sont couronnés par une colonnade qui supporte la voûte. Les gradins sont destinés aux représentants du peuple et les colonnades aux tribunes publiques. L'intérieur de la salle est en stuc et en marbre; la voûte est ornée de peintures à la

Chambre des Députés.

fresque fond bleu et distribuée en compartiments représentant les uns différents trophées, les autres les grands hommes de l'antiquité.

« La tribune et le bureau du président sont revêtus de marbres de différentes couleurs; sur la première sont deux Génies en marbre et en bas-relief sur un fond rouge. L'un est une Renommée embouchant la trompette et publiant les discussions, les débats et les lois qui en sont le résultat; l'autre est la Muse de l'histoire qui les burine sur un livre qu'elle tient à la main et qui les transmet à la Postérité.

« La salle est éclairée par la voûte; les rayons de la lumière, affaiblis, en traversant des châssis de verre dépoli, viennent se réunir sur un parquet de mosaïque qui est devant la tribune et sous la conque occupée par le président et les secrétaires. Là ils sont reçus sur une draperie verte ornée de guirlandes rouges qui tapisse l'intérieur; le reflet de ces rayons jette dans la salle une lumière douce dont les teintes graduées diminuent d'éclat à mesure qu'elles se rapprochent des derniers gradins de l'amphithéâtre.

« A un des côtés du président et dans le massif du mur sont pratiquées six niches destinées à recevoir les statues des anciens législateurs. Sous le parquet de la salle, sous celui des salons et des corridors circulent des tuyaux de chaleur qui y entretiennent constamment la plus douce température. »

Ces bouches de chaleur nous prouvent suffisamment que nous sommes en plein Directoire, en pleine République athénienne. Nous revenons au luxe corrupteur des cours, aurait dit dans le langage du temps quelque montagnard, si les Montagnards, déjà apprivoisés depuis longtemps par le bien-être, heureux de toucher 14.000 francs par an — ce qui était une fort jolie somme pour l'époque — n'avaient préféré jouir de cette installation confortable que devait remplacer pour la plupart la cage dorée du Sénat conservateur.

Afin de rappeler le souvenir des travaux exécutés au Palais-Bourbon pour l'installation des Cinq-Cents, on plaça sous la tribune de marbre du président, des secrétaires et des orateurs un bloc de pierre renfermant une boîte de plomb qui contenait : deux pièces de 5 francs, l'une de l'an IV, l'autre de l'an V; deux médailles octogones en argent. Ces médailles portaient pour exergue d'un côté : *République française*; au bas : *Représentant du Peuple*, an V; et dans le champ un faisceau surmonté du bonnet de la Liberté; derrière le faisceau était une lyre enlacée de branches de chêne et de laurier et entourée d'une corne d'abondance. L'autre face de la médaille portait en exergue : *Conseil des Cinq-Cents;* dans le champ, une table de la loi posée sur une équerre et sur laquelle était écrit : *Constitution de l'an III.* Le tout était entouré d'un serpent qui se mord la queue, symbole de l'éternité. Au bas on lisait : *Le Président des Cinq-Cents, F. Villers.*

On déposa en outre dans cette boîte de plomb

une médaille en plomb portant d'un côté, dans le champ : *Représentant du Peuple*, de l'autre : *RÉP. FR. Conseil des Cinq-Cents;* deux gros sous en cuivre d'un décime, deux autres sous de 5 centimes; un exemplaire de la Constitution de l'an III et une plaque en cuivre avec cette inscription :

« La Convention nationale a ordonné ce monument par un décret du 2° jour complémentaire de l'an III de la République française, pour en faire le lieu des séances du Conseil des Cinq-Cents. Gisors et Lecomte en furent les architectes. Le Conseil des Cinq-Cents, dans sa deuxième session, le 26 brumaire an VI de la République française, fit poser cette inscription, sous la présidence du citoyen Villers et sous la direction des citoyens Talot, Jacomin, Martinel, Lucas et Cals, membres de la commission des inspecteurs, pour célébrer la confection de cet édifice. »

Le 18 Brumaire, sur la motion de Cornet, qui demanda qu'on ne laissât pas tomber le *squelette de la République entre les mains des vautours qui voulaient la dévorer*, le Conseil des Anciens appliquait les articles 102, 103 et 104 de la Constitution de l'an III, qui, en cas de péril, ordonnaient la translation du Corps législatif hors de Paris. Bonaparte était introduit dans la salle où la Convention avait tenu tant d'orageuses séances, et le président l'invitait à écouter la lecture du décret qui lui confiait le soin de veiller au transfèrement des Conseils.

Le lendemain, les Conseils se réunirent à Saint-Cloud : les Anciens dans une des salles du palais, les Cinq-Cents dans l'Orangerie où l'on avait disposé à la hâte quelques banquettes. On connaît les péripéties de cette journée, les motions violentes, les cris : *Hors la loi!* la présence d'esprit de Lucien, puis le roulement de tambour qui termina tout. Les représentants s'enfuirent dans toutes les directions, jetant dans les buissons du parc leurs toges à la romaine. Puis, le soir, dans cette même salle de l'Orangerie, à la lueur de deux lampes, un simulacre d'Assemblée composée de membres qui étaient favorables à Bonaparte ratifia ces mesures auxquelles donnait une apparence de légalité le décret rendu la veille par les Anciens.

Le mot de la journée fut dit par Lefebvre, un moment hésitant : « Après tout, s'écria-t-il, qu'ai-je affaire de me battre pour des avocats, des procureurs et des huissiers ! » Le coup d'État, d'ailleurs, aurait été tenté par d'autres, s'il n'avait pas été réussi par Bonaparte. On y pensait depuis longtemps. On avait confié exprès une armée à Joubert, l'armée qu'il fit battre à Novi, dans le but de lui assurer le prestige militaire nécessaire pour s'imposer. Hoche, avant sa mort inexplicable et soudaine, écrivait, en parlant des membres du Directoire : « J'irai à mon retour mettre en pièces les habits brodés et les panaches de ces monstrueux pantins. » Moreau, qui, au 18 Brumaire, tira les marrons du feu et garda les Directeurs prisonniers au Luxembourg, aurait été l'acteur principal, au lieu d'être le comparse, s'il avait eu plus d'énergie.

Attendu par tout le monde, applaudi par beaucoup, blâmé seulement par ceux qui n'en profitèrent pas, le 18 Brumaire devait sortir, par la force même des choses, d'une situation qui ne pouvait plus durer. Les historiens révolutionnaires n'en qualifient pas moins cet acte d'attentat; ils trouvent tout simple qu'un Marat, à la tête d'une horde déguenillée, vienne, le 31 Mai, arracher des députés à leur banc, mais ils s'indignent qu'un général victorieux prenne l'initiative d'une mesure que la nation tout entière réclame.

Sous l'Empire, le Palais-Bourbon continua à servir aux séances du Corps législatif. En 1807, on commença à élever le péristyle de douze colonnes, qui remplaçait la terrasse à l'italienne, construite par Girardini. Le ciseau de Chaudet sculpta sur le fronton : *l'Empereur présentant à la députation du Corps législatif les drapeaux conquis à Austerlitz*. Sous le péristyle, des bas-reliefs représentaient *Napoléon législateur*, par Stouff; *l'Empereur alliant la Religion à la Victoire*, par Daujon; *l'Empereur distribuant des récompenses aux Sciences et aux Arts*, par Percieux; *l'Empereur au tombeau du Grand Frédéric*, par Fragonard.

A la Restauration, le fronton de Chaudet disparut naturellement; on lui substitua une figure de Fragonard, représentant la Charte, accompagnée de la France et la Justice protégeant les Sciences, les Lettres, les Arts et l'Industrie.

Une lettre du 5 décembre 1814 rendit le Palais-Bourbon au prince de Condé, mais le payement d'un loyer de 124.000 francs permit aux députés de l'occuper encore. Le 23 juillet 1827, le gouvernement fit définitivement l'acquisition du palais et de ses dépendances moyennant 5.500.000 francs.

A ce moment, l'ancienne salle des Cinq-Cents menaçait ruine. En 1828, sous le ministère de M. de Martignac, la construction d'une salle fut décidée. Une salle provisoire fut alors disposée dans le jardin pour les séances de la Chambre.

Dès que les travaux furent commencés, une nouvelle boite en plomb fut déposée sous la tribune avec cette inscription :

« Sous le règne de Charles X, roi de France et de Navarre, a été reconstruite la salle des séances de la Chambre des députés.

« Le IV novembre MDCCCXXIX, la première pierre

de cet édifice a été posée par Son Excellence le comte de La Bourdonnaye, ministre de l'intérieur, député du département de Maine-et-Loire, en présence des deux questeurs : Pierre-Marie comte de Bondy, député du département de l'Indre, et Gabriel-Jacques Lainé de Villévêque, du vicomte Henri de Thury, conseiller d'État, directeur des travaux publics, et de Jules de Joly, architecte de la Chambre des députés. »

Les révolutions, en France, vont plus vite que les constructions. La nouvelle salle était encore inachevée en 1830, et ce fut dans la salle provisoire que Louis-Philippe vint, le 9 août 1830, prêter serment à la Charte. La nouvelle salle ne fut complètement terminée que le 20 novembre 1832. Sur le fronton, un bas-relief de Cortot remplaça l'œuvre de Fragonard : il représentait la France debout, accompagnée de la Force et de la Justice, appelant à elle toutes les illustrations pour concourir à la confection des lois. Dans les angles figurent, d'un côté, le Commerce et la Navigation ; de l'autre, l'Art et l'Industrie. Sur les piédestaux du perron, on plaça une Minerve de Rolland et une Thémis de Houdon. Les quatre piédestaux de la grille, vides depuis longtemps, reçurent les statues assises de Sully, par Beauvellery ; de d'Aguesseau, par Foucou ; de l'Hôpital, par Dessenne, et de Colbert, par Dumont.

Ce fut cette salle qui vit l'envahissement de l'Assemblée au 24 Février.

Quand l'Assemblée constituante dut se réunir, l'ancien local était trop étroit pour contenir neuf cents membres, on fut obligé de construire une nouvelle salle dans la cour du Palais-Bourbon. C'est là que l'Assemblée constituante tint sa première séance le 4 mai 1848.

« Cette nouvelle salle, nous dit M. Odilon Barrot, était parfaitement impropre à sa destination. Une grande partie des auditeurs était trop éloignée de la tribune, tandis qu'une autre en était beaucoup trop rapprochée, et trop disposée à l'assiéger. Cette circonstance toute matérielle contribua beaucoup à rendre les délibérations difficiles et tumultueuses. »

Ajoutons que le personnel avait été choisi par le membre du gouvernement provisoire, Albert, ce qui ne présentait, au point de vue de l'ordre, que de médiocres garanties.

A peine installée, en effet, l'Assemblée est visitée par l'émeute. Le 15 Mai voulut continuer le 24 Février, comme le 31 Octobre voulait continuer le 4 Septembre. Le programme de ces journées, d'ailleurs, ne varie guère. Le général Courtais perd la tête et laisse passer les envahisseurs. La grille est ouverte on ne sait par qui, la multitude s'élance. C'est dans les *Mémoires* d'Odilon Barrot qu'il faut lire le récit de cette journée, et le saisissant tableau qu'il nous trace est assurément la meilleure page de ces souvenirs un peu trop délayés.

Chaque crise se formule dans une parole prononcée par un homme simple, par un soldat ou par un ouvrier souvent, qui, d'ordinaire, résume mieux la situation que tous les raisonnements des politiciens. Le mot du 18 Brumaire avait été dit par Lefebvre, le mot du 15 Mai fut dit par un mécanicien.

L'Hôtel de Nantes.

« Avec cet admirable bon sens qui distingue le

Les Boutiques du Carrousel.

peuple de Paris, qui comprend si bien la justice et les convenances, disait Ledru-Rollin monté à la tribune, pour essayer de calmer les émeutiers en les flattant, vous concevez qu'il est impossible à une Assemblée de délibérer dans la situation que vous lui faites. »

— Est-ce que vous n'avez pas délibéré le 24 Février? interrompit le logicien de la rue.

Ce mot ferma la bouche au tribun, qui voulait

que les autres respectassent ce qu'il n'avait pas lui-même respecté.

Au moment du 2 Décembre, le souvenir de toutes ces émeutes hantait encore la population de Paris. Ce fut la nuit, à cinq heures sonnant aux Invalides, qu'on commença à mettre en mouvement les troupes casernées dans les baraques construites sur l'Esplanade, à la suite des journées de Juin. Quand la tête de colonne du 42e de ligne se présenta à la porte du Palais-Bourbon, qui donne rue de l'Université, le factionnaire croisa la baïonnette, mais l'adjudant qui avait le droit de lever les consignes, et qui attendait là depuis quelques minutes, lui ordonna de livrer passage.

La porte fut ouverte par le portier qu'on avait réveillé, et la troupe, se répandant dans l'avenue, occupa bientôt le palais. M. Bazo fut arrêté à moitié nu et porté à travers les cours au corps de garde de la « Porte noire ». « C'est le nom, dit Victor Hugo, très exact dans tous les détails topographiques, qu'on donne à la petite porte pratiquée sous la voûte, en face de la caisse de l'Assemblée, et qui s'ouvre vis-à-vis de la rue de Lille, sur la rue de Bourgogne. » Le général Le Flô, qui était logé au pavillon habité par M. de Feuchères, du temps de M. le duc de Bourbon, fut également mis en état d'arrestation.

Le pont de la Concorde resta libre une partie de la matinée, et un certain nombre de représentants purent pénétrer, soit par la grille du côté du quai, soit par une porte située rue de Bourgogne, et se grouper autour de M. Panat, le seul questeur qui eût été laissé en liberté; ils furent rejoints par d'autres députés, appartenant principalement à la droite, et qui s'étaient réunis chez M. Daru.

On tenta, mais en vain, de décider le président Dupin à se mettre à la tête de la résistance; on ne put obtenir de lui que quelques mots, dont plusieurs, il est vrai, furent épiques. Aux députés qui protestaient bruyamment, il dit : « Mais, Messieurs, vous faites plus de bruit, à vous tous seuls, que tous ces braves militaires ensemble! » A d'autres, qui lui reprochaient de n'avoir pas résisté, il répondit : « Si j'avais eu un seul soldat sous mes ordres, je l'aurais fait tuer! » On essaya, cependant, d'un semblant de délibération, qui fut interrompue par l'arrivée de deux compagnies de gendarmerie qui firent définitivement évacuer le palais. Les représentants se transportèrent alors rue de Grenelle, à la mairie du 10ᵉ arrondissement, d'où ils furent conduits à la caserne d'Orsay, entre deux haies de chasseurs de Vincennes.

Dix-huit ans après, au 4 Septembre, à travers cette même grille qui avait livré passage aux représenants venant protester contre le coup d'État, la foule pénétrait d'abord par infiltrations successives. Les questeurs avaient laissé les clefs de cette grille au concierge, qui était devenu l'arbitre de la situation, et auquel il aurait fallu véritablement un courage surhumain pour empêcher de pénétrer ceux qui se présentaient, dès qu'un député arrivait, et franchissaient le seuil derrière lui. Entassés pêle-mêle sur la place de la Concorde, des gardes nationaux, des gardes mobiles, des ouvriers poussaient ensemble des cris confus.

Bientôt, une poussée irrésistible emporta ces multitudes d'un seul bond à travers le pont : l'Assemblée fut envahie. Le président se couvrit et quitta la séance. « Attendu, dit M. Gambetta, que nous sommes et que nous constituons le pouvoir régulier issu du suffrage universel, nous déclarons que Louis-Napoléon Bonaparte et sa dynastie ont cessé de régner sur la France. » Une fois encore, la volonté formellement exprimée de sept millions d'hommes venait d'être déclarée nulle et non avenue, par quelques milliers d'émeutiers.

La déchéance n'avait point satisfait la foule qui persistait à réclamer la République. « La République! ce n'est point ici que nous devons la proclamer, s'écria M. Jules Favre, c'est à l'Hôtel de Ville! » et il entraîne sur ses pas les envahisseurs qui, traversant le pont de la Concorde, se dirigèrent par les quais vers l'Hôtel de Ville. A la hauteur du pont de Solférino, vers trois heures et demie environ, le cortège rencontra le général Trochu qui, paraît-il, commençait à se douter seulement que le Corps législatif pourrait bien être envahi ce jour-là. Le général affecta tout d'abord l'étonnement en présence de tout ce qui se passait. Mais après avoir échangé quelques paroles avec M. Jules Favre, il passa devant les Tuileries, sans s'inquiéter de ce que pouvait devenir l'Impératrice et s'en alla attendre tranquillement au Louvre sa nomination de président du gouvernement de la Défense nationale.

IV

Nous avons voulu laisser se dérouler dans leur enchaînement les vicissitudes du Corps législatif, et nous avons laissé de côté le palais du Luxembourg qui, affecté au Sénat d'abord, à la Chambre des pairs ensuite, ne subit guère, d'ailleurs, que le contre-coup des événements dont la Chambre des représentants était le théâtre.

Construit par Salomon de Brosse pour Marie de Médicis, le palais du Luxembourg fut attribué par elle à Gaston d'Orléans. Mlle de Montpensier en hérita ; après elle, il revint à Louis XIV, qui le céda bientôt aux d'Orléans. Toutefois, le palais retourna encore une fois à la Couronne et, au mois de décembre 1778, Louis XVI le donna, ainsi que toutes ses dépendances, à Monsieur, comte de Provence, qui l'occupa jusqu'au 20 juin 1791.

Sous la Terreur, le palais fut converti en prison et reçut son contingent d'illustres victimes : Alexandre de Beauharnais, la future Impératrice Joséphine, le duc de Noailles, exécuté à soixante-dix-neuf ans, la vieille maréchale de Mouchy, presque complètement sourde, qui regardait Fouquier-Tinville avec ce bon sourire interrogateur habituel aux vieilles gens qui n'entendent pas et qui veulent s'efforcer de comprendre, et à laquelle ce misérable répondit : — Très bien citoyenne! le tribunal est éclairé : il sait que tu conspirais sourdement... — Ceux qui avaient enfermé les autres furent, par un juste retour des choses d'ici-bas, enfermés à leur tour, et l'on vit successivement arriver Danton, Lacroix, puis Chaumette et Chabot, ce qui dérida quelque peu les prisonniers qui vivaient encore. Après le 9 Thermidor, la prison fut évacuée et les Directeurs s'installèrent bientôt au Luxembourg. L'austérité républicaine qui remplaçait les corruptions de l'ancien régime fut personnifiée par Barras, et au nom de la liberté de la presse, les laquais des

Directeurs assommèrent dans le jardin du Luxembourg les écrivains assez hardis pour prétendre qu'au point de vue des vertus publiques et privées, Louis XVI pouvait bien valoir le brillant méridional qui présidait aux joyeux soupers du Luxembourg.

Après le 18 Brumaire, le palais du Luxembourg devint le palais du Consulat, mais Bonaparte ne l'habita que très peu de temps. Le 1er Ventôse an IX (20 Février 1801) le Sénat conservateur (1) prit possession du petit Luxembourg et y tint ses séances jusqu'en 1804, époque à laquelle fut achevée la

(1) Mentionnons encore, pour épuiser tous les degrés de législature, l'installation du Tribunat au Palais-Royal, de 1801 à 1807.

« Le pavillon neuf, du côté du jardin, resté inachevé, parut, dit M. Vatout, le seul emplacement convenable. On détruisit quelques distributions au premier; on prolongea le cercle de l'amphithéâtre jusqu'à la naissance de l'aile gauche de la cour d'entrée. On profita habilement du peu d'espace que l'on avait, et quoique cet ouvrage ait été fait légèrement, à la hâte, en matériaux peu solides, il faut rendre justice à l'auteur et reconnaître qu'il a mérité des éloges, tant par la belle ordonnance de la décoration que par la recherche et le bon goût des différentes parties de l'ensemble. Commencée par Blève, achevée par Beaucorps, la salle du Tribunat servit quelque temps de chapelle et fut démolie en 1827 pour la construction des grands appartements. »

Le Tribunat, on le sait, se composait de cent membres choisis comme le Corps législatif, par le Sénat conservateur, sur une liste renfermant cinq mille noms. Cette liste était votée par cinquante mille individus désignés par cinq cent mille citoyens. Il devait discuter les lois préparées par le conseil d'État et envoyer au Corps législatif des orateurs chargés de soutenir ses décisions. Réduit à cinquante membres par Bonaparte, le 4 août 1802, le Tribunat fut définitivement supprimé le 19 août 1807.

nouvelle salle dont les travaux avaient été confiés à Chalgrin. Chalgrin supprima la terrasse de la cour d'honneur qui existait entre les deux pavillons faisant saillie sur le corps du bâtiment principal; il établit deux avant-corps à colonnes qui donnaient accès l'un au grand escalier d'honneur, l'autre au jardin public et aux dépendances du palais.

Quand la Chambre des pairs remplaça le Sénat, la salle fut trouvée beaucoup trop étroite. Le Sénat, en effet, ne devait à son origine comprendre que quatre-vingts membres et les séances n'étaient pas publiques. Il fallut, sous la Restauration, établir des tribunes provisoires.

C'est dans cette salle, dont la déplorable exiguïté excitait d'unanimes réclamations, que fut condamné le maréchal Ney; c'est encore là que fut jugé Louvel. Pendant le procès des ministres, la Chambre des pairs, habituée d'ordinaire à tant de calme, entendit pour la première fois gronder les foules menaçantes. Ces scènes se renouvelèrent avec moins de violence, il est vrai, au moment du procès des accusés d'Avril. A cette époque, on reconnut que la salle était hors d'état de contenir un aussi grand nombre d'accusés accompagnés de leurs défenseurs, et l'on construisit une salle provisoire qui coûta 300.000 francs.

La nécessité d'élever une salle définitive s'impo-

sait de plus en plus. « Sur la proposition de so[n]
grand référendaire, M. le duc Decazes, nous d[it]
l'historien du Luxembourg, M. de Gisors, la Cham[-]
bre des pairs dressa le projet complet d'une sall[e]
entourée de toutes les dépendances nécessaires, so[it]
en cas de procès, soit pour les séances législatives[.]
Ce projet, dont le devis s'élevait à 2.000.000, fu[t]
porté à 2.600.000 francs par suite des modifica[-]
tions qui avaient été indiquées par le Conseil géné[-]
ral des bâtiments civils. C'est dans cet état que l[e]
projet fut présenté à la Chambre des députés. »

Tout en approuvant les améliorations proposées[,]
une commission spéciale en indiqua de nouvelles e[t]
renvoya les plans à l'étude. Enfin, un dernier pro[-]
jet, complété suivant le vœu exprimé par cett[e]
Commission et soutenu par le ministre de l'inté[-]
rieur, fut approuvé par les Chambres, et sa mise [à]
exécution décidée par une loi du 15 juin 1836 ; le[s]
travaux, adjugés le 9 juillet de la même année[,]
furent commencés en septembre suivant, sous l[a]
direction de M. de Gisors, sur l'emplacement de l[a]
salle provisoire, et complètement terminés le 1ᵉʳ jan[-]
vier 1841.

C'est dans cette salle qu'en 1848 se tinrent le[s]
séances de la *Commission du Gouvernement provisoire*
pour les travailleurs. A moitié détruite par un incen[-]
die en 1859, sous l'Empire, elle a été l'objet de re[-]

maniements importants qui n'ont pas altéré cependant son premier caractère.

Le Sénat.

Ni le 24 Février 1848, ni le 4 Septembre 1870, les Assemblées siégeant au Luxembourg n'ont eu à subir d'invasions tumultueuses. A toutes les époques de notre histoire les Chambres hautes ont été emportées sans violence par le flot des révolutions, ou, pour mieux dire, elles se sont évanouies doucement au milieu de la bagarre, sans que dans l'agitation du moment on ait même pensé à les attaquer.

Telle est, esquissée à larges traits, l'histoire des installations successives de nos Assemblées à Paris, histoire toujours variée en apparence et toujours identique en réalité, où les acteurs changent de nom sans changer de rôle ; pièce tantôt comique et tantôt tragique qui a deux dénouements à son service : l'insurrection et le coup d'État. En vain les exemples sont là ; en vain on se dit : ce qui a eu lieu ne se renouvellera plus ; la Destinée entre toujours par quelque porte qu'on a oublié de fermer. Lorsqu'elle a voté le retour à Paris, l'Assemblée a paru ouvrir la porte elle-même et provoquer la Destinée. Qu'en résultera-t-il ? Quels événements rempliront cette page blanche qu'il faudrait laisser à la suite de cette étude ? Nul ne le sait. C'est encore le secret d'un avenir qui n'est peut-être pas bien éloigné...

LA CHAPELLE EXPIATOIRE

SANS être bien vieux, j'ai vu la Chapelle expiatoire sous un aspect différent de celui qu'elle a aujourd'hui. Environnée d'un grand jardin, close de hautes murailles, elle avait la physionomie morne et désolée qui convient à un tel lieu. Des saules, des ifs, des sapins au feuillage sombre, entourés par des barrières de bois, faisaient la haie devant le passant, et ceux qui traversaient cet endroit à la hâte éprouvaient je ne sais quelle mélancolique impression. Les enfants mêmes qui jouaient là ne s'aventuraient qu'avec une nuance d'effroi au seuil de cette porte de tombeau ; et si, parfois, ils se balançaient sur les chaînes qui reliaient entre elles les bornes de granit, ils s'éloignaient dès qu'arrivait le soir et se rapprochaient instinctivement de la rue.

Le quartier était alors silencieux et presque désert. Ces hôtels de la rue d'Anjou, avec leurs larges escaliers de pierre, leurs vastes cours, leurs portes cochères surmontées d'armoiries, avaient une allure triste et grave qui rappelaient le faubourg Saint-Germain. Plus loin, quand on avait franchi le passage du Soleil-d'Or, on trouvait la misère, les loques, l'échoppe d'un de ces écrivains publics qui eurent pour confrère, en ces parages, le baron Hulot.

Le percement du boulevard Haussmann changea tout cela. Image de l'Empire, qui ralliait l'aristocratie à force de fêtes, et calmait ses regrets avec des bals, le boulevard mit l'hypogée lugubre dans un square coquet; il habilla à la mode du jour le monument consacré au souvenir d'une des plus effroyables catastrophes de l'histoire humaine. Le mouvement, la gaieté, les commerces de luxe prirent possession des rues voisines, et, du matin

u soir, la voie bruyante vint jeter son animation
ce mausolée vide, autour duquel il semblait

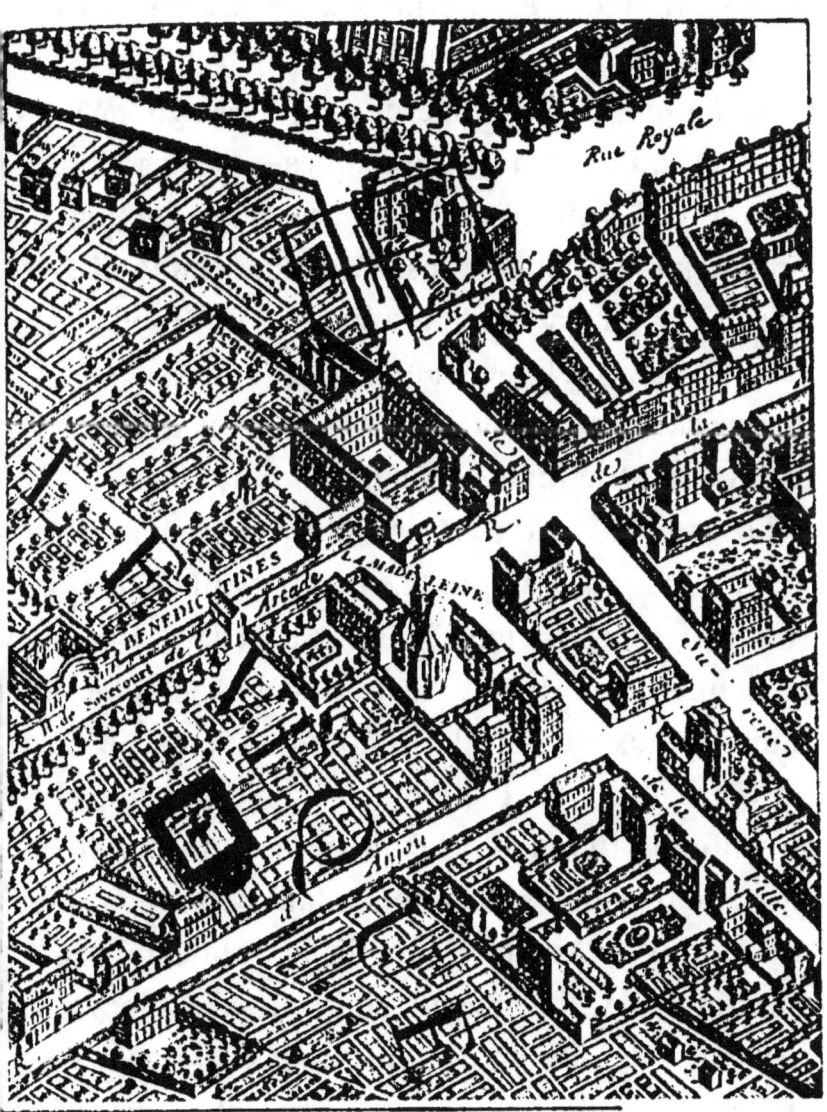

Plan de l'ancien Quartier de la Madeleine.

néanmoins voir jadis flotter, aux heures nocturnes,
des ombres tragiques.

C'est là, dans l'ancien potager des Bénédictines de la Ville-Lévêque, transformé en cimetière, que furent inhumées les victimes des fêtes du mariage du Dauphin, qui se terminèrent par un accident dans lequel chacun aperçut un présage néfaste. C'est là qu'on enterra quelques-uns des Suisses tués au 10 Août pour la cause d'un roi qui ne voulait pas se battre. C'est là, enfin, que le 21 Janvier 1793, à la nuit tombante, un tombereau escorté par quelques sans-culottes, qui suivaient depuis la place de la Révolution, vint apporter le cadavre mutilé du descendant de tant de rois.

Le jour du sacre, selon l'usage de l'ancienne monarchie, où l'étiquette en son symbolisme, qui semblait parfois puéril, se rattachait aux plus anciennes traditions, le roi s'était étendu une minute dans un linceul de velours semé de fleurs de lys d'or; puis Papillon de la Ferté, comme le raconte M. Henri de Chennevières, qui a retrouvé aux Archives les pièces constatant ce voyage, avait été porter à Aix-la-Chapelle, sur le tombeau de Charlemagne, le linceul qui attendait le roi de France à la fin de sa vie. Hélas! le monarque infortuné pour lequel on préparait d'avance ce somptueux manteau funèbre ne devait même pas être couché dans un suaire, comme le plus pauvre de ses sujets!

Les républicains de France ne témoignèrent point pour la mort le respect qu'avaient témoigné les sectaires d'Angleterre, et, moins heureux que Charles Ier, Louis XVI n'eut point même un cercueil dans lequel vint le contempler quelque Cromwel. On jeta le corps et la tête dans la fosse creusée de la veille; on versa de la chaux vive par-dessus, et tout fut dit...

Le 16 Octobre suivant, un autre tombereau s'arrêta de nouveau devant la petite porte du cimetière; il apportait, couverts encore d'un mauvais jupon noir et d'une camisole, un tronçon sanglant et la tête toute blanche d'une femme de trente-huit ans. C'était tout ce qui restait de la triomphante charmeresse qui conquérait tous les cœurs à Versailles et à Trianon; de la souveraine adorée, à laquelle la ville de Nancy, à son arrivée sur le sol français, avait offert un lit de roses !

On lit dans un document qui appartient à M. Fossé d'Arcosse : *Mémoire des frais et inhumations faits par Joly, fossoyeur de la Madeleine de la Ville-Lévêque pour les personnes mises à mort par jugement*, cette simple mention, dont le laconisme est terrible :

« La veuve Capet, pour la bière. . .   6 livres
« Pour la fosse et les fossoyeurs. . 25 livres. »

L'Église de la Madeleine, rue de la Ville-l'Évêque.

Au retour des Bourbons, on transporta à Saint-Denis les restes de Louis XVI, de Marie-Antoinette.

de Mme Élisabeth, et on éleva, sur les dessins de Percier et Fontaine, le monument d'assez mauvais goût connu sous le nom de Chapelle expiatoire.

Deux fois par an, des hommes du monde, des femmes élégantes préoccupées, au milieu des formidables pensées qu'évoque ce lieu, de savoir si la robe noire, sévèrement appropriée à la circonstance, leur allait convenablement, avaient coutume de s'agenouiller là.

Le fait n'avait rien de bien inquiétant pour le gouvernement, quel qu'il fût, et l'observateur qui s'arrêtait à considérer les groupes était vite convaincu, en examinant les types, que parmi les gens de bonne compagnie qui s'entre-saluaient à la grille, il n'y avait ni rudes soldats de la trempe de Cadoudal, ni d'intrépides aventuriers du caractère du baron de Batz. C'était moins la royauté que l'aristocratie et eux-mêmes que venaient pleurer, dans ce caveau funéraire, tous ces représentants d'une noblesse dépaysée dans ce monde moderne qu'elle ne sait ni accepter, ni combattre, car elle ne le connaît pas.

Il se trouva cependant un député pour obtenir de la Chambre qu'on interdît ces manifestations pieuses, qu'on les interdît au moins à la Chapelle expiatoire, sous le prétexte fallacieux que l'immeuble appartient à la Ville. Ce qui frappe en tout ce qui se fait d'odieux de nos jours, c'est la dextérité avec laquelle on joue d'un bout de Code, d'un texte de loi plus ou moins adroitement détourné de son sens premier. Tous ceux qui gouvernent ou qui aspirent à gouverner semblent avoir hérité de l'habileté merveilleuse de ce jurisconsulte du Bas Empire, qui tirait de la loi Julia ou de la loi de Majesté des effets absolument surprenants ; sentences de mort, relégations dans les îles, confiscations, il extrayait tout de cette loi, à l'étude de laquelle il s'était spécialement adonné et qui produisait avec lui tout ce que le prince pouvait désirer.

Malgré la désaffectation de la Chapelle expiatoire, le triste anniversaire n'en garde pas moins son caractère particulier. C'est une date célébrée toujours dans le recueillement, sans éclat, sans apparence de protestation. Après tant d'années écoulées, la figure de cet honnête homme, qui montra une si touchante constance, un calme si étonnant, apparaît dans l'histoire, froide, sans rayonnement, sans rien qui parle à l'imagination. Jamais fatalité plus sombre ne prit par la main, pour le conduire aux abîmes, un être moins fait pour la grandeur dans le malheur comme dans la joie. S'il y a encore un frémissement de mêlées dans certains champs de bataille de Vendée, la contemplation de cette existence et le spectacle

même de ce supplice amènent à une soumission
égale aux décrets de la Providence qui ne rend pas
un parti bien redoutable.

Ce qui stupéfie, lorsqu'on examine ces événements à distance, c'est la masse des injures, des violences, des horreurs qu'on a pu entasser sur ce débonnaire, comparé chaque jour à Caligula, à Néron, à Charles X, aux plus implacables tyrans de l'histoire. La vue de toutes ces Furies acharnées après ce paci-

Le Cimetière de la Madeleine

fique, qui refuse jusqu'au dernier moment de se défendre, donne l'idée d'une troupe de fauves traquant une bête à bon Dieu.

Quand on regarde les estampes du temps, quand on considère, par exemple, cette gravure qui représente une tête coupée que le bourreau tient par les cheveux et d'où dégoutte le sang avec cette légende : *Matière à réflexion pour les jongleurs couronnés*, les pleurs viennent aux yeux, on songe à ce que souffrit ce pauvre père, au cœur si tendre, lorsque, en compagnie des deux Municipaux, deux prêtres apostats (Jacques Roux, qui essaya de se suicider et mourut à Bicêtre; Jean Claude Bernard, qui fut guillotiné avec Robespierre), il franchit cette porte du Temple derrière laquelle il laissait cette famille qu'il aimait tant. On entend encore le cri que poussait la veille le petit Dauphin : « Laissez-moi passer! laissez-moi passer! je vais demander au peuple qu'il ne fasse pas mourir papa roi! »

Pauvre homme! dit-on, et ce mot n'est pas l'expression d'un sentiment dédaigneux pour une faiblesse qui causa tant de mal à la France, il traduit seulement la compassion profonde pour cette victime marquée en naissant du sceau fatal et qui paya si cruellement pour les autres.

Combien cette pitié est plus universelle et plus

vive encore pour Marie-Antoinette ! Si la mort de Louis XVI se peut justifier encore par quelque monstrueuse raison d'État, de quel droit tuait-on une femme, une étrangère ? Prenez ce beau livre d'Imbert de Saint-Amand, ce livre plein de larmes, *la Dernière année de Marie-Antoinette*, et je vous défie, à quelque parti que vous apparteniez, de ne point ressentir pour les bourreaux une expression de répulsion en quelque sorte physique, en songeant à tout ce que la malheureuse femme a enduré. On la voit, sortant de ce Tribunal révolutionnaire, où d'ignobles accusations ont été portées contre elle, en proie à ce malaise qui fait tant souffrir les femmes, obligée, pour se réchauffer un peu, de mettre son oreiller sur ses pieds, et là essayant de récapituler les souvenirs affreux des derniers mois. On éprouve, en se penchant pour regarder dans cette âme, la sensation de l'indescriptible, quelque chose comme l'impression de l'insondable dans la douleur. C'est seulement à la douloureuse Passion de Notre-Seigneur, — et sous ma plume, on le sait, cette comparaison n'est pas sacrilège, — qu'il faut se reporter pour avoir l'idée des angoisses de cette reine, de cette épouse, de cette mère, frappée dans toutes ses affections, abreuvée d'outrages, ayant bu jusqu'à la lie la coupe des amertumes humaines... Si l'on osait, on dirait que, lorsqu'il s'agit d'elle, le coup de couperet fait plaisir. On comprend avec quelle hâte, après ce trajet au milieu des insultes, elle monta les degrés de l'échafaud et, à bout de forces, ayant supporté tout ce qu'une créature humaine peut supporter, se rua dans la mort, et, haletante, dit à Sanson : « Dépêchez-vous ! »

« Il en est de pareils crimes, ont écrit les frères de Goncourt, comme de certaines gloires; celles-ci n'ennoblissent, ceux-là ne compromettent pas seulement une génération et une patrie. Gloires ou crimes dépassent leur temps et leur théâtre. L'humanité tout entière, associée à elle-même dans la durée et dans l'espace, en revendique le bénéfice ou en porte le deuil; et il arrive que la mort d'une femme désole cette âme universelle et cette justice solidaire des siècles et des peuples : la conscience humaine. »

Ces sentiments, constatons-le à l'honneur de notre pays, sont ceux de la France presque tout entière. La comparaison avec ceux qui se sont succédé au pouvoir n'a fait que mettre davantage en relief la pureté de la vie privée, les vertus familiales, la bonté de ces souverains si durement punis de leur horreur pour le sang. Les moins royalistes ont bien été forcés de reconnaître que le pauvre Capet était un peu plus honnête homme que Barras. Si la mort de Louis XVI est défendue par quelques faiseurs de paradoxes à effet, il n'est point un vrai Français, bourgeois ou ouvrier, quelque radi-

La Chapelle expiatoire vers 1850.

cal qu'il puisse être, qui, au fond de lui-même, ne regarde comme d'abominables gredins les misérables qui ont assassiné Marie-Antoinette, et, après elle, Madame Élisabeth, cette sainte à laquelle on n'a jamais trouvé un acte, une seule parole à reprocher. Personne ne trouve mauvais qu'il y ait un coin de Paris où l'on vienne pleurer ces crimes inexpiables.

Avoir forcé une Assemblée actuelle à s'associer à des actes qui appartiennent au passé, à glorifier des exécutions que la conscience de tous flétrit, a été une faute. « La barbarie, dit Sainte-Beuve, rôde sans cesse autour de la civilisation ; dès qu'on lâche prise, elle revient. » En dépit des violences de langage, il y a dans les mœurs une certaine douceur, une certaine mollesse, si vous voulez, qui rassure et empêche tout d'aller à l'extrême. Craignons de réveiller les mauvais instincts qui sommeillent. Quand la bête a senti le sang, rien ne la retient plus. Les apologistes de l'échafaud en sont, d'ordinaire, les premières victimes; Marie-Antoinette, à la Conciergerie, avait pour voisins les Girondins; souhaitons à ceux qui approuvent si vivement qu'on ait tué Louis XVI d'avoir ses vertus dans la vie et son tranquille courage dans la mort...

LE PALAIS-ROYAL

1867

C'ÉTAIT hier. Nous étions deux. Nous entrâmes par la grande porte qui donne sur la place.

— Que voulez-vous? dit le factionnaire.
— Voir le palais, dit mon ami.
— On ne passe pas, dit le factionnaire.
— Voir le concierge, dis-je moi-même.
— Passez, dit le factionnaire.

On le voit, s'il est jamais sorti du Palais-Royal quelque charte mensongère ce n'est point celle des portiers. « Parlez au concierge » est une vérité.

On nous délivra des cartes pour visiter les collections du Palais et l'on nous fit très gracieusement accompagner par un suisse sans hallebarde, un suisse complaisant et gratuit. La formule « pas d'argent, pas de suisse » expire au seuil de ces galeries.

Nous cheminâmes ainsi au milieu de toiles italiennes dont quelques-unes sont remarquables quoique gâtées la plupart du temps par un vernis exagéré. Le bronze amaigri de Richelieu occupe le centre de la salle des bustes.

Celui-là c'est l'aïeul, l'ancêtre, le grand homme.

— C'est le fondateur du palais, le premier souvenir que l'histoire rencontre dans ces murailles. Aux extrémités de la même salle on remarque les deux bustes de Rachel représentant la tragédie et la comédie. D'un côté, la face terrible et passionnée que le public applaudissait à la scène, de l'autre le masque souriant et presque folâtre que connaissaient seuls les intimes.

En parcourant ces salons et ces galeries, l'histoire se dressait devant nous comme un spectre évoqué tout à coup par le bruit de nos pas. Dans ces galeries que nous traversions, Louis-Philippe, duc d'Orléans, avait donné, en juin 1830, au roi

Charles X, à l'occasion de la visite du roi de Naples, cette fête splendide à laquelle devait succéder, quelques jours après, une révolution. C'était là, qu'en présence de ces lustres étincelants, de ces girandoles, de cette gaieté fébrile, de cette royale famille dont le trône était posé au pied du Vésuve, M. de Salvandy, préoccupé de cataclysmes prochains, avait prononcé la seule parole de lui qui soit célèbre.

— En vérité, c'est bien là une fête napolitaine, Monseigneur. Nous dansons sur un volcan.

La Galerie Richelieu.

Le bon suisse sans hallebarde, peu frappé de tels

souvenirs, nous montrait les tableaux et les statues avec la grave bonté d'un propriétaire qui fait les honneurs de chez lui.

— Quelle est donc parmi toutes ces pièces, lui dîmes-nous, la chambre où mourut Richelieu? Montrez-nous le boudoir où le Régent fut frappé d'apoplexie foudroyante entre les bras de la duchesse de Phalaris.

A cette demande qui lui sembla étrange, le suisse nous répondit : — Je ne sais pas.

Toutefois, sur notre insistance et dans sa mansuétude, il alla quérir un vieux serviteur blanchi et majestueux, un *Caleb* de maison princière à qui il ne manquait que le costume pour nous apparaître comme le Nestor des chambellans.

Nous lui renouvelâmes notre demande.

— Richelieu? le Régent? répondit-il, en ayant l'air de fouiller profondément dans ses souvenirs. Je ne sais pas. Voilà trente-neuf ans que je suis dans ce Palais et je n'ai jamais entendu dire qu'il y ait ici quelque chambre où soient morts *ces messieurs que vous me parlez.*

« Ces messieurs que vous me parlez!!! » O mémoire humaine! Soyez plus qu'un roi. Luttez donc désespérément avec toute la puissance d'un grand génie pour étendre le pouvoir du roi votre maître. Faites tomber la tête d'un Montmorency, passez, ombre rouge, dans un drame de Hugo, bâtissez un palais si somptueux qu'il fasse dire à Corneille :

Il nous faut présumer, en voyant de tels toits,
Que tous ses habitants sont des dieux ou des rois.

— Venez y mourir avec un monarque pour garde-malade, venez vous y éteindre comme un soleil dans sa gloire, afin que, dans ce même palais donné par vous à la Royauté, on ne se souvienne plus de la chambre sacrée où le bienfaiteur et le grand homme expira et pour qu'on vous y nomme « un de ces messieurs que vous me parlez. »

O Régent de France, plus heureux que Richelieu, vous devez vous féliciter d'être oublié. Toutefois, si les grands roués de votre temps eussent parlé comme les petits crevés du nôtre, ils l'eussent trouvé assez roide.

N'importe, cette réponse quelque bizarre qu'elle parût donnait le sens du monument. Le Palais-Royal a joué un grand rôle dans l'histoire, mais ce n'est pas un monument historique. L'histoire l'a traversé cent fois, elle ne s'y est jamais assise. Cela vient, sans doute, de ce qu'on ne lui a jamais offert un fauteuil.

Qui n'a connu de par le monde certains grands

seigneurs d'illustre race, mésalliés à des filles de marchands jetant aux orties leur manteau de pair et adoptant résolûment les goûts, les allures, les façons de voir de leur nouvelle famille? Ils entrent dans le négoce, ils quittent l'épée pour l'aune, *cedant arma lucro*. Ils étaient ducs dans la noblesse, ils deviennent barons dans la finance. On les gênerait fort en mêlant leurs parchemins à leur grand-livre, leur arbre généalogique à leurs bordereaux. La maison du *Chat qui pelote* ne veut plus se souvenir de la maison de Rohan. Telle est l'histoire du Palais-Royal.

De bonne heure, quand les moindres hôtels n'eussent point laissé un manant pénétrer sous leurs porches armoriés, le jardin d'Orléans s'est ouvert ou du moins entr'ouvert à tous.

Dès le commencement du XVIII° siècle, c'était une sorte de cercle en plein air où se discutait et se critiquait tout ce qui se passait dans Paris et dans l'Europe, depuis la politique générale du monde jusqu'aux intrigues secrètes des particuliers, où l'on mettait librement à nu les grandes et les petites choses, Versailles et l'Opéra, les coulisses de l'histoire et l'histoire des coulisses.

Quand le duc d'Orléans, accablé de dettes, eut, en 1761, supprimé une partie du jardin pour y faire construire des galeries et ramasser, comme on dit alors, des *loques à terre* (1), les boutiquiers prirent définitivement possession du palais et y firent fortune. La famille d'Orléans avait fait toujours cause commune avec la bourgeoisie, elle lui avait ouvert ses jardins, et celle-ci lui ouvrit l'accès du trône d'où Louis-Philippe ne tomba que pour avoir trop compté sur la vieille alliée de sa famille.

Donc, prenons le palais à son vrai point de vue : oublions et Richelieu qui mourut là, et la régente Anne d'Autriche qui y vit le trône du jeune Louis XIV menacé par l'émeute, et les orgies de la Régence qui préparaient, suivant l'expression de Rivarol, par les vices des grands la révolution que les vices du peuple devaient achever. Nommons pour mémoire Law, qui chercha là un asile auprès de son protecteur, et Philippe-Égalité, que 93 récompensa d'avoir voté la mort du roi en le faisant stationner une heure devant son ancien palais avant de le délivrer de ses remords par l'échafaud.

De tout temps le Palais-Royal fut de l'opposition, révolutionnaire sous la monarchie, royaliste pendant la Révolution. Ce fut dans le jardin que, le 13 juillet 1789, Camille Desmoulins, monté sur une chaise, harangua le peuple et lui distribua des feuilles vertes en signe de ralliement pour la grande

(1) Une caricature de l'époque le représente en chiffonnier.

insurrection qui aboutit le lendemain à la prise de la Bastille. Ce fut au Palais-Royal également, chez le restaurateur Février, que Le Pelletier de Saint-Fargeau fut assassiné par le garde-du-corps Pâris.

Sous la Terreur même, on retrouvait au Palais-Égalité un peu de cette liberté qui partout ailleurs ne se voyait que sur les murs. Les adversaires les plus déterminés s'y rencontraient comme en pays neutre, et les honnêtes gens pouvaient se permettre d'y avoir de l'esprit sans trop risquer de perdre la tête. Martainville était un des hôtes assidus du jardin. Un jour, des Montagnards en belle humeur lui offrirent un bol de punch pour le ramener à de saines idées. Il ne fallait rien moins qu'un couplet pour célébrer cette touchante réconciliation et la victoire morale de ce vertueux groupe de sans-culottes. Martainville l'improvisa aussitôt :

> Embrassons-nous, chers Jacobins,
> Longtemps je vous crus des mutins,
>   Et de faux patriotes.
> Oublions tout, et désormais,
> Donnons-nous le baiser de paix,
>   J'ôterai mes culottes.

La scène, heureusement, se passait au café des *Aveugles*...

Sous l'Empire, la vogue du Palais-Royal ne fit que s'accroître. Aux sans-culottes avaient succédé les culottes de peau.

Après chaque campagne, les héros de l'épopée impériale venaient se reposer — ou se fatiguer — dans les délices de cette Capoue.

Sur le champ de bataille, on se donnait rendez-vous là. « — Rendez-vous tel jour au Palais-Royal! criait un officier à son camarade d'un autre régiment. — A quelle heure? — Midi. — Où? — Chez Semblin. » Et l'on chargeait bravement.

A peine arrivés aux barrières, les officiers des armées alliées demandaient où était le Palais-Royal.

Ce fut à partir de 1815 que le Palais-Royal atteignit l'apogée de sa prospérité. Pendant la Restauration, il fut pour Paris ce que l'Agora avait été pour Athènes, ce que le Forum avait été pour Rome. Le boulevard d'aujourd'hui n'est qu'une ombre banale de ce qu'était le Palais-Royal d'alors. Il y a en moins, en effet, je ne sais quoi de pittoresque et d'original qu'avait une époque où deux régimes fort opposés se confondaient l'un dans l'autre, où la société nouvelle gardait quelque chose des élégances de l'ancienne. Il y a en plus le bruit des voitures et le brouhaha des gens d'affaires. Le Palais-Royal, fermé des quatre côtés, comme certaines maisons par leurs contrevents immobiles, était un salon; le boulevard n'est qu'une grande rue.

Tout le Paris de Balzac se résume et se concentre

dans le Palais-Royal, et le Palais-Royal ressuscite tout entier dans Balzac, qui s'en fait l'amoureux historiographe et le peintre véritablement merveilleux. C'est au Palais-Royal que Rastignac vient jouer l'argent que lui a confié Delphine; c'est au Palais-Royal que Joseph Bridau perd son dernier écu; c'est chez Véry que dînent Bixiou et Blondet, les convives paradoxaux de la *Maison Nucingen*.

Presque tous les acteurs de la *Comédie humaine* ont, un jour ou l'autre, traversé ce théâtre étrange éclairé par toutes les passions enflammées, cette grande foire des vices où l'univers a passé, où allait, venait, grouillait, criait, blasphémait une foule ondoyante, une foule à la fois brillante et fétide, comme un océan de boue qu'une vive lumière ferait çà et là miroiter. Là se coudoyait, se heurtait, se poussait, se bousculait tout un monde interlope de joueurs, de libertins, d'hommes cherchant des filles, de filles cherchant des hommes, d'officiers à demi-solde, de coquins à solde entière, de millionnaires qui venaient pour tout avoir, de bohèmes en guenilles qui venaient pour tout voir, comme Chodruc-Duclos, le Diogène en haillons de cette Athènes pourrie.

On connaît son grand fait d'armes de 1830. Agacé de voir un homme du peuple manquer à tout coup les soldats du roi, il lui arracha l'arme des mains.

— Voici comment il faut s'y prendre, animal ! dit-il, en ajustant successivement un capitaine et un adjudant qu'il étendait roides morts.

— Sacrebleu ! s'écria le héros de Juillet, vous allez bien ; continuez à ma place.

— Moi ! exclama Chodruc, non pas, certes. Ce n'est pas mon opinion : je suis royaliste.

Et il remit froidement le fusil à l'insurgé.

La littérature avait là ses échoppes renommées au milieu de la prostitution, contraste le plus souvent, similitude quelquefois, lorsqu'on exposait aux vitrines des livres de Restif ou de Laclos, ces précurseurs du naturalisme.

Que ne trouvait-on pas, d'ailleurs, au Palais-Royal ? Il était au milieu de la ville comme la capitale de cette débauche, maintenant disséminée un peu partout. On y comptait dix-huit maisons de jeu, vingt cafés, quinze restaurants, onze monts-de-piété, sans parler des bals, des concerts, des divertissements de toute nature, des bouges innombrables qui poussaient là comme sur un terrain prédestiné. Le Plaisir, la Misère, l'Orgie, la Faim, le Crime, la Ruine, les perversités parisiennes, les naïvetés provinciales, vivaient là dans la plus étonnante des promiscuités.

Le Château-d'Eau du Palais-Royal.

Avant de monter au tapis-vert, on allait admirer l'hirondelle de Vernet, au café de Foy; les Circasiennes qui servaient elles-mêmes; M. Sauvage, le ventriloque, la belle Mme Romain, assise sur un trône d'argent massif, qui avait été le trône du roi de Westphalie...

Le café Montansier était en guerre avec le café Lemblin; les officiers de l'ex-garde impériale provoquaient les officiers de la garde royale; sous les comptoirs étaient des épées, on les prenait et l'on se battait sans plus de façon dans la rue Montpensier ou dans la rue de Valois.

Dans les salles du 113, les gens du monde avaient pour voisins des déclassés de toutes les catégories. Sous toutes les portes, sur les marches de tous les escaliers, des professeurs de martingale en habit graisseux, des chevaliers d'industrie, étaient à l'affût du badaud qui s'aventurait dans ces parages.

De tous ces vices agglomérés se dégageaient des effluves capiteux, des vapeurs troublantes et comme une contagion de corruption qui gagnait de proche en proche.

Louis-Philippe, parvenu au trône, jugea bon d'éloigner du lieu de son origine la prostitution et le jeu. La scandaleuse fortune du Palais-Royal s'écroula tout aussitôt. Le lendemain, les balayeurs surpris trouvèrent moins de bouts de cigares; les galeries exhalèrent une odeur de ruine; et tout fut dit : le Palais-Royal avait vécu.

1885

Il faut se hâter de regarder ce coin de Paris qui va disparaître ; par lui-même, il n'est guère intéressant. On ne peut rien imaginer de plus squalide que ces abords du Palais-Royal actuel, rien de plus laid que ce passage humide, gluant, qui tient du coupe-gorge et fait le désespoir des créanciers. Ce cadre affreux qui entoure ces brillants magasins, comme un écrin crasseux dans lequel seraient enfermés des bijoux précieux, est un débris cependant du Palais-Royal d'autrefois.

Ces débris sont rares, à vrai dire. Nous qui sommes de nouveaux venus, nous avons pu connaître le légendaire café des *Aveugles* et l'*Homme à la Poupée* ; nous nous sommes baissés, tout petits, vers le soupirail d'où venaient ces interminables roulements de tambour du café du Caveau. Un peu effrayés au commencement, nous avons vu se dresser devant nous, tout enfants, ce personnage fantastique, cet aboyeur de Séraphin qui, drapé dans son long manteau, adressait aux passants de si bizarres appels. Nous avons encore dans les oreilles le refrain célèbre du *Pont cassé :*

Les canards l'ont bien passé,
Tire lire lire.

Il se confond dans nos souvenirs juvéniles avec ce cri qu'on n'entend plus et qui retentissant strident et traînant à la fois dans la rue silencieuse, mêlé à ce bruit d'orgue qui faisait songer à Fualdès, produisait un si singulier effet dans les nuits d'hiver : *Lanterne magique!*

Quand on parlait de tout cela devant des vieillards, ils hochaient la tête : « Le Palais-Royal, je l'ai vu ! » disaient-ils ; et devant leurs yeux surgissait tout à coup, comme une apparition féerique, cet ancien Palais-Royal qui fut la kermesse, le lupanar, le paradis matériel, l'émerveillement de l'Europe entière.

C'est ce Palais-Royal, qui revit dans la fameuse gravure de Debucour. Déjà la réputation du lieu était faite, et le quatrain de Delille était l'expression de la vérité :

> Dans ce jardin, tout se rencontre,
> Excepté l'ombrage et les fleurs.
> Si l'on y dérègle ses mœurs,
> Du moins on y règle sa montre.

Avec Balzac nous avons décrit la période qui succéda à cette première manière, puis la décadence.

Comme dans tous les lieux où il y a eu beaucoup d'esprit, il y a parfois des revenants au Palais-Royal. Certains restaurants ont le privilège de ramener à époques fixes les banquets fraternels où les *Labadens* viennent se remémorer l'heureux temps du collège ; les toasts et les congratulations y remplacent les coups de pied dans le ventre d'autrefois. Avant d'aller flâner sur le boulevard, on sourit au souvenir de cinq cents lignes infligées jadis pour avoir envoyé à la fille du proviseur une lettre copiée dans la *Nouvelle-Héloïse*. Ces évocations toutefois se font rares : et, dans ce vaste quadrilatère, trois ou quatre orchestres de noces, n'y mènent pas grand bruit. S'il n'y avait deux théâtres à ses extrémités comme on met des sinapismes à certains malades, le Palais-Royal serait la place Royale des quartiers du centre.

La vie subsiste encore, mais elle semble somnolente et lourde.

Qui mange ces fruits superbes, ces primeurs qu'on aperçoit étalés aux vitres de ces restaurants aux noms illustres ? On ne voit jamais personne franchir la porte. Ces couverts correctement dressés sous des lambris dorés semblent attendre depuis vingt ans des convives qui n'arrivent pas. On rêverait parfois d'avoir un oncle fossile qui débarquerait en diligence d'un pays très lointain et qui vous inviterait à dîner là. On n'ose pas entrer tout seul ; on craindrait de commettre quelque anachronisme énorme, de renverser, avec une parole, ce décor qui survit à un monde disparu et à une société évanouie...

Et voilà qu'il est question d'éclairer cette nécropole à la lumière électrique !

Sous cette lumière, un peu fantastique et qui convient aux apparitions, il semble déjà voir défiler la grande revue que

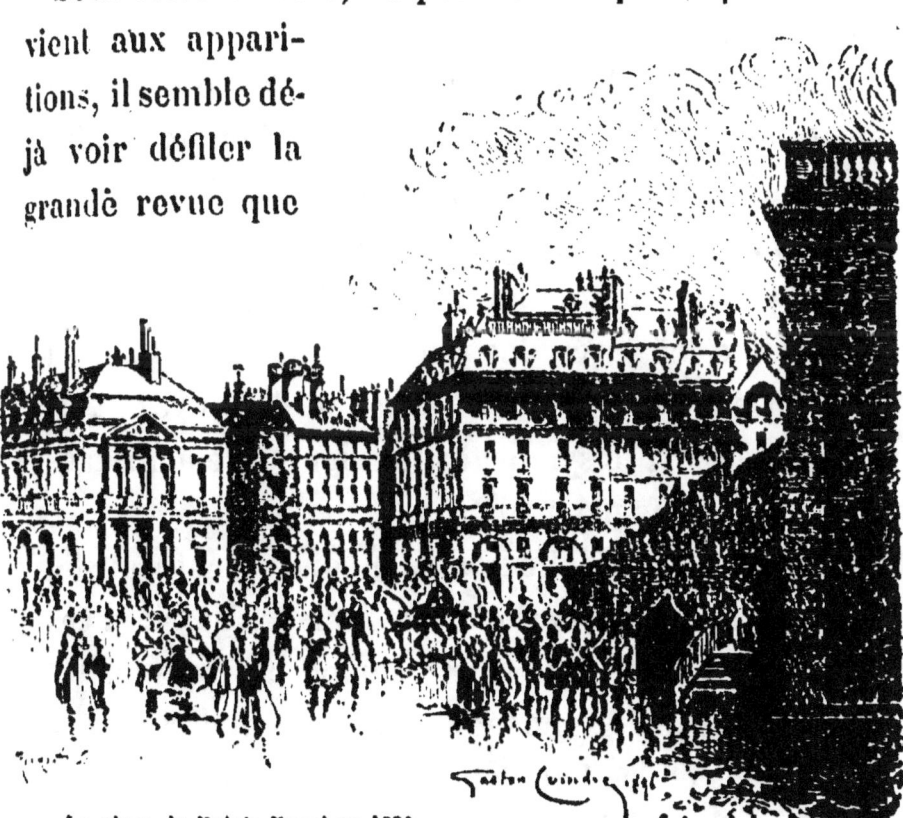

La place du Palais-Royal en 1830.

passerait à l'heure de minuit l'ombre de Balzac, qui restera comme le peintre définitif du monde étrange qui s'agitait dans ces parages.

Ces personnages, cependant, trouveraient à qui parler s'ils s'avisaient de recommencer la vie du passé. Le syndicat du Palais-Royal y mettrait bon ordre.

11.

Il y a en effet au Palais-Royal un syndicat dont le très aimable président est M. Gustave Sandoz. Les collectivités aujourd'hui traitent d'égal à égal avec l'administration. Quand l'administration est impuissante, le syndicat agit lui-même. Ainsi, on a dit aux négociants du Palais-Royal que, sur un budget de trois milliards, il serait impossible de dépenser cette année de quoi mettre du sable dans le jardin; le syndicat, quand la commission du budget se sera prononcé, fera venir quelques tombereaux de sable à ses frais, et tout le monde sera heureux.

Comme les jurés des Corps de marchandise, au Moyen Age, qui faisaient fonction d'arbitres et de juges de paix, le syndicat intervient utilement dans les dissensions particulières.

Il y aurait une jolie nouvelle pour un naturaliste, sous ce titre : *les Vendettas de passage*. Derrière ces vitrines brillantes, il se développe des animosités auprès desquelles ne sont rien les querelles des Montaigus et des Capulets.

L'un arrose, l'autre aussitôt fait faire le ménage et secoue des tapis pleins de poussière; l'un baisse le store, l'autre immédiatement le relève. Ces voisins, toujours sur le dos l'un de l'autre, vivant d'une vie un peu factice, à la lueur du gaz, en arrivent à des irritations dont on n'a pas l'idée. Le commissaire de police se déclare désarmé; le gardien de la paix craint, en se mêlant de l'affaire, d'attirer sur lui une interpellation du Conseil municipal; le gardien du jardin affirme qu'il dépend de l'État, et que l'État, qui, en France, peut tant de choses, ne peut empêcher un homme d'arroser à l'heure qui, précisément, contrarie son voisin. Le syndicat intervient, arrange tout cela, en un clin d'œil, et voilà ces voisins hargneux qui, après s'être haïs pendant tant d'années, deviennent les meilleurs amis de la terre.

Le rêve du syndicat, qui, je crois, n'a qu'une très médiocre admiration pour la façon dont le gouvernement actuel assure la sûreté des rues de Paris, aurait été d'avoir une petite police à lui. Pour le moment, il se contente de récompenser les gardiens qui se sont signalés par leur zèle, et il veille à ce que le jardin ne soit pas envahi par les filles et les souteneurs.

Comme Hercule, le syndicat a eu à faire un choix :

> Il vit la Volupté qui lui tendait la main,
> Il suivit la Vertu qui lui sembla plus belle.

Il ne faudrait qu'un peu de tolérance effectivement pour que le Palais-Royal reprît la physionomie vivante, joyeuse, qu'il avait sous l'Empire et sous la Restauration et redevienne le séjour de toutes les corruptions.

Avec les portes de dégagement sur les petites rues, la facilité de s'arrêter devant les boutiques, le jardin propice aux entretiens mystérieux, ces galeries sont restées le paradis regretté de la Vénus ambulante qui, au fond, ne s'est jamais bien accoutumée aux boulevards. Étant données les mœurs actuelles, il suffirait de laisser faire pour que des cafés-concerts, des brasseries, des établissements de tout genre s'ouvrissent là comme par le passé. Le syndicat a toujours réagi contre toute invasion de cette nature.

Ajoutons que les négociants n'ont point été exclusivement guidés par l'amour de la morale. Le Palais-Royal a subi, depuis trente ou quarante ans, une transformation très intéressante et qu'aucun historien parisien n'a songé encore à noter ; il est devenu en quelque sorte le musée commercial de Paris, et l'on y fait beaucoup plus d'affaires qu'autrefois. La bijouterie en faux a presque complètement disparu, et ce sont les plus grands joailliers de Paris qui sont maintenant installés là ; il y a, dans les vitrines, pour cent millions de diamants. Le bruyant cortège que les Aspasies de la rue traînent après elles n'a rien de rassurant, on le comprend, pour des gens qui ont tant de diamants...

L'homme, cependant, n'est jamais absolument

satisfait. Les habitants du Palais-Royal trouvent que ces galeries, très sûres, sont un peu mornes. On m'en a un peu voulu jadis d'avoir, dans un article que le président du syndicat trouvait trop exact, constaté l'aspect mortuaire et désolé de cette solitude; il faut reconnaître, malgré tout, qu'il y a du vrai dans cette appréciation. Le désir de tous serait de voir régner là ce que j'appellerai une gaieté honnête, d'aérer, d'ouvrir un peu ce lieu qui sent le renfermé.

Cette apparence un peu étouffée, le Palais-Royal l'a toujours eue; mais jadis, fermé aux quatre coins, il ressemblait à un salon suspect. Aujourd'hui, il ressemble un peu à un cimetière.

Sans doute, il paraîtrait simple d'ouvrir des dégagements, de rendre le palais accessible par de larges entrées qui feraient pénétrer là le mouvement et la vie; mais cela ne se peut pas. Les négociants du Palais-Royal se sont adressés à M. Charles Garnier, qui a le monument sous sa surveillance; il leur a déclaré que l'architecte avait voulu que le Palais-Royal fût fermé et qu'il devait rester fermé, autrement le monde finirait. En tout cas, les architectes se mettraient en grève et les hommes seraient réduits à s'abriter, comme aux siècles primitifs, sous des huttes de feuillage.

C'est à l'éclairage électrique qu'on a eu recours

pour essayer de donner quelque animation à ces galeries un peu mélancoliques. Les restaurateurs comptent aussi mettre des tables, pour les déjeuners et les dîners, au milieu du jardin; ce qui sera comme une piquante restitution du Palais-Royal des gravures de Debucour.

Parmi tous ces attraits problématiques, oublierait-on la petite cérémonie quotidienne du coup de midi!

Tout monument a son Palladium. Le Palladium du Palais-Royal, c'est le canon traditionnel. Il est passé à l'état d'institution et seul il a survécu au milieu de tant de ruines accumulées. Nulle révolution ne l'a renversé, nul souverain n'a osé refuser la rente de poudre à ce canon bouffon qui n'a jamais contenu un boulet, à ce lâche canon qui n'a jamais défendu la patrie. Il est l'image du Palais-Royal. C'est une fille de joie lui aussi, il n'a fait du bruit que pour plaire aux badauds : il s'est usé sous la curiosité publique, ce canon de joie qui se prostitue en plein midi, et, à ce vil métier, cet amuseur est devenu plus vieux, plus usé, plus débile que les glorieux canons d'Austerlitz.

Ne personnifie-t-il pas aussi cette opposition tapageuse que firent toujours les branches cadettes du Palais-Royal?

En 1867, je demandais à l'armurier Leroux qui, depuis cinquante ans, avait le privilège de le faire partir : « Par qui êtes-vous payé ? »

« Par le ministère d'État, me répondit-il. »

Le Palais-Royal fait partir le canon, mais c'est la liste civile qui fournit la poudre.

Toute l'histoire politique du Palais-Royal est dans ces deux mots.

Et, aujourd'hui, par qui peut donc bien être subventionné le Palladium inamovible?? Est-ce par le syndicat?

Réussira-t-on à cette tentative de résurrection? Je ne sais. Avez-vous remarqué quel caractère particulier a la décadence des lieux de joie? On dirait de ces champs à jamais stériles sur lesquels le feu du ciel est tombé et où l'herbe même ne pousse plus.

Je m'étonne même qu'on n'ait pas pensé à grouper, dans quelque publication, ces centres de la vie parisienne d'autrefois qui semblent voués à l'éternelle solitude depuis que Paris les a abandonnés.

Que de bruit jadis sur cette place Royale, rendez-vous de tous les élégants, de tous les raffinés, de tous les duellistes, de tous les coureurs de nouvelles ! Mme de Sévigné n'avait qu'à se mettre à la fenêtre de l'hôtel qu'elle appelait « sa Carnavalette » pour voir défiler le tout Paris d'alors.

Que d'agitation encore, que de roulements de carrosses dans la rue Guénégaud quand la Comédie était là ! Quel va-et-vient incessant dans la rue de

Les Galeries de bois.

l'Ancienne-Comédie quand, au sortir du théâtre, les lettrés allaient deviser, chez Procope, de la pièce nouvelle, écouter Diderot et Fréron, Crébillon fils et Piron échanger des épigrammes ou des paradoxes !

Est-il endroits plus silencieux et plus déserts maintenant que la place Royale, la rue Guénégaud, la rue de l'Ancienne-Comédie ? L'activité des alentours semble s'arrêter là ; on dirait que la vie s'est retirée de ces lieux de plaisir comme la force se retire d'un homme qui a abusé du plaisir. On n'éprouve pas là l'impression grave qu'on éprouve devant certaines ruines ; c'est un je ne sais quoi de poussiéreux et d'aride qui vous monte aux lèvres.

Rien ne prospère dans ces régions ; les magasins s'étiolent, languissent, ont l'air ennuyé de plantes qui ne sont pas dans leur terrain pour grandir. Par un contraste singulier, ces rues où s'étalait le *high-life* de nos aïeux, où triomphait la mode en ses inventions les plus originales et les plus nouvelles, ont une allure provinciale. On rencontre par là de ces petits cafés tranquilles où les billards ont encore des blouses, où on sert de la bière en bouteille ; on sent, en entrant, qu'on dérange les habitués qui vous regardent et baissent la voix.

Pour le Palais-Royal le caractère est tout autre encore. Vainement essayerions-nous de peindre pittoresquement ce désert sans poésie. Ce ne sont point les ruines du vieux Paris si graves toujours et si charmantes, quand elles ne sont point magnifiques. Ce ne sont point là les majestueuses et silencieuses avenues de Versailles, les calmes tristesses du Marais, ce sont les ruines du Paris moderne, les débris d'un viveur, qui a vécu, et qui n'a droit ni à l'estime ni à la pitié.

Balzac, toujours lui, a écrit *Splendeurs et misères des courtisanes :* l'histoire de la chute graduelle des filles de joie ; la décadence des lieux de joie serait le vrai pendant de ces études de mœurs.

Hier, les salons et le boudoir de la fille entretenue étaient encombrés de bibelots entassés pêle-mêle, remplis d'adorateurs, animés par l'excitation factice de la fête. Aujourd'hui, tout est désert, tout est abandonné, tout est mort. Un beau matin, c'est-à-dire un vilain soir, Turcaret-Jupiter est allé verser sa pluie d'or dans une autre chambre à coucher. Le vide seul accueille le visiteur qui revient de voyage et ne sait pas l'événement, l'étourdi qui l'a oublié, le brocanteur qui vient chercher ses épaves dans ce naufrage.

L'Art qu'on a méconnu n'est point là pour jeter sur toutes ces choses prosaïques son vêtement d'immortalité. Le cœur cherche en vain au milieu de cet abandon un souvenir ému. C'est le vide encore une fois, le vide glacé où l'âme se resserre, et non point la solitude où elle étend ses ailes.

. . . .

Le Palais-Royal lutte ; il dit comme la Jeune Captive : « Je ne veux pas mourir encore, » mais je veux vivre honnêtement. Cela est bien, et nous y applaudissons de grand cœur, sans avoir plus d'illusions qu'il ne convient sur le résultat final. Les endroits publics qui prétendent être gais sans être vicieux me font toujours songer aux projets d'amitié entre homme et femme, aux commerces purement intellectuels de conversation et de lettres. Cela finit toujours mal.....

1897

. . . .

Le Palais-Royal ne lutte plus. Gustave Sandoz qui avait essayé de donner un peu de vie au syndicat est mort. Tous les grands joailliers ont émigré l'un après l'autre rue de la Paix et rue Royale... C'est la fin. Il est question de rouvrir le Palais-Royal pour y installer le Salon chassé des Champs-Élysées par les Vandales qui sont en train de ravager ce coin de Paris.

LES TUILERIES

LE JARDIN ET LE QUARTIER

Qui ne se souvient d'un tableau de Nittis : la *Place des Pyramides?* Il était impossible d'imaginer rien de plus parisien que cette œuvre d'un Italien. On revoyait cette place telle que nous la connaissons depuis de longues années. En face, on retrouvait la grille des Tuileries, avec ses jeunes mères élégantes, ses enfants joyeux et bien habillés, ses nourrices au blanc tablier; et du côté de la rue Saint-Honoré, ces arcades tristes, sombres, où nul commerce ne prospère, où les boutiques, frappées d'une espèce de *malaria*, semblent mourir d'ennui, comme des fleurs qui n'ont pas d'air.

Au temps passé, pour appartenir au Corps de Ville, il fallait être Parisien. Un Prévôt des marchands, vivement protégé par le roi Louis XI, — lequel était cependant, comme on sait, très bien avec ses amis les bourgeois de Paris, auxquels il venait quelquefois familièrement demander à dîner — fut cassé parce qu'il n'était pas de Paris. L'élément autochtone n'est peut-être point assez largement représenté dans notre Conseil municipal; il manque à nos conseillers ce sens particulier qui ne s'acquiert pas, cette notion instinctive en quelque façon des habitudes parisiennes. Ils se donnent par exemple un mal inouï pour assurer une animation factice à ce quartier des Tuileries, qui n'est pas un quartier commerçant, et ils refusent d'achever le boulevard Haussmann, vers lequel, au contraire, se porte le grand courant des affaires et toute l'activité de la vie moderne.

Nos édiles ont renversé des arbres séculaires, mutilé un jardin incomparable en se persuadant naïvement que c'étaient les voies de circulation qui créaient la circulation. Un véritable Parisien n'aurait jamais commis cette erreur : celui-là n'ignore pas que, pour que les communications actives s'échangent entre deux régions différentes, il faut que ces deux régions aient des intérêts fréquents qui les mettent en rapport ensemble. Le boulevard Haussmann est incessamment rempli par le va-et-vient des multitudes, parce qu'encore une fois il personnifie le Paris moderne; toutes les rues qui avoisinent les Tuileries ont une physionomie languissante, qui ne changera

Aux Tuileries, quand il y avait encore des arbres!!!

pas de longtemps, parce que le monde de rentiers, de voyageurs, de touristes, qui habitent dans ces parages, vient justement là pour être tranquille...

Quand il fut question de percer une rue au milieu des Tuileries, toute la presse s'indigna et nous fûmes les premiers, dans la *Liberté*, à signaler ce qu'il y avait d'horrible à abattre ces arbres centenaires pour élargir un passage où, à part certaines heures, nul ne passait jamais. On scia, avec une hâte fiévreuse, les plus beaux troncs et l'on s'arrêta. On se rabattit alors sur une *rue des Tuileries* qui longeait le château. On construisit une palissade de planches et ceux qui aimaient leur vieux jardin vinrent se désoler de ce côté. Tandis qu'ils se désolaient, on remaniait encore le bois sur un autre point; sous prétexte de planter quelques arbres, on changeait ce coin des Tuileries en une immense fondrière où personne n'osait s'aventurer sous peine de tomber au fond de quelque trou béant.

A coup sûr, l'idée de replanter est bonne ; mais en voyant ces manches à balai se dresser tristement, on songe involontairement à ces géants qu'il aurait été si facile de laisser debout, à ces colosses pleins de force encore que le Temps avait mis tant de saisons à faire si superbes et que quelques coups de cognée ont suffi pour coucher sur le sol.

Chose curieuse! Cette *rue des Tuileries* existait

déjà sous Louis XIII, mais le jardin alors ne ressemblait pas à ce qu'il a été depuis. Il renfermait un bois, un étang, l'hôtel de Mlle de Guise, une volière, une orangerie, des labyrinthes, une ménagerie, un *Écho*. La volière était située du côté du quai des Tuileries ; l'Écho était au bout de la grande allée cachée par des palissades. Du côté de la Porte de la Conférence s'étendait un terrain sans culture. Louis XIII fit cadeau de ce terrain à Renard qui y fonda un cabaret. C'est dans ce cabaret fameux que les gentilshommes se donnaient rendez-vous ; c'est dans ces salles tapissées de verdure, dans ces réduits clandestins — ainsi se nommaient au XVIIe siècle les cabinets particuliers — que se menaient les complots, que se décidaient les duels, que se commençaient les intrigues.

Fermé par des murailles, par le bastion dont Charles IX avait posé la première pierre, le 6 juillet 1566 et qui le défendait du côté de la rivière, le jardin des Tuileries était alors un séjour pittoresque, un parc varié, un peu humide et sans symétrie. Parmi les arbres se dressaient quelques petites maisons que l'on abandonnait à des artistes ou à de vieux serviteurs. Une de ces maisonnettes fut accordée au Poussin. « Je fus conduit le soir, raconte-t-il lui-même, dans l'appartement qui m'avait été destiné ; c'est un petit palais, car il faut l'appeler ainsi. Il est situé au milieu du jardin des Tuileries. Il y a en outre un beau jardin rempli d'arbres à fruits, avec une quantité de fleurs, d'herbes et de légumes. J'ai des points de vue de tous les côtés et je crois que c'est un paradis pendant l'été. »

N'est-ce point un spectacle charmant que de se figurer le peintre de tant de paysages grandioses, évoquant les sites de la Campagne romaine ou les bergers mélancoliques de l'Arcadie, dans ce jardin, dans ce bois paisible plutôt où les bruits de la ville viennent s'éteindre à cette extrémité lointaine qui sera plus tard le lieu le plus fréquenté de la capitale et qui alors fait à peine partie de Paris.

Avec Lenôtre, les Tuileries changent d'aspect. Ce Boileau des jardins, ce jardinier autoritaire et épris de la discipline avant tout, abattit impitoyablement tout ce qui représentait la fantaisie, l'originalité, le désordre. Il éleva les deux terrasses qui encadrent le jardin. Il fit tracer la grande allée et creuser le bassin. Partout les arbres s'alignèrent d'une façon majestueuse, partout surgirent les ifs taillés en cône, les boulingrins, les bosquets réguliers. Sous les frondaisons épaisses apparurent les blanches statues, héros de bronzes, demi-dieux de marbre, hommes consulaires, groupes mythologiques, se dressant du sein des massifs, indiquant comme autant de soldats dont la faction est éternelle, l'entrée des allées principales.

Dans les années qui suivirent, le jardin des Tuileries resta à peu près ce qu'il était en sortant des mains de Lenôtre. Nous pouvons nous figurer assez exactement la physionomie qu'il avait alors. Les deux bâtiments : le *Jeu de paume* et l'*Orangerie* qui furent démolis sous Napoléon Ier et reconstruits sous Napoléon III, existaient à l'extrémité de chaque terrasse. Du côté de la place de la Concorde actuelle, on entrait dans le jardin par un pont jeté sur des fossés et qu'on appelait *Pont tournant*. Le jardin était fermé de ce côté par une muraille et non par une grille. L'allée qui s'étend le long de la terrasse des *Feuillants* était couverte de tapis de gazon.

La rue de Rivoli n'existait point, et à la place où se croisent maintenant les omnibus et les voitures, emportés par un incessant va-et-vient, se développaient à l'aise, les jardins d'hôtels héraldiques, comme l'hôtel de Noailles, ou des jardins de couvents, comme les Feuillants, et les religieuses de l'Assomption. A l'autre extrémité de cette terrasse s'élevait le *Manège* où les jeunes gentilshommes s'habituaient aux exercices du corps. C'est dans la salle du Manège, on le sait, que siégea la Convention depuis le 22 septembre 1792 jusqu'au 10 mai 1793...

Sous l'ancien régime, le jardin n'était accessible les jours de semaine qu'aux grands seigneurs et aux grandes dames. Les bourgeois n'y pénétraient que le dimanche. Les soldats, les ouvriers et les laquais en étaient exclus. Les Tuileries ne s'ouvraient à tous que le jour de la Saint-Louis ou à l'occasion de quelque fête publique. En 1783, une des premières ascensions aérostatiques eut lieu là;

Porte de la Conférence.

les physiciens Charles et Robert montèrent en ballon dans les Tuileries.

Quand Louis XVI revint de Varennes, il rentra par le jardin en passant par le *Pont tournant*, après avoir traversé cette place Louis XV, qui avait été témoin de catastrophes qui suivirent les fêtes du mariage. Le roi était déjà presque prisonnier; on ferme les portes du jardin, mais l'Assemblée ayant déclaré que la terrasse des Feuillants était néces-

LES TUILERIES

ire à ses communications, on tendit d'un bout
l'autre du jardin un ruban tricolore. La terrasse
es Feuillants s'appela *Terre nationale*, le reste s'ap-
ela *Terre de Coblentz*.

Louis XVI et Marie-Antoinette devaient suivre en-
ore une fois, le 10 Août, les allées tracées par Le-
ôtre pour aller se réfugier dans
a loge du *Logographe* et de là
artir pour le Temple.

L'Enclos des Tuileries.

« Ma sœur, venez donc regarder le jour! » s'était
criée Mme Élisabeth au matin de ce 10 Août 92, en
oyant une radieuse aurore d'été rougir l'horizon
de ses feux. A la fin de cette journée tragique,
quand la famille royale quitta vers minuit la loge
du *Logographe*, dans laquelle elle était enfermée
depuis neuf heures du matin, on n'eut qu'à lui faire

traverser dans toute sa longueur la cour du Manège pour la mener, par les jardins, dans les cellules désertes des religieux Feuillants, où elle coucha trois nuits avant de partir pour le Temple.

Pendant la Révolution, le jardin des Tuileries annexe en quelque sorte de la salle des représentants, subit le contre-coup de toutes les émotions qui agitèrent ces orageuses séances. C'est par le jardin que la Convention, sommée par les faubourgs de sacrifier les Girondins, essaya de sortir pour prouver qu'elle discutait librement. Les multitudes ameutées et menaçantes lui barrèrent le passage et elle dut rentrer dans la salle de ses délibérations pour obéir à l'insurrection.

A cette époque, cependant, le jardin des Tuileries fut le théâtre des spectacles les plus curieux sans doute qu'il ait contemplés jamais : fête de l'Être suprême, fête de Rousseau, fête de l'Humanité, de l'Agriculture, des Victoires. Il faudrait se reporter à ces époques lointaines, s'identifier avec l'esprit contemporain, pour comprendre le mélange de poésie élégiaque et de cruauté réelle qui donnaient à ces solennités un caractère véritablement exceptionnel. Le 20 prairial an II, Robespierre marchant comme président en tête de la Convention, s'avance jusqu'au grand bassin; il porte un bouquet d'immortelles à la main. Un magnifique soleil de juin enveloppant de lumière la foule immense, prête à cette cérémonie un incomparable éclat.

Une pyramide se dresse près du bassin; elle représente les figures allégoriques de l'Athéisme, de l'Ambition, de l'Égoïsme. Robespierre prononce un discours, prend une torche et met le feu à ces figures. Elles disparaissent toutes dans la fumée, et la statue de la Sagesse apparaît... Le cortège se remet en marche vers le Champ-de-Mars; mais il se produit alors un désordre étrange. Les bœufs qui traînent le char de l'Agriculture sentent sur le sable le sang de l'échafaud. Ils se croient à l'abattoir, ils s'effarent, ils menacent les assistants de leurs cornes dorées... Toute une époque n'est-elle point dans ce contraste? Ne sentez-vous point revivre devant cette scène les jours inouïs, où le plus farouche des Conventionnels avait composé cette chanson naïve et charmante : *Il pleut, il pleut, bergère...*

C'est sur le bassin même où l'on avait dressé une estrade qu'on célébrait la fête de l'Agriculture. Ce bassin encore représentait l'*Ile des peupliers* quand on amena à Paris le cercueil de l'auteur d'*Émile* sous un berceau d'arbustes en fleurs.

Cette époque qui avait à un si vif degré le sentiment de la nature, qu'elle avait puisé dans les livres de Rousseau, n'en vit pas moins détruire les tapis de verdure qui s'étendaient le long de la terrasse des Feuillants; on y substitua des pommes de terre auxquelles les agitations de ces heures troublées ne laissèrent pas le loisir de pousser.

Napoléon Ier n'apporta que peu de changements au jardin des Tuileries. Il supprima cependant les ifs Louis-quatorziens pour les remplacer par des parterres; il substitua une grille au mur qui fermait le jardin du côté de la place de la Concorde. La grille qui borde la terrasse des Feuillants, du côté de la rue de Rivoli a été élevée sous la Restauration. Le jardin réservé fut créé par Louis Philippe et agrandi par Napoléon III, qui fit également ouvrir deux entrées nouvelles, l'une en face du pont Solférino, l'autre entre le pont Solférino et le pont des Tuileries.

La description du jardin et ses métamorphoses, les étapes de son histoire nous ont éloigné du quartier qui l'entourait, et survit encore, mais avec des remaniements si imprévus dans son plan, que, pour s'y reconnaître, il suffit à peine de quelques jalons conservés, comme le couvent et l'église de l'Assomption (1).

Si nous suivons la rue Saint-Honoré, nous retrou-

---

(1) Dans notre chapitre sur les *Assemblées nationales*, nous avons déjà essayé une restitution de ce quartier si bouleversé, en étudiant les dépendances du palais des Tuileries et la topographie de la place du Carrousel.

vons l'entrée des habitations dont les dépendances s'étendaient sur l'emplacement de la rue de Rivoli actuelle, dont les jardins, comme celui de l'hôtel de Noailles, prolongeaient les verdures des Tuileries.

Cet hôtel de Noailles s'étendait presque sur tout l'espace compris entre la rue Saint-Roch, nommée alors cul-de-sac Saint-Vincent puis rue du Dauphin, et la rue d'Alger. L'hôtel de Noailles était une de ces demeures magnifiques comme notre temps n'en comporte plus. Il avait, comme l'hôtel de Luynes, cour d'honneur, basse-cour, cour intérieure, salle des gardes, salle du dais, antichambre des valets de chambre, salle à manger pour les officiers...

Dans l'hôtel *Saint-James*, autrefois de *Lille et d'Albion* on admire encore l'ancienne salle des gardes, transformée en vestibule pour les voyageurs, quelques traces du grand escalier. Plusieurs chambres ont conservé leurs boiseries du XVIIIe siècle.

Il est impossible de passer devant cette demeure sans consacrer quelques lignes au fantaisiste énorme qui l'habita pendant le premier Empire. Il s'appelait sir Henry Francis Egerton, des ducs de Bresgewater, prince du Saint-Empire romain. En tous cas, ce prédécesseur de lord Seymour avait tous les droits à figurer dans la galerie des excentriques de M. Lorédan Larchey.

Quand Napoléon voulut assujettir tous les propriétaires de maisons riveraines de la rue de Rivoli à construire des façades uniformes, sir H. Egerton envoya promener le maître du monde. Les alliés entrèrent à Paris avant qu'il eût consenti à céder, et le duc de Saxe-Cobourg manifesta le désir, en vertu

L'ancien Hôtel de Noailles (aujourd'hui hôtel Saint-James).

d'une réquisition militaire, d'être logé dans l'hôtel, lui et sa suite. Sir Henry arma ses trente domestiques, prit lui-même un fusil de chasse, et quand le duc se présenta, il lui annonça qu'il répondrait à la force par la force.

Devant cette excentricité toute britannique, le duc se retira; mais un général russe, aide de camp du tzar, se promit bien d'être plus heureux. Sir H. Egerton arma de nouveau ses trente domestiques et harangua gravement l'officier. « J'ai beaucoup voyagé, lui dit-il; mais partout où j'ai bu, mangé et logé, j'ai payé. Vous n'êtes plus qu'un brigand à mes yeux; attendez-vous à faire le siége de cette maison. » Le général russe partit pour chercher du renfort et ne revint plus.

Était-ce souvenir de ces dérangements ou désir de revoir sa patrie? Sir H. Egerton se décida un jour à abandonner Paris. Son départ eut les proportions d'une expédition lointaine. Pendant six mois on procéda aux préparatifs; enfin, un beau matin, tout le quartier le regarda se mettre en route, toujours escorté de ses trente domestiques et suivi de quinze voitures chargées de bagages. Vers le soir, la caravane revenait devant la porte de l'hôtel... Sir H. Egerton s'était arrêté pour déjeuner à Saint-Germain, on lui avait servi, paraît-il, un détestable repas, et, effrayé de la perspective d'une traversée qui s'annonçait ainsi, il rentrait à Paris pour ne plus le quitter...

A sa table, qui était célèbre, sir Henry invitait des convives de plus d'un genre. *Bijou* et *Biche*, les deux chiens favoris, étaient souvent admis; on leur passait une serviette autour du cou et on leur présentait chaque plat solennellement. Hélas! on leur en présenta trop! Un jour, au dessert, ils oublièrent des lois élémentaires de civilité puérile et honnête que Mme de Bassanville n'a même point songé à rappeler, tant elles sont primitives.

Le châtiment fut terrible. Un tailleur fut immédiatement mandé.

— Ces drôles m'ont manqué, lui dit l'original; je les ai traités comme des gentlemen, ils se sont conduits comme des faquins. Prenez leur mesure! Ils porteront pendant huit jours l'habit jaune et la culotte courte de mes valets, et relégués dans l'antichambre, ils seront privés toute une semaine de l'honneur de me voir!

S'il n'était point retourné dans ses terres, sir H. Egerton n'en était pas privé pour cela des plaisirs cynégétiques. A trois heures, le jour de la Saint-Hubert, les voisins entendaient un vacarme épouvantable : des chiens haletants, des cavaliers en costume rouge, des piqueurs, sonnant du cor, poursuivaient un malheureux renard qui cherchait en vain une retraite. Il y avait grande chasse dans les immenses jardins de l'ancien hôtel de Noailles. Presque absolument paralysé, le maître de céans se faisait porter par ses laquais; on lui soutenait le bras pendant qu'il tirait, et à chaque coup de feu les trompes attaquaient une fanfare triomphale. La foule s'ameutait, le voisinage était en rumeur, le commissaire de police verbalisait... Que pouvait, je vous prie, le procès-verbal d'un commissaire sur celui qui avait bravé Napoléon? Jusqu'à sa mort, sir H. Egerton célébra la Saint-Hubert, et les anciens du quartier s'en souviennent encore parfaitement.

Ne croyez point que cet Anglais si profondément Anglais fut un aliéné. C'était au contraire, par d'autres côtés, un esprit très cultivé, très délicat et très fin. Il a laissé une traduction, qu'on dit excellente, de l'*Hippolyte* d'Euripide, et il avait, pendant son séjour en France, formé une bibliothèque admirable. Il avait payé 25 guinées le dernier billet écrit par Marat dans sa baignoire, quelques minutes avant l'arrivée de Charlotte Corday. D'après M. Loredan Larcher, il aurait acquis, ce qui a plus d'importance au point de vue historique, les procès-verbaux des États de Blois, la correspondance d'Henri IV et d'Élisabeth, celle de presque tous les ambassadeurs de Louis XIV. Ces riches collections ont été transportées en Angleterre.

Il faut remarquer d'ailleurs que, chez les étrangers, l'originalité, même mêlée d'un grain de folie, a un caractère tout particulier; elle est presque toujours profitable à leur pays. Les gens de cœur, quand ils sentent le vertige les gagner, s'éloignent pour ne pas frapper les leurs; les excentriques étrangers agissent de même. Le patriotisme demeure encore debout quand leur raison commence à vaciller. Depuis Anacharsis Clootz jusqu'à Léo Franckel, membre de la Commune, aucun maniaque ayant envie de couper des têtes ou de brûler les monuments n'a opéré dans sa patrie. Il en est de même des fantaisistes. Quand lord Seymour trouva ingénieux de faire rougir des louis dans une poêle et de les jeter à la foule, c'est à Paris et non à Londres qu'il se livre à ces divertissements, qui témoignaient d'un tel mépris de l'espèce humaine. Prenez, si vous voulez, un type tout différent. Lorsque Byron cherche dans l'agitation un remède contre le trouble de son esprit, ce n'est pas son pays qu'il essaie de bouleverser : il court en Grèce, et, là encore, il est utile à sa race; sa mort n'est pas une mort d'émeutier vulgaire; elle sert à grandir encore le prestige de l'Angleterre.

Le bizarre personnage qui fut le dernier propriétaire de l'hôtel de Noailles, avant que l'hôtel seigneurial ne devînt un hôtel meublé, nous a retenu plus longtemps que nous n'aurions voulu. Mais après avoir vu lord Egerton faisant face aux envahisseurs, il eût été curieux de le voir aux prises avec les démolisseurs.

Nous ne sommes point des fanatiques du passé, nous saluons au passage ces voies magnifiques qui répandent partout l'air, le lumière, la santé; mais nous trouvons navrant l'acharnement que l'on déploie contre ce jardin, qui a le malheur d'être réputé un jardin monarchique.

Remarquez que le château comme le jardin sont aussi républicains que monarchiques. Nous avons entendu Victor Hugo lui-même regretter la disparition de ce palais qui avait retenti du grondement des grandes séances de la Convention après avoir assisté aux fêtes de la royauté. Si l'infortuné Louis XVII, le roi de Rome, le duc de Bordeaux, le comte de Paris, le prince impérial ont bêché successivement de leurs mains, destinées à tenir un sceptre, le petit parterre de la terrasse du bord de l'eau, les allées du milieu ont regardé défiler tous les cortèges des solennités révolutionnaires.

En un mot, le jardin des Tuileries ne personnifie point une époque particulière; il personnifie l'Histoire, à laquelle nul, sous peine d'être sacrilége, n'a le droit d'arracher un feuillet. Il commente le Passé, qui subsistera toujours, même quand le dernier marronnier sera tombé; il embellit le Présent par tous ces promeneurs qui viennent là chercher l'ombre et se reposer de la chaleur de midi; il aide, — il aidait, plutôt, — l'Avenir en couvrant de ses rameaux épais toute cette jeunesse qui prenait joyeusement ses ébats à l'abri des coups de soleil. Il n'est pas plus responsable des régimes qu'il a vus naître, grandir et s'écrouler, qu'un aïeul conteur qui a vécu sous cinq ou six gouvernements différents. C'est un témoin, ce n'est pas un acteur...

On a appliqué à ces Tuileries, qui sont condamnées à mort, la manœuvre sa-

La Terrasse du bord de l'Eau.

vante que Napoléon appliqua aux Prussiens à Iéna. On sait que par une inspiration subite, le grand stratège, au lieu d'attaquer chacune des ailes isolément, s'élança brusquement entre les deux corps d'armée et rejeta violemment ces tronçons à droite et à gauche. L'infortuné jardin est vaincu par la même tactique. Le chemin qui le traverse, de la rue de Castiglione au pont de Solferino, jouera sans cesse des coudes à droite et à gauche. D'ici à un an, on trouvera des voitures de bonne volonté pour demander à y promener la nuit des voyageurs qui ne vont nulle part. La rue des Tuileries, plus nécessaire, il faut le reconnaître, gagnera au large également.

— Que voulez-vous faire de cet espace qui s'élève entre deux rues? demandera-t-on. Ce n'est pas un jardin, c'est à peine un square. Construisons-y des maisons...

Ce qui aura été dit sera fait. Quant à l'autre tronçon, celui qui regarde la place de la Concorde, il aura encore moins de motifs pour se défendre et il disparaîtra rapidement. Le jardin des Tuileries aura vécu, et pour raconter cette lutte touchante de vieux arbres contre des rancunes mesquines coalisées, il ne restera que quelque véritable Parisien, auquel on reprochera d'être un admirateur du Passé : *laudator temporis acti*...

ES INVALIDES

E<small>N</small> parlant des Invalides, je ne puis être complètement impartial :
Ces études parisiennes ne sont-elles pas d'impression et de sentiment ? Il ne s'agit point d'impartialité : nous ne sommes pas à la Chambre, quoiqu'il en ait été souvent question là, des *Invalides*, de ces pauvres vieux, ou du quartier lui-même.

Du quartier, j'en suis en effet. Devant mes fenêtres se dresse ce dôme doré qui occupe l'horizon avec une si étrange majesté. Sous les feux de l'aube il scintille, aux rayons empourprés du couchant il flamboie; sous la neige qui le fouette, il évoque à l'imagination un souvenir de Moscou et du Kremlin; il fait songer à la campagne de Russie, au long regard que l'Empereur jeta sur la dernière capitale qu'il eût conquise, alors que ses grenadiers vinrent l'arracher à l'incendie qui, déjà, gagnait le palais.

L'Hôtel lui-même parle à l'âme. Asseyez-vous, un matin de printemps, sur un des bancs de l'Esplanade pour lire vos journaux, et bientôt des pensées multiples viendront vous distraire des vulgaires commérages du moment. Cette porte d'entrée que surmonte encore le soleil louis-quatorzien, la solennité simple de cette masse imposante, ces canons alignés devant vous ont une éloquence particulière.

Cette batterie triomphale, qui a si souvent fait tressaillir Paris et qui est muette depuis si longtemps pour des victoires, éveille l'idée d'un monde disparu; elle a la mélancolie d'une horloge brusquement arrêtée à une date importante. On songe, devant elle, au temps où sans cesse ces canons étaient en mouvement pour annoncer Austerlitz, Friedland, Wagram, et, par une pente irrésistible,

l'esprit se reporte toujours vers l'homme terrible
qui, en moins de dix ans, avait trouvé le moyen

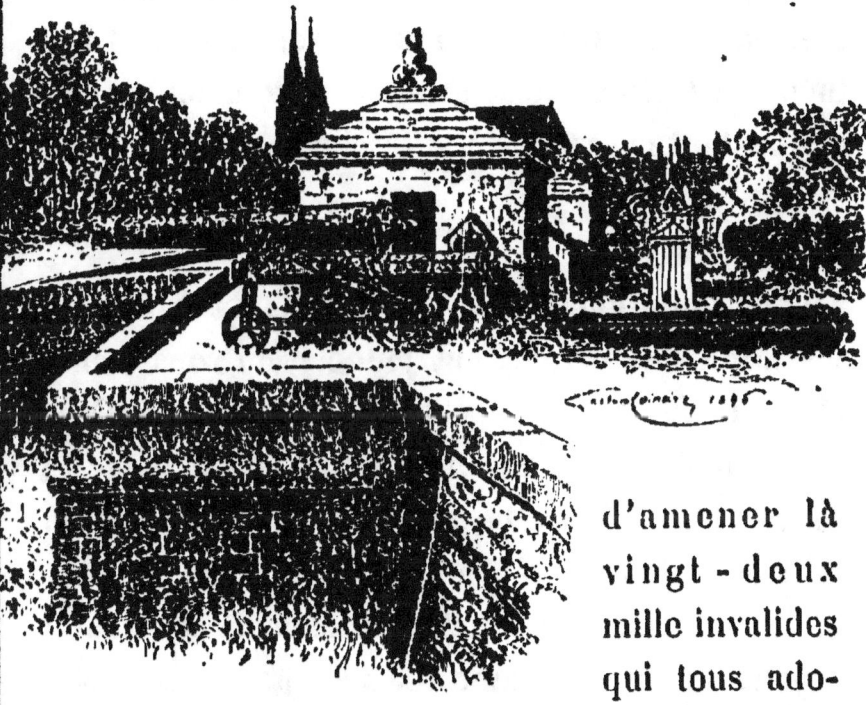

d'amener là vingt-deux mille invalides qui tous adoraient comme un dieu celui qui leur avait fait perdre une jambe ou un bras :

L'homme depuis douze ans, sous le dôme doré,
Reposait, par l'exil et par la mort sacré,
En paix ! — Quand on passait près du monument sombre,
On se le figurait, couronne au front, dans l'ombre,
Dans son manteau semé d'abeilles d'or, muet,
Couché sous cette voûte où rien ne remuait,
Lui l'homme qui trouvait la terre trop étroite,
Le sceptre en sa main gauche et l'épée en sa droite,
A ses pieds son grand aigle ouvrant l'œil à demi;
Et l'on disait c'est là qu'est César endormi.

C'est là qu'il a continué véritablement un règne

posthume qui n'a guère fini qu'à l'époque où les derniers survivants de ses batailles ont commencé à se faire rares. Si le tombeau représentait l'apothéose à la Hugo, les jardinets rappelaient à chaque instant la légende à la Béranger.

Pour comprendre les Invalides, il faut avoir visité ces jardins alors que tout jeunets, on vous menait voir quelque vieux parent qui vieillissait là. Quelques-uns de ces parcs minuscules, où à peine on pouvait tenir deux à la fois, étaient admirablement cultivés, soignés avec amour, pleins de fleurs, et partout on retrouvait sur un rocher de coquillages le petit caporal, l'homme à la redingote grise, coiffé du chapeau traditionnel.

Le quartier était rempli de lui. Partout on rencontrait des enluminures, des gravures grossières, le Salut aux blessés d'Austerlitz, le Passage de la Bérézina, le Retour de l'île d'Elbe. Tout ce qui avait gravité autour de l'astre, depuis le maréchal jusqu'au vieux grognard, depuis Joséphine jusqu'à la cantinière qui, sous la mitraille, versait la goutte, apparaissait sur les enseignes, à l'étalage des marchands, aux vitres des cabarets.

Tout cela a été balayé comme par une tempête soudaine. Le quartier des Invalides ne ressemble plus à ce qu'il était il y a quelques années. Cette esplanade, jadis fermée par des balustrades, et où l'herbe poussait touffue, a pris un caractère parisien. L'Hôtel a été occupé par une caserne à gauche; à droite, on a adossé un square moderne à ce fossé qui faisait souvenir des anciennes places fortes autour desquelles on se promène le soir en province.

Les environs seuls n'ont pas complètement changé de physionomie. Qui n'a égaré parfois ses rêveries dans ces larges avenues qui entourent l'École militaire? C'est la campagne et la solitude pendant le jour; les cafés et les maisons closes, où habite la Vénus des camps, ont je ne sais quoi de morne qui sent la ville de garnison. Le soir venu, le tableau s'anime soudainement. Les établissements publics s'emplissent de lumière et de bruit; on entrevoit des ombres géantes de cuirassiers qui se mêlent à de minces silhouettes de femmes en camisole; on entend des cliquetis de sabres, des pas sonores de cavaliers, des courses essoufflées de soldats en retard, qui ont peur de manquer l'appel. A chaque instant le *taratata* d'une sonnerie militaire retentit dans la nuit.

Au fond, l'impression est triste. C'est le métier militaire dans ce qu'il traîne fatalement après lui de vulgaire et de repoussant; c'est la caserne et non la tente. On est prêt à oublier la maxime que Sully avait choisie pour Henri IV : *Ne vigeant armo labitur imperium;* on est repris par ces utopies humanitaires dont les événements malheureusement se sont chargés de nous démontrer l'inanité. On se dit que tous ces beaux gars, au lieu de se corrompre et de s'abrutir dans la débauche et dans la boisson, seraient mieux aux champs à respirer le bon air et à faire des enfants robustes...

Puis, dans le lointain, apparaît ce dôme des Invalides qu'on aperçoit de toutes les avenues et qui, par un contraste saisissant, proclame les côtés généreux, élevés, désintéressés de cette existence du soldat, vient louer sous le firmament la grandeur de ces héros obscurs qui, après avoir combattu pendant de longues années pour le pays, ne demandent à la Patrie qu'un abri et un morceau de pain.

Décembre 1882.

Je ne m'étonne point que, dans les discussions qui ont eu lieu à la Chambre, certains orateurs qui réclamaient la suppression des Invalides aient montré par leurs discours qu'ils ne comprenaient rien au caractère de cette création. L'idée qui a inspiré Louis XIV est absolument en dehors des idées qui ont cours à l'heure actuelle.

Quand Louis XIV vint pour la première fois aux Invalides, dans son carrosse à huit chevaux, il fit signe aux mousquetaires de l'escorte de s'arrêter sur le seuil, et déclara que dans l'intérieur de l'Hôtel le souverain ne serait jamais gardé que par les vieux compagnons de ses guerres. Ce fut aux Invalides qu'eut lieu la première distribution des croix par Napoléon; ce fut aux voûtes de la chapelle qu'il suspendit les drapeaux conquis sur l'ennemi; c'est dans un caveau de l'Hôtel que reposent la plupart des maréchaux.

Honorés ainsi, commandés encore soit par un maréchal, soit par un général illustre, les Invalides ne sont donc point de simples *hospitalisés*, comme l'a dit un orateur dans l'affreux langage à la mode; ce sont des vétérans qui gardent un dépôt glorieux, qui se transmettent de l'un à l'autre la tradition de nos campagnes. Parmi les premiers admis là sous Louis XIV il se trouvait des soldats presque centenaires qui avaient été à Arques et à Ivry; des mutilés de Crimée ont pu raconter la bataille de l'Alma à des anciens qui avaient combattu à la Moskowa.

Ces souvenirs d'épopée, remarquez-le, n'ont aucun intérêt artistique, aucune couleur dans la bouche de la plupart de ceux qui les rappellent. Quel écrivain, quel curieux d'impressions n'a refait maintes fois la tentative, toujours vainement essayée avant lui, d'interroger le témoin de quelque scène formidable, de quelque tragique épisode de l'histoire? Le résultat a toujours été le même; on peut avoir été acteur et souvent acteur héroïque dans un drame qui a changé la face du monde, et n'avoir rien saisi à l'ensemble. Sous ce rapport, la bataille de Waterloo de Stendhal est un inimitable chef-d'œuvre. Dans ce choc effroyable de deux armées, Fabrice n'aperçoit bien qu'une vivandière et un groupe de cavaliers escortant un général empanaché qui passe dans un galop furieux.

Monnier, l'implacable, a sténographié le dialogue d'un de ces vieux braves et en a tiré des effets inouïs :

— Pardon, Monsieur, vous fîtes partie, si je ne me trompe, des cohortes qui promenèrent notre drapeau dans le monde entier?

— 9° cuirassiers, 4° escadron.

— Vous fûtes par conséquent à Eylau?

— Témoin qui faisait diantrement froid, nom d'un nom! J'avais mes pieds que je ne les sentais plus, mes mains la même chose; quarante-sept heures que nous sommes restés dans un cimetière. L'empereur avait une casquette avec du poil après, il y était. C'est là que mon capitaine est mort, capitaine Chauveau, vous l'a pt'ête connu?

— Jamais.

La rue Desgenettes.

— Capitaine Chauveau; que son garçon qu'était enfant de troupe il a été coupé en deux d'un boulet de canon ; colonel à Waterloo, vous l'a pt'ete connu ?

— Je n'ai pas cet honneur-là.

— Edmond, qu'on l'appelait.

— Je ne vous dis pas non.

— J'ai été le voir avec sa mère qui demeurait avec. Y faisait un froid à Eylau que le diable en aurait pris les armes. Voilà la bataille d'Eylau, tous Russiens qui z'étaient.

Rapprochez cela du *Cimetière d'Eylau* de la *Légende des siècles*, et vous comprendrez bien la différence d'une chose regardée par des yeux qui ne sont pas organisés pour voir avec un spectacle évoqué par un voyant.

Ce qui frappe justement, c'est l'inconsciente grandeur de ces humbles qui ont fait de l'histoire, comme M. Jourdain faisait de la prose, sans s'en douter.

Faut-il espérer que le pays comprendra la noblesse de cette institution, et ne marchandera plus quelques billets de mille francs à ceux qui se sont sacrifiés pour lui. A Greenwich, l'Angleterre donne un palais comme refuge à ses marins ; et chacun se souvient du beau tableau d'Herkomer, qui montrait ces survivants de tant de campagnes navales, écoutant recueillis le sermon d'un prédicateur. L'Allemagne a pris sur nos milliards de quoi fonder un asile magnifique pour ses Invalides. Souhaitons que jamais un vote ne fasse une ruine de cet Hôtel qui, avec le luxe bien relatif de ce qu'on a appelé son état-major, garde encore l'allure de noblesse et de dignité qui distingue le Prytanée du vulgaire hôpital...

———

Le quartier a été cruellement outragé.

Un beau dimanche, les promeneurs ont pu apercevoir une fondrière entourée de quelques pieux, des arbres couchés sur le sol et qu'on était en train d'enlever, la pauvre Esplanade saccagée.

Qui s'était permis de mutiler ainsi un coin de Paris?

Le Gouvernement, devant la volonté formelle de la Chambre, avait déclaré, par la bouche autorisée de Jonnart, ministre des Travaux publics, qu'on ne changerait rien à la physionomie de l'Esplanade. Le Conseil municipal avait énergiquement manifesté les mêmes dispositions.

Qui donc s'était mis au-dessus de ces décisions?

Tout simplement la Compagnie de l'Ouest, qui avait dit : « Je me fiche du Gouvernement, de la Chambre et du Conseil municipal!... Abattons les arbres! »

Les Parisiens ont pu voir d'une manière saisissante et tangible fonctionner le régime féodal qui est le même avec la féodalité financière qu'avec la féodalité guerrière d'autrefois. Au démembrement de l'empire de Charlemagne chacun se tailla un fief, s'installa dedans et envoya promener les représentants d'une autorité débile et qui n'avait aucun moyen de se faire respecter.

C'est la même chose aujourd'hui.

L'Esplanade dévastée.

Que voulez-vous que fasse un grotesque comme Dupuy-Dutemps contre cet ensemble de forces, d'influences, de corruptions que représente une grande Compagnie ?

Napoléon Ier se serait fait amener par les oreilles

le directeur d'une compagnie qui se serait permis de braver ainsi toutes les lois et de toucher au domaine public. Dupuy-Dutemps envoie un petit *bleu* qui a fait tordre de rire, paraît-il, le haut personnel de l'Ouest : « Prière de ne plus abattre. »

Abattez ! répond le directeur qui sait parfaitement qu'il n'encourt aucune responsabilité.

Qui a donné l'ordre nécessaire, signé la sentence de mort des arbres centenaires ? On ne le saura probablement jamais. Il est possible qu'on n'ait pas donné d'ordre du tout. La Compagnie aura simplement distribué quelques billets de mille francs aux ingénieurs ou aux chefs de service en leur disant de fermer les yeux.

Les subalternes sont-ils coupables ? Le système du *baschick* est maintenant passé à l'état d'institution chez nous, comme en Turquie. Les petits volent parce qu'ils voient voler les moyens ; les moyens volent parce qu'ils voient voler les grands.

Au milieu du désarroi général, tous ceux qui ont le sentiment de la vie présente, qui sont de leur temps, cherchent à tirer pied ou aile de cette malheureuse France dont il ne restera bientôt plus que la carcasse.

Et tout cela pour cette fameuse gare du *chemin de fer des Moulineaux*.

Pourquoi donc la Compagnie de l'Ouest tient-elle

absolument à installer la gare des Moulineaux sur l'Esplanade des Invalides?

Après avoir fait échouer tous les plans de Métropolitain opposés à leur prétendu monopole, et étrangers à leurs intérêts, les Compagnies prennent leurs précautions à la sourdine, elles « se logent », comme on dit en escrime, elles pénètrent peu à peu dans le cœur de Paris et y occupent sournoisement des postes d'avant-garde.

Voilà la compagnie d'Orléans rue de Médicis, à l'entrée du Luxembourg, avec la gare de Sceaux; la compagnie de l'Ouest, à son tour, veut être sur l'Esplanade des Invalides avec la gare des Moulineaux. C'est ce que les administrateurs appellent dans leur langage « des amorces ».

Quand on voudra reprendre un projet de Métropolitain, les Compagnies interviendront; elles diront: « Mais, pardon, nous avons des positions à faire respecter; il faut compter avec nous. »

C'est l'histoire de tous les droits acquis; il est rare qu'on se donne la peine de les acquérir, on se contente généralement de les prendre et, quand ils ont été pris depuis un certain temps, on déclare qu'ils sont acquis.

Cette importance prise tout à coup par les Moulineaux est étrange.

Il doit y avoir là une population aussi nombreuse

que celle d'Ecbatane et de Thèbes qui attend impatiemment la construction de la gare des Invalides pour se ruer sur Paris.

Les Moulineaux se laissent faire mais assurément ses habitants aimeraient infiniment mieux, malgré leur bruyante renommée, qu'on leur distribuât les 750,000 francs que l'État va dépenser pour un nouveau pont absolument inutile puisqu'il y a cinq minutes de marche à peine entre le pont de la Concorde et le pont des Invalides.

———

La situation s'est compliquée. Malgré un vote formel du Parlement et du Conseil municipal, la Compagnie de l'Ouest a édifié une gare dans un endroit où elle ne devait placer qu'un simple débarcadère, sans toucher à la perspective de l'Esplanade. Maintenant qu'elle a construit une gare, il faut qu'elle construise un pont, du moment où elle construit un pont, il faut qu'elle bouleverse les Champs-Élysées, pour tracer une avenue qui fera suite à ce pont.

Les Moulineaux ont pris possession de Paris; les Moulineaux ont conquis Paris.

Les Parisiens et les artistes poussent les hauts cris : ravager nos Champs-Élysées et renverser le Palais de l'Industrie !!!

L'énergique intervention de Bouguereau a un caractère particulièrement intéressant :

Ainsi, cette magnifique, cette incomparable promenade des Champs-Élysées, la plus belle des promenades du monde, va être bouleversée, tronquée, parce qu'il plaira au directeur de l'Exposition de 1900 d'y faire une avenue dont le besoin ne se fait sentir que dans les bureaux de la Compagnie du chemin de fer de l'Ouest. (Cette Compagnie veut mettre en communication sa gare de Saint-Lazare avec celle des Moulineaux et offre, dit-on, de payer la moitié de ce que coûterait le nouveau pont des Invalides.)

Comment! on détériorerait les Champs-Élysées, sans songer que la beauté d'une œuvre vient de ses proportions, de ses pleins et de ses vides et, dans le cas particulier, de la variété des édifices, petits et grands, de formes diverses, et des massifs d'arbres qui les encadrent!

Ainsi, on détruirait le Palais de l'Industrie pour le reporter en deux morceaux à droite et à gauche d'une avenue qui laisserait voir le dôme des Invalides, mais qui ne tomberait pas d'équerre sur l'avenue des Champs-Élysées! Et, pour dissimuler le mauvais effet de ce raccord, il faudrait construire des cirques, des forums! Ce procédé est très risqué. Et que mettrait-on en face, de l'autre côté de l'avenue des Champs-Élysées? Ce qu'il y a de certain, c'est que les Champs-Élysées, qui s'étendent maintenant de la place de la Concorde au Rond-Point, s'arrêtant à la nouvelle avenue, se trouveraient par là sensiblement diminués et leur aspect général tout à fait amoindri.

Le palais de l'Industrie, malgré les services incontestables qu'il rend à chaque moment de l'année, serait sacrifié; les 12 millions qu'il a coûtés et les 20 millions

écessaires pour le remplacer seraient considérés
omme une bagatelle dont il n'y a pas à tenir compte!
e contribuable n'est-il pas là? Ce serait purement et
implement du gaspillage.

Je proteste donc énergiquement contre des mesures
fâcheuses, qui nuiraient à la beauté de Paris en massacrant la plus belle de ses promenades.

La lettre de Bouguereau a été une consolation
pour tous.

On eût parlé jadis à ce peintre, qui vivait exclusivement pour son art, de la féodalité financière et de
la tyrannie des Compagnies qu'il n'aurait rien compris à ces questions. Aujourd'hui, il commence à y
voir clair et il démasque les projets odieux de la
Compagnie de l'Ouest avec l'indignation qu'un tel
sans-gêne inspire à tous les honnêtes gens.

Il en est de même pour les boutiquiers du boulevard Saint-Michel que la Compagnie d'Orléans a
ruinés à moitié pour avoir, elle aussi, une *amorce* au
Luxembourg. Ils ont enfin placardé une affiche de
protestation qui a trouvé un écho dans toute la
population parisienne.

Déjà la mutilation de l'Esplanade des Invalides
était purement et simplement un acte de vandalisme
imbécile.

Comme paysage urbain, on ne pouvait concevoir

rien de plus imposant que cette Esplanade. Du quai on apercevait, au milieu des masses de verdure, les Champs-Élysées, la place de la Concorde, les Tuileries, les bâtiments réguliers de la Marine. La Seine, le ministère des Affaires étrangères, les Invalides dans le fond formaient un décor d'une incomparable grandeur. Le Temps, qui donne une majesté natu-

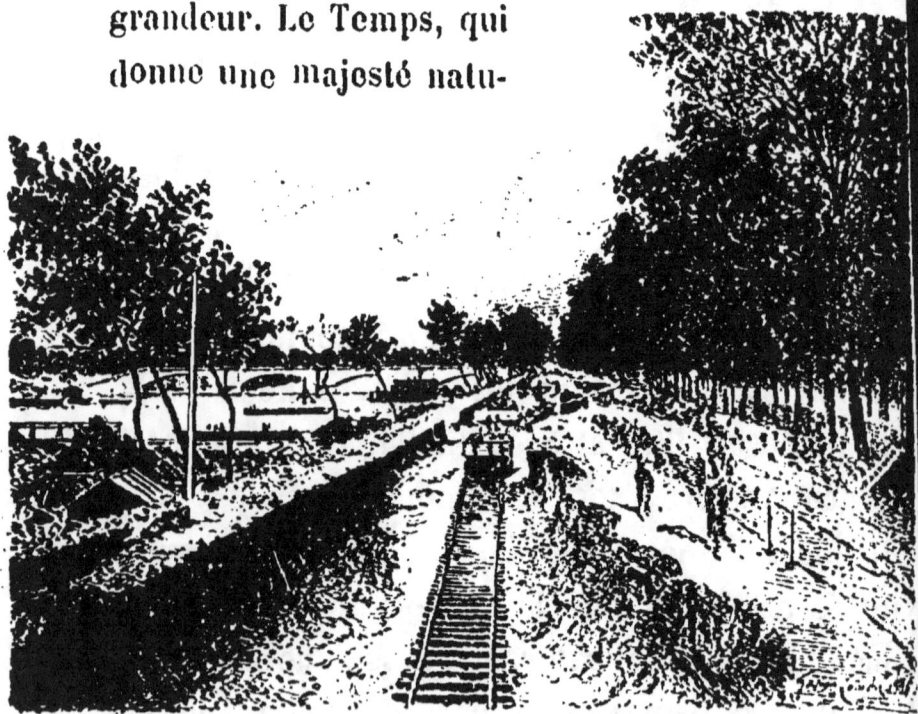

Chemin de fer des Moulineaux au quai d'Orsay.

relle aux choses comme aux hommes, avait mis là sa patine comme à certains tableaux ; les tons s'étaient fondus ; les constructions récentes s'étaient harmonisées avec les anciennes, et, par une belle matinée de printemps ou d'automne, l'aspect était vraiment féerique.

Mais sans doute en ce moment, la Compagnie de l'Ouest est en plein triomphe. Blount, qui pousserait des hurlements d'Anglais si on ne respectait pas les ombrages de Hyde-Park ou le Trafalgar-Square où se dresse la colonne de Nelson, rêve déjà qu'on va démolir l'Arc-de-Triomphe — toujours pour le chemin de fer des Moulineaux...

Delarbre (de l'arbre abattu), président du conseil d'administration de l'Ouest, presse l'anéantissement des Champs-Élysées.

Ce triomphe aura peut-être des lendemains moins folâtres.

Un étranger a trouvé tout simple de défigurer un coin de Paris qui faisait jadis l'admiration des voyageurs et des artistes.

Le Français, tout aussi vandale, pourrait avoir affaire un jour à un ministre honnête et droit qui l'interpellerait vigoureusement sur ses faits et gestes. On l'obligerait, tout au moins, à replanter l'Esplanade et, pour donner satisfaction à la conscience publique, on le forcerait à venir lui-même à pied des Moulineaux en portant un arbre dans son chapeau...

Les Ruines du Quai d'Orsay

Le vandalisme marche vite : cette gare des fantastiques Moulineaux, qui bouleversa l'Esplanade des Invalides, n'était qu'un premier jalon.

La compagnie du chemin de fer d'Orléans, elle aussi, avait jeté son dévolu sur ce quartier que la spéculation aurait dû à jamais respecter.

Une enquête est ouverte, dérisoire et inutile : car la Presse, complaisante aux Compagnies, applaudit à un projet qui, jadis aurait soulevé la conscience parisienne ; la conscience ne s'est pas révoltée.

Qu'importe Paris ? Aujourd'hui on voyage outrance : une gare nouvelle semble favoriser no habitudes étranges de déplacements. Le concierge du faubourg Saint-Germain ou le rastaquouère de Champs-Élysées (en fait d'esthétique ils sont égaux, si, toutefois, je ne donne au concierge la préférence qui vont faire leur petite saison aux bains de mer. veulent avoir leur gare sous la main.

On sourit de nos doléances; il y a pourtant des gens encore qui aiment leur vieux Paris, et pour lesquels, sédentaires et tranquilles, les aspects paysagers d'une ville qu'ils ne quittent guère ont un prix inestimable : la valeur de ces souvenirs de famille que le brocanteur pousse du pied. Quand la valeur en est nulle, c'est pure affaire de sentiment; mais la majesté de l'Esplanade, la noblesse du quai d'Orsay, dans une cité c'est la beauté nécessaire, le château à côté de l'usine, le parc à la lisière des sillons.

A voyager ainsi sans cesse, quelle peut être l'impression de ceux qui n'ont sû goûter le charme des sites familiers? Une pérégrination puérile; ou, comme je le disais l'autre jour, moi qui ne voyage guères, à un vieux curé en wagon, le trimbalage de cerveaux vides et de consciences inquiètes.

Dans ce Paris bouleversé par les démolitions, on s'est habitué à changer souvent de logis. J'ai connu

es gens qui étaient restés trente ans dans la même
maison, et le jour où ils se mettaient à déménager,
ne pouvaient plus se fixer et à chaque terme fuyaient
dans un nouveau quartier.

On peut vivre sans voyager, à Paris, toute une
vie : mais à la condition de laisser à chaque quartier
sa physionomie propre. Il y a des omnibus dont la
tête de ligne est une gare qui vous transporte dans
une ville nouvelle. Nivelez, alignez une cité qui, à
elle seule, est un monde complet... le voyage parisien perd son intérêt. On va plus loin.

Mais la province ayant la même manie dévasta-
trice d'embellissements, les déplacements deviennent
illusoires. D'ailleurs, le train express est devenu obli-
gatoire, et le bicycliste n'a d'autre point de vue que
son record de vitesse ; il n'est plus question des
cahotements de la patache au gré du paysage, ni
des haltes enchanteresses du piéton. La France,
remise à neuf, ne sera bientôt plus qu'un réseau
de gares ; dix ou vingt minutes d'arrêt, buffet, et le
Juif-Errant lui-même n'est plus qu'un voyageur
rétrograde.

Une gare au quai d'Orsay !!!

Avions-nous donc la prétention de voir s'y éterniser les ruines de la Cour des Comptes ?

Les ruines ont leur côté déplaisant dans une ville
populeuse : le palais incendié par la guerre civile a

perpétué assez longtemps un souvenir sinistre, dont l'enseignement échappait à notre légèreté. Je ne serais pas assez Allemand pour exiger qu'on les consolidât comme celles du château d'Heidelberg, soigneusement entretenues et exploitées par un cicerone. Les curiosités factices ne sont pas de mon goût.

Maintes fois il a été question de les abattre. Mais dans ce coin de Paris où se réfugiait l'idéal de la vie citadine on ne pouvait rêver qu'un palais nouveau : et quelle que fût sa destination, un édifice aux lignes harmonieuses — quelque sanctuaire d'art, clos et silencieux.

Ce n'est pas, comme nous l'avons dit ailleurs, sous le coup de fouet des actionnaires, dans l'engouement d'un projet hâtif qu'on crée des chefs-d'œuvre ; la solitude, le recueillement des avenues, le grand fleuve calme sous les quais ombreux auraient inspiré l'architecte. Nulle pensée amère n'aurait survécu.

Une gare au quai d'Orsay !!!

Il faut n'avoir jamais vu les abords d'un embarcadère pour n'en pas frémir. La rue de Bellechasse qui, d'un côté, limite l'emplacement de la future gare d'Orléans est bordée par le palais de la Légion d'honneur, un de nos plus majestueux hôtels, si vieux en façade sur le quai ; faut-il le transformer en hôtel Terminus ? L'autre bout de la gare confine à la rue du Bac (le ruisseau de Mᵐᵉ de Staël) au coin du Pont-Royal, en face du pavillon de Flore; installons vite un autre caravansérail aux Tuileries ! L'exiguité du quai refoulera dans la rue de Lille toutes les industries parasites d'un débarcadère, et nous verrons dans les vieux hôtels replâtrés des maisons garnies, des mastroquets. Est-ce de l'exagération? où logera-t-on seulement les stations de fiacres? où trouver des dégagements pour le mouvement des omnibus, du camionnage, la cohue des voyageurs et des commissionnaires, si on ne démolit pas le faubourg Saint-Germain respecté par les flammes, jadis !

Infuser à un quartier mort une vie nouvelle.

C'est là un système contraire à toute logique. Les gares, placées aux extrémités, doivent aider au développement de la ville, créer de l'animation et du mouvement dans des quartiers inexplorés. Elles ont, à proximité, des terrains qu'elles peuvent acheter à des conditions relativement modérées et qui leur permettent de s'agrandir tant qu'elles voudront dans le sens où elles doivent s'étendre, c'est-à-dire dans les régions nouvelles, là où il y a de la place.

Voilà le progrès logique : mais établir une gare au quai d'Orsay, pour y songer, ne faut-il pas avoir perdu l'intelligence et le sentiment des nécessités morales d'une ville qui faisait l'admiration de l'Univers.

Il est des places fatales, et les monuments qu'on y construit ont d'étranges prédestinations.

En 1804, sous le ministère de M. de Champagny, duc de Cadore, l'édifice fut commencé sur les plans de l'architecte Bonnard, et destiné au Ministère des affaires extérieures. Interrompus en 1820, les travaux ne furent repris qu'en 1833 sous la direction du successeur de Bonnard, l'architecte Lacornée.

Pendant vingt-cinq ans, dès son début, ce palais fut à l'état d'ébauche et de ruine ; il vécut trente-sept ans, et depuis vingt-cinq autres années, le voilà de nouveau en ruines. Funeste présage pour les constructions qui lui succèderont : si déplorable que cette fatalité est presque un espoir.

A la reprise des travaux, en 1833, il n'était plus question du Ministère des affaires étrangères, plusieurs essais eurent pour objet d'y installer la Cour de cassation, la Cour des comptes déjà, puis la Chambre des députés, l'Exposition des produits de l'industrie, l'Institut, l'Académie de médecine, l'École des mines, des ponts et chaussées... M. Thiers voulut y amener le Ministère du commerce et des travaux publics.

La série des anciens projets est d'une fantaisie

assez complète, pour négliger ceux que nous avons vu éclore dans ces dernières années : le Musée des arts décoratifs est pourtant un joli échantillon du banquisme qui inspirait les projets actuels.

En 1842, la Cour des comptes quitta la Sainte-Chapelle, et le Conseil d'État déménagea de la rue Saint-Dominique pour s'établir dans ce monument dont la destination dernière était un embarcadère de chemin de fer... destinée néfaste. Le monument avait coûté 9.600.000 fr.

Avant l'incendie du 23 mai 1871, notre génération passait assez indifférente devant la façade du quai d'Orsay, dont les proportions grandioses étaient gâtées par la mesquinerie des détails qui la rapetissaient, une banalité froide, une absence de caractère qui s'explique par l'indécision des projets.

L'architecte avait été sans génie; la Providence, un beau jour, y mit le sien, magistralement; et le

quai d'Orsay s'imposa à l'admiration des plus vieux Parisiens qui, sans regrets, ne virent dans ce désastre qu'un embellissement fortuit.

Les grandes lignes subsistaient, agrandies par leur fruste simplicité, les baies rompues s'ouvraient en noirs intenses sur des fonds mystérieux, s'éclairaient sur le ciel en trous de lumière imprévus.

Et si l'on s'aventurait aux immenses solitudes de

l'intérieur, l'impression était d'une originalité parfois grandiose à croire que l'architecte, ressuscité du fond de ces caves lymbiques, d'un enthousiasme d'outre-tombe, eût applaudi lui-même au caractère nouveau de son œuvre ainsi transformée.

Les débris de l'antiquité romaine eurent leur artiste génial, Hubert Robert. La nouveauté de ses tableaux de ruines parut bizarre aux critiques du XVIIIe siècle entichés d'histoire et de peinture morale ; mais le genre était créé, son succès fut inouï. Hubert Robert, qui à Rome traduisait Virgile avec les lettrés de son temps, avait compris que des ruines se dégageait le Passé de l'humanité et que la sensibilité du peintre l'évoquait.

En parcourant cette pittoresque enceinte, la persuasion se faisait en moi que nos dessinateurs du vieux Paris avaient repris cette tradition, plus intime par ses souvenirs récents, d'une poétique plus moderne et vécue, nationale et familière. Meissonier lui-même n'a-t-il pas fait un chef-d'œuvre des ruines des Tuileries? Il comprenait si bien la portée historique et philosophique du tableau qu'il avait singulièrement élargi la proportion de ses cadres souvent minuscules.

Voyez cet escalier branlant où les pieds s'enfoncent dans la mousse, et la porte béante au sommet des marches, ces deux colonnes noircies par les flammes qui leur ont donné un ton de basalte, puissant et coloré sur le grand pignon lavé par la pluie, tacheté de stucs moulurés sur les moellons qui percent l'ancienne décoration... Ces longs murs éventrés de cent baies comme un Colysée, et parmi toutes ces vues changeantes à souhait, la cage de l'escalier d'honneur, merveilleuse, où les fines sculptures des cintres sont intactes, les fresques de Chassériau distinctes... Perspectives à l'infini de portiques comme dans une décoration de théâtre, et puis un grand trou d'abîme, tout noir; et dans la pénombre des sous-sols des arches où le jour pâlit.

Le grand charme des ruines, la végétation ! Soudaine, elle les a envahies. Dans notre vue du grand escalier, c'est le maquis au bord du ravin; les pousses vigoureuses des platanes aux larges feuilles qui luisent dans la broussaille menue, les lierres qui enserrent les pilastres, enguirlandent avec les clématites le trou béant; le lierre, qui vit du suc des arbres et les tue, soutient les vieilles pierres et les entraîne.

Les terrasses du quai sont superbes de verdure foisonnante : la grande cour pousse en forêt intaillée, les sycomores, les frênes, les saules au feuillage argenté, l'acacia frêle et lumineux, les sureaux aux grandes fleurs d'un blanc verdâtre, dont les baies à l'automne suintent le sang, le sorbier des

Cour des Comptes, le Grand Escalier.

oiseaux encoraillé. Des jardins voisins la graine est venue d'arbustes toujours verts, alaternes et fusains, buis, troënes, au printemps lilas et cytises, thyrses et grappes ; les frondaisons inférieures, le chardon, la bardane veloutée, l'ortie, la ciguë. Flore innombrable qui a déjà tenté d'intrépides classificateurs; l'aventure est trop belle pour ces naturalistes parisiens qui enrichissent leurs herbiers en fouillant les pavés de la place Vendôme.

La faune en est curieuse, dit-on : des lapins de garenne à mettre en chasse notre lord Egerton de l'hôtel Saint-James; des rats à nourrir six mois la famine d'un siège, et des serpents... On retrouvera quelques jours une couleuvre endormie sur les coussins d'un wagon de la compagnie d'Orléans, moins perfide reptile que cette Compagnie elle-même, si industrieuse à se faufiler.

Voici le contraste : des choux, des salades, persil, cerfeuil et haricots ramés; ce sont les jardinets des modestes fonctionnaires de la Cour des Comptes. Il y a de tout dans ces ruines, même une enseigne de relieur. Vous savez quel parti en a tiré Daudet dans l'*Immortel*... des ateliers d'artistes clos de planches où s'ébauche quelque statue gigantesque: les sculpteurs n'ont pas d'hôtel dans l'avenue de Villers. D'autres ateliers encore, en plein air ceux-là, car autrefois il ne se passait pas de jour que des élèves et aussi des maîtres ne s'y installassent à peindre ou à prendre des croquis.

C'est fini : depuis quelques années déjà on n'y entre plus sans autorisation spéciale ; il y a danger à s'y aventurer, car les murs se désagrègent, le sol se dérobe et les arceaux se désarticulent, l'effondrement final.

Etiam periere ruinæ...

LES CHAMPS-ELYSÉES

La décadence de trois rendez-vous de plaisir, de causerie et d'élégance qui furent célèbres dans le monde entier aura, ainsi que nous le faisions remarquer dans notre avant-propos, été pour notre génération la note caractéristique d'une révolution dans les mœurs parisiennes.

Le Palais-Royal n'est plus qu'un désert. Le Boulevard est plongé dans l'obscurité à onze heures du soir. Grâce aux intrigues et aux manœuvres de la compagnie de l'Ouest dont Picard, le commissaire-général, et Bouvard, l'architecte, se sont fait les serviles instruments, ces Champs-Élysées, que l'Europe admirait encore il y a quelque temps, ont été mutilés et à peu près complètement saccagés.

L'heure est donc opportune pour rappeler le passé de cette promenade incomparable qui eut au cours de son existence des physionomies si diverses.

La Place de la Concorde en 1676.

Vers la fin du XVIIe siècle, derrière les Tuileries, le terrain était abandonné, vague, culbuté : des sentiers à peine indiqués par la ligne des réverbères aux potences rustiques, des flaques d'eau où luisait le soir le reflet des lumignons, juste assez pour ne pas s'y embourber. Le mur des Tuileries n'avait rien de monumental : des arbres immenses l'écrasaient comme une clôture de parc à la lisière du communal.

A gauche, de vrais cottages sous les feuilles, dans l'alignement actuel de la Marine et du Garde-Meuble, et le dôme trapu de l'Assomption, terminé en 1676.

Le Pont-tournant ne fut construit qu'en 1716 ; ce pont-levis d'une invention moderne, à l'entrée du Jardin royal, avait été conçu par un religieux du couvent des Grands-Augustins, Nicolas Bourgeois. Les jambages rustiques, qui lui servaient de piliers, furent couronnés en 1729 des deux chevaux ailés de Coysevoix ; portail grandiose dont les abords étaient encore désolés.

Cette lande paraissait d'autant plus étrange que, depuis un siècle déjà, à l'autre extrémité, s'élevait le portique élégant du Cours-la-Reine, édifié en 1616 par Marie de Médicis. Un soubassement robuste occupait en façade toute la largeur de l'avenue sans retour sur les bas-côtés, coupé au centre par deux massifs d'architecture dorique décorés de pilastres et de contreforts qui encadraient une grille de fer au superbe fronton. Deux figures assises et des trophées surmontaient les piles, allégées d'ouvertures en forme de fenêtres ; un petit pont d'une extrême simplicité franchissait le fossé.

Le contraste était si choquant que Lenôtre dut tracer des pelouses sur l'espace qui fut plus tard la place de la Concorde. Cette tentative n'eut pas grand succès, et je ne connais guère que le plan de Turgot pour en reproduire la disposition ; dans toutes les estampes du XVIII⁰ siècle, c'est le chaos qui semble y dominer jusqu'à l'édification définitive de la place Louis XV.

La reine Marguerite, la première femme de Henri IV, avait fait tracer un jardin public sur le Pré aux Clercs, près de l'hôtel qu'elle habitait, et cette innovation avait conquis à la trop galante princesse les sympathies des Parisiens (1). Marie de Médicis voulut faire oublier ce souvenir. C'est de cette pensée que nous vint le fameux *Cours de la Reyne mère* qui fut, en réalité, l'origine des Champs-Élysées. Le baron Haussmann et M. Alphand, ces deux embellisseurs illustres, eurent deux devancières dont ils pouvaient se réclamer fièrement. L'idée certes était neuve : elle précéda de cinquante ans les premières plantations des boulevards.

La fantaisie d'une reine et le rêve d'un conquérant, l'Arc-de-l'Étoile furent, à travers les siècles, les deux jalons extrêmes de cette voie triomphale.

Dès le premier jour quel succès! populaire? Nullement; à la queue de la cour le beau monde afflua dans ce promenoir nouveau, mais l'entrée en était interdite aux bas de laine noire, aux vestes de tiretaine, aux habits de drap grossier. Les portefaix, les

(1) Voir plus loin le chapitre consacré à Alexandre Lenoir et à son Musée des Monuments français.

charriots n'y avaient point accès : aujourd'hui même le camionnage ne commence dans les Champs-Élysées qu'au-delà du rond-point. Le temps est proche encore où l'on ne pouvait pénétrer aux Tuileries sans que les sentinelles croisassent la baïonnette aux gens à paquets, confondus parfois avec les artistes même portant leur boîte ou leur carton. Les monarchies ont leurs consignes, moins choquantes parfois que certaines tyrannies démocratiques.

Sur ce pied-là, le Cours-la-Reine devint un salon avec ses élégances aimables : badinage, cancans et railleries, critique et nouvellisme, intrigue d'ambitions ou d'amourettes, le ton, à toutes les époques, d'un rendez-vous de noble compagnie.

A tant d'affaires bientôt ne suffit plus le jour, les soirées galantes s'illuminèrent. Des lourds réverbères de la rue l'allure était trop bourgeoise : voyez quelles jolies lanternes en forme de tonnelet, d'une enfilade à perte de vue, accrochées à de gracieuses potences en fer forgé, couronnées d'une énorme fleur de lys dorée! Ce modèle date du règne de Louis XV : nous avons eu la bonne fortune d'en retrouver à la Bibliothèque nationale, bien mieux qu'un dessin fantaisiste, l'épure même de la main de l'architecte.

La vogue n'avait pas été passagère puisqu'elle

survivait encore à cette époque, malgré la concurrence des boulevards.

Le pèlerinage de Longchamps y faisait fureur : si les dilettanti n'avaient pas tous le privilège de franchir les portes de l'abbaye, où Matines et Ténèbres étaient prétexte aux concerts spirituels, tous avaient la prétention d'y être allés, l'ambition d'être vus au défilé.

L'excursion devint traditionnelle et, le prétexte supprimé, la mode resta, survécut même au Cours-la-Reine quand la grande avenue des Champs-Élysées absorba le flot des équipages et des promeneurs. Le Vendredi-Saint qui, dans le principe, avait été le *beau jour*, fut désormais le jour unique de cette exhibition; les élégances d'autrefois cédèrent le pas à la réclame des carrossiers, des tailleurs et des modistes. Aujourd'hui la tradition expire.

Sur l'ancien emplacement du Cours-la-Reine on voyait encore, ces dernières années, un pittoresque marché de quartier, dont les abris baroques rivalisaient d'étrangeté avec les parapluies antiques du marché des Innocents ou du parvis Notre-Dame. On l'y retrouverait sans doute à peine modernisé et souvent envahi par les étables en plein air des concours agricoles, *sic transit gloria...*

Toutefois, aux allures ordinaires de la mode, est-elle à plaindre la promenade qui compta un siècle et demi de vogue, sans trop de frais d'imagination, et n'eut guère d'autre embellissement que la pousse des arbres; et Dieu sait si jamais les gens du monde firent cas des beaux vieux arbres? Ils étaient à peine centenaires que les freluquets les trouvant ridicules de vieillesse, il fallut les remplacer par des baliveaux.

La cérémonie en fut curieuse : le duc d'Antin, alors surintendant des Bâtiments du Roi, homme expéditif, fit venir sur le terrain un détachement de gardes-françaises. Au son du tambour, l'arbre était dressé, second roulement, la fosse comblée.

D'Antin avait planté lui-même le premier orme, et ne s'en alla que le dernier ne le fût. L'opération dura trois heures. Peut-être bien n'ai-je pas dit que le Cours mesurait, de l'abreuvoir des Tuileries à la Savonnerie, 1^k,500 et que les arbres étaient disposés sur quatre rangs parallèles formant trois allées : on n'avait pas perdu une minute, en un jour l'avenue centenaire sembla créée d'hier. Singulière fantaisie!

Avant de quitter les bords de la Seine, un dernier coup d'œil à la grande route de Versailles, dont la voiture publique stationnait au pied de la terrasse des Tuileries. C'était un étrange véhicule attelé de quatre chevaux, d'un appareil compliqué : plusieurs compartiments où l'on s'entassait comme dans nos anciennes diligences et des appendices en forme de hottes où deux ou trois voyageurs se tenaient debout accrochés aux portières ; une dizaine juchés *en lapins* sur la bâche, que le moindre cahot devait jeter bas.

Les carrosses empruntaient la voie ombreuse jusqu'à la barrière ; mais la patache suivait la berge au-dessous des fos-

Les Champs-Élysées en 1793.

sés du Cours-la-Reine, soulevant des nuages de poussière qui rendaient les Champs-Élysées fort incommodes.

Nous sommes enfin aux Champs-Élysées : sur leur physionomie primitive, si vous voulez être renseignés, figurez-vous l'aspect actuel des plaines de Grenelle ou de Vaugirard — un *marais*, comme on disait alors, par étymologie sans doute des cultures maraîchères, entrecoupé de garennes et de rares maisonnettes. Nous en retrouverons dans l'allée des Veuves les derniers vestiges.

Lorsque le cours de la Reyne fut en pleine vogue, le Roi acheta du côté du nord plusieurs parcelles contiguës, et en 1670 l'expropriation était déjà assez avancée pour qu'il fut question de donner aux Tuileries une perspective plus noble que les carrés de choux et les planches de salades.

Les plantations furent commencées et la nouvelle avenue qui devait prolonger à l'infini le Jardin royal fut appelée le *Grand-Cours*, dénomination qui changea plusieurs fois : *avenue des Tuileries, allée du Roule, avenue de Neuilly*, avant de s'arrêter au nom qui lui est acquis.

Son baptême mythologique était alors une douce illusion.

L'uniformité du plan, la monotonie de ses quinconces, le premier engouement passé, n'échappèrent point à la critique : les vues du temps, dans leur naïveté, ont la drôlerie d'une caricature. Un espace aussi vaste était mal entretenu, fangeux ou poussiéreux au gré du ciel; le jour sans agréments, le soir non sans dangers.

L'endroit était mal famé : les rendez-vous nocturnes n'auraient même pas osé s'y aventurer, ceux de Faublas ou de Rétif s'arrêtaient au Pont-Tournant ; on s'y battait en duel en plein jour.

Les cabarets pourtant ne manquaient pas, baraques, échoppes, tentes et bannes, mais assez rapprochés de la place Louis XV, et d'une clientèle passagère des promeneurs du dimanche, joueurs de quilles ou de ballon.

A l'autre extrémité, vers le rond-point, il y avait l'animation et l'éclairage d'un établissement grandiose, en apparence, comme tous les caravansérails du plaisir qui ne durent qu'un jour. C'était le *Colysée* créé en 1769, déjà disparu en 1780 : le nom d'une rue en perpétue le souvenir qui ne laisse rien de bien précis dans l'esprit des passants.

Pour décrire cette salle de fêtes et de spectacles, il vaut mieux citer un document du temps ; sur tant de lieux de joie qui, de nos jours, n'ont fait que paraître, c'est la même chose ; il ne reste guères que la chronique du jour, un article de journal et une faillite.

Le Colysée s'annonce par une esplanade sablée, entourée d'un portique circulaire formé par des colonnes de treillage, qui conduit à un premier vestibule d'où l'on passe à un second décoré de colonnes ioniques feintes en marbre dont les bases et les chapiteaux sont dorés, et forment une galerie dont chaque travée est occupée par des boutiques de marchands de bijoux, de curiosités et d'objets de luxe. De là, on passe dans une vaste rotonde de plus de soixante pieds de diamètre où l'on danse ; cette partie, la plus brillante de l'édifice, est décorée par un grand ordre de colonnes corinthiennes avec leur entablement... couronné par une calotte ornée de caisses et d'arabesques dorées sur un fond de marbre. Le centre est occupé par un grand œil couvert en vitres servant à éclairer cet édifice jusqu'au moment où les lustres et les girandoles y remplacent la clarté du jour.

Un ordre de colonnes ioniques supporte des tribunes saillantes sur le mur de fond de la galerie qui entoure la rotonde, galerie qui communique à quatre salles décorées de glaces, servant de cafés... et à plusieurs grandes autres salles où sont placés divers spectacles et jeux amusants.

L'un des vestibules du rez-de-chaussée conduit à une grande colonnade d'ordre toscan qui entoure un vaste bassin rempli d'eau par le moyen d'une pompe construite par le sieur de Vitry, maître-plombier, sur lequel on donne le spectacle de la joûte et des feux d'artifice.

La musique, les ballets allégoriques ou comiques, le tableau varié et animé que l'affluence du public occasionne et qui est lui-même un spectacle amusant; la richesse de la décoration où l'éclat des marbres feints et la dorure ont été prodigués, tout excite la curiosité. Au pourtour, on a exécuté diverses plantations qui commencent à former un beau couvert, et une promenade agréable (1).

Passe encore de bâtir, mais planter ! n'est-ce pas une dérision pour les folies éphémères de la mode ?

Les arbres ont leurs destins : le duc d'Antin, qui

(1) Hurtaut et Magny, *Dictionnaire historique de la ville de Paris et de ses environs*, 1779.

les traitait si cavalièrement, était trop fier de son expédition du Cours-la-Reine pour renvoyer les gardes-françaises à leur caserne.

La même année, en 1723, il fit planter l'avenue des Princes, qui porte aujourd'hui son nom, depuis le Cours jusqu'au rond-point des Champs-Élysées. Lorsque ses arbres eurent cent ans, il n'était plus là pour les faire arracher : aussi, l'on peut admirer les ormes du duc d'Antin çà et là respectés, comme hier encore, sur nos routes nationales, les fameux ormes de Sully. Je ne vois rien de plus vénérable que ces bons géants : si les paroles gelées de Rabelais s'étaient blotties en nids dans leur frondaison, quels récits nous entendrions au murmure flottant des branches !

En 1765, un autre surintendant des Bâtiments, M. de Marigny, fit entièrement renouveler les plantations primitives du Grand-Cours. Il créa l'allée des Veuves, perça l'avenue Matignon et, sur les dépendances de l'hôtel d'Évreux (l'Élysée), propriété de sa sœur Mme de Pompadour, morte en 1764, l'avenue de Marigny, incomparable d'élégance et de noblesse.

En 1779, le portail de Marie de Médicis n'existait plus : les édilités, pour démolir, ont toujours eu des prétextes de voiries qui étonnent les charretiers eux-mêmes.

Les travaux furent suspendus et la physionomie des Champs-Élysées demeura longtemps la même : promenade dédaignée par la belle société, sans commodités ni agréments pour le peuple, déserte, malpropre et d'une réputation équivoque.

La Convention mit au concours une statue de Jean-Jacques Rousseau qui devait être placée au centre du rond-point ; elle ne fut jamais exécutée.

Un monument de gazon, élevé à la mémoire de Marat et de Lepelletier de Saint-Fargeau, n'eut pas de durée.

Sous le Directoire, on transporta de Marly à l'entrée des Champs-Élysées les deux groupes en marbre, les chevaux domptés de Coustou, en face des chevaux ailés de Coysevoix : le dessin sévère des piédestaux et leurs belles proportions sont dignes de leur place.

Napoléon, de son œil d'aigle, avait mesuré l'espace : du balcon des Tuileries, il voyait déjà sur les hauteurs de Chaillot le palais du roi de Rome qui eut été le centre de la Cour impériale ; à mi-côte il asseyait l'Arc-de-Triomphe : et les Champs-Élysées étaient un parvis de gloire pour les revues, les réjouissances publiques, la vie d'apparat de la grande cité.

Par cette éternelle ironie à laquelle se plait le sort, c'est là précisément que nos désastres eurent un retentissement lugubre : les Cosaques, en 1814, y bivouaquèrent comme en pays ennemi, leurs chevaux dévoraient l'écorce des jeunes arbres. En 1815, les Anglais à leur tour y dressent leurs tentes, allument leurs feux; et seuls les vieux arbres du duc d'Antin et du marquis de Marigny résistent

La Barrière de l'Étoile, démolie en 1857.

à tant de dégradations. Les revues imposantes des armées étrangères y furent une tristesse nouvelle. Il nous était réservé de revoir les Prussiens où les Cosaques avaient campé.

Louis XVIII, qui avait vu la guillotine sur la place Louis XV, aurait volontiers élevé la Chapelle expiatoire à l'endroit où la statue de la Liberté avait été éclaboussée du sang d'un roi. Mais la gaieté était à l'ordre du jour : c'est la loi des contrastes, après toutes les crises, le besoin en est impérieux.

A partir de la Restauration, la vie moderne s'installe aux Champs-Élysées avec plus d'appétit d'abord que de luxe : elle y reflétera toutes les modes à leur tour, les mœurs et les événements.

Voici pour l'année 1817 un croquis de Victor Hugo, d'une jolie note :

Les Champs-Élysées n'étaient que lumière et poussière. Les chevaux de Marly, ces marbres hennissants, se cabraient dans un nuage d'or. Les carrosses allaient et venaient. Un escadron de magnifiques gardes-du-corps, clairon en tête, descendait l'avenue de Neuilly; le drapeau blanc, vaguement rose au soleil couchant, flottait sur le dôme des Tuileries. La place de la Concorde, redevenue alors la place Louis XV, regorgeait de promeneurs contents. Beaucoup portaient la fleur de lys suspendue au ruban blanc moiré qui avait orné les boutonnières au retour des Bourbons. Çà et là, au milieu, des passants, faisant cercle et applaudissant, des rondes de petites filles jetaient au vent une bourrée bourbonnière, alors célèbre, destinée à foudroyer les Cent-Jours, et qui avait pour ritournelle :

> Rendez-nous notre père de Gand,
> Rendez-nous notre père.

Des tas de faubouriens endimanchés, parfois même fleurdelysés comme les bourgeois, épars dans le grand carré et le carré Marigny, jouaient aux bagues et tournaient sur les chevaux de bois ; d'autres buvaient... on entendait les rires, tout était radieux.

Cette note *vécue* que nous donnent les souvenirs des contemporains, nous la retrouvons souvent aussi piquante dans les estampes : un dessinateur de cette époque, Marlet, d'une verve parfois assez comique mais grimaçante, est précieux en renseignements. Un épisode caractéristique des réjouissances publiques de la Restauration n'a pas échappé à son crayon : les fontaines de vin aux Champs-Élysées. Il ne faudrait pas s'imaginer le décor de la *Juive*, la mise en scène était moins pittoresque : une espèce de tribune de planches mal équarries percée à sa partie inférieure d'une canelle qui était prise d'assaut par les brocs, les récipients les plus baroques, et les bouteilles au milieu de batailles indicibles. Pour faire diversion à la fureur des rixes, du haut de l'estrade on lançait à la foule des pains, des jambons, des saucisses, victuailles dont la conquête ne faisait que grossir le tumulte.

N'oublions pas que depuis le Directoire on mangeait beaucoup en France.

Victor Hugo accroche au Cours-la-Reine une enseigne de restaurant qui n'a jamais figuré au chapitre des locations de la Ville : une succursale de l'établissement que le fameux Bombarda tenait rue de Rivoli à côté du passage Delorme.

Exact ou faux, le nom est de belle allure et le détail amusant : cette grisette, Favourite, en partie fine qui s'indigne de manger, la maison bondée de consommateurs, dans une chambre où il y a un lit.

Voyez le restaurant Ledoyen dont une sépia ancienne nous a permis de donner la vue authentique : c'est l'auberge de campagne, bien simple, avec un lit dans la chambre !... si toutes les autres sont prises. Des salles basses, un étage modeste, l'enseigne peinte à cru sur le mur; une douzaine d'arbustes en caisse dans une étroite bar-

Le Restaurant Ledoyen.

rière pour les convives en plein air. A côté un jeu de bagues, et une de ces baraques de buveurs qui étaient à la veille d'être supprimées.

Ledoyen occupa plus tard un des quatre pavillons élevés sous le règne de Lous-Philippe, sur un plan d'ensemble, d'un style indéfinissable. Les trois autres sont : l'*Horloge*, l'*Alcazar d'été*, les *Ambassadeurs*.

Au XVIIIᵉ siècle, il y avait déjà aux fossés du Cours un limonadier-pâtissier établi dans une baraque où l'on trouvait « tous les raffraîchissements que l'on pût désirer, soit en vin, bière, limonade, etc.,

Le Pavillon Perronnet, en 1830.

toutes sorte de gâteaux et de pâtisseries, et des chaises pour se reposer et respirer le frais. »

Il y eut ensuite de vrais *bouchons*, des cabarets mal famés, des caves suspectes jusqu'à la lisière de la place, tels que le pavillon de Perronnet. Il existait encore, en 1830, de belle architecture à bossages, comme d'un rendez-vous de chasse à l'orée du bois; mais déshonoré par des appentis grossiers, où la débauche se dissimulait à peine.

Le locataire était un sieur Boulot. Très curieux ces états de location où figurent, en une trentaine d'articles, tous les cafés, même antérieurs à la Restauration.

Le plus ancien était celui des Ambassadeurs ainsi nommé parce qu'on destinait alors l'hôtel Crillon au logement des ambassadeurs étrangers. Son emplacement actuel est le même.

A côté, la *Laiterie de l'Étoile du matin* était tenue par un sieur Morel dont le nom est resté célèbre dans les annales du café-concert.

Le Café de l'Orangerie.

En face du jardin de l'Élysée, on voyait le café de l'*Orangerie*, guinguette d'opéra-comique du même décor que la Laiterie de l'Étoile.

Jean-Jacques Rousseau, dit-on, avait imaginé le plan de ces trois cafés : pourquoi pas? il confesse assez volontiers un goût de beuverie discrète. Citons l'enseigne inédite et naïve de la *Mère de famille*: dans la province la plus reculée, est-il trace d'un appel aussi honnête aux consommateurs?

Une mode nouvelle était dans l'air : « Vers 1832, dit un historien de Paris, J. de Martòs, un spéculateur s'avisa de donner tous les soirs, du mois de juin à la fin de septembre, un concert en plein vent à l'entrée des Champs-Élysées, du côté de la rue du même nom... Un grand nombre de familles d'amateurs, le mari, la femme et les enfants, s'en allaient, le soir, prendre place à une des nombreuses tables placées entre le café et la salle de musique, et moyennant la petite dépense d'une bouteille de bière, se régalaient pendant deux heures de trois ou quatre ouvertures et surtout d'un bon nombre de contre-danses, de valses et de galops. »

C'était aussi familial que la *Mère de Famille* : et voilà comment se fonde une institution qui n'a jamais passé pour une école des mœurs; ces *cafés-concerts* qui jouent maintenant un rôle si considérable dans la vie de Paris et qui ont fini par exercer une influence incontestable sur l'état d'esprit des nouvelles générations.

On sait l'animation nocturne des trois concerts

traditionnels dans la promenade : pour les provinciaux, c'est sa physionomie la plus connue; les portiques lumineux, les entrées flamboyantes, les harmonies croisées des trois orchestres, pures merveilles au contraste de leurs mails solitaires.

Le côté le plus curieux du tableau pour le flâneur qui observe, c'est l'assistance extérieure qui se donne le plaisir gratuit de saisir au vol la chanson nouvelle; ceux-là sont des Parisiens écoutant avec naïveté ces ineptes refrains qu'ils ont la prétention de répéter. Pas de risques qu'ils interrompent les chanteurs par un de ces chahuts formidables qu'organisent, c'est la mode, nos jeunes viveurs avec leurs compagnes. L'auditeur naïf ne comprend pas, s'indigne, et le provincial s'enfuit.

La soirée y fut quelquefois moins banale, les anecdotes curieuses ne manquent pas... Un échantillon : Martin, de l'Opéra-Comique, Lafont, le violoniste et une belle dame, aujourd'hui anonyme, s'arrêtèrent devant un pauvre aveugle qui jouait du violon depuis deux heures, sans qu'un liard fut tombé dans son chapeau. Une idée : Lafont accorde le violon et prélude magistralement aux plus beaux airs de Martin qui était alors dans toute sa vogue. Leur charmante compagne fit la recette, un vrai magot, dit-on, pour le vieil aveugle.

Pareille aventure avait eu pour héros Elleviou :

et de nos jours, on a revu ces velléités de charité musicale.

Les fêtes du Colysée étaient restées sans écho dans les Champs-Élysées jusqu'au Directoire. On y connut alors le *Bal d'Idalie* au *Jardin Marbeuf*, confisqué par la Convention; c'est ce qu'on appelait danser sur les ruines de l'ancien régime.

L'hôtel d'Évreux, une merveille de goût et d'élégance eut le même sort : il fut loué à divers entrepreneurs sous les dénominations d'*Élysée*, puis de *Hameau de Chantilly*.

Les beaux jardins livrés aux promeneurs rivalisèrent avec ceux de Tivoli, de Monceaux, du Vauxhall : ils servaient de cadres à des fêtes rustiques tandis qu'étaient changés en salles de bal, de roulette et de trente-et-quarante, ces appartements où Beaujon avait épuisé les ressources d'un art exquis, du luxe le plus raffiné.

Dans les jardins, on imita le hameau que le prince de Condé avait créé dans son parc de Chantilly : des sites pittoresques, un ruisseau, des chalets couverts de chaume. Ces gens-là avaient des goûts furieusement champêtres qui transformeraient en bergerie de théâtre l'abside même de Saint-Eustache.

Les vastes terrains de la *Folie-Beaujon* eurent une destination analogue; c'était presque la même place qu'avait occupée, le Colysée ou plutôt sa caricature. Le goût était tombé à une étrange déchéance depuis l'époque où la charpente du Colysée, malgré son architecture *feinte*, et son luxe de surface, conservait néanmoins une certaine dignité d'art. Si l'on n'a pas vu les gravures du commencement de ce siècle, il est difficile d'imaginer rien de plus grotesque que l'aménagement du jardin Beaujon, et surtout cette ligne serpentante des *Montagnes russes*, « édifice singulier » dit Victor Hugo, qui se profilait au-dessus des arbres des Champs-Élysées. Longtemps après la fermeture de cette foire aux horreurs, on vit encore une sorte de belvédère qu'on appelait le moulin Beaujon; sa vétusté en avait atténué la laideur. Moulin de carnaval qui, de loin, faisait hausser les ailes au vrai, au bon vieux moulin de Montmartre.

D'autres établissements de plaisir, pour en finir, avec cette spécialité, eurent leur vogue passagère : le *Château des Fleurs*, au delà du rond-point; sur l'emplacement actuel de la rue Marignan, le *Jardin d'Hiver* d'un bel aspect décoratif de serre gigantesque. Les *Folies Marigny*, théâtre bon enfant où les *Deux Aveugles* virent pour la première fois la rampe. Le *Cirque de l'Impératrice*, dont le nom seul a été sacrifié; le *Cirque d'Été* a conservé une clientèle assidue et de haute élégance : il a ses coulisses comme l'Opéra, c'est l'entrée des écuries.

En face du cirque, la rotonde symétrique qui exhiba de si beaux panoramas est devenue récemment le Palais de Glace, une salle de patinage et de flirts cotés.

En été la prononciation change, on badine en plein air au *Jardin de Paris.*

A la même place le concert Besselièvre eut, sous l'Empire, des vendredis *select :* le fondateur de ces soirées musicales avait

Mabille.

été Musard, devenu célèbre depuis l'époque où son orchestre inaugurait si modestement au bas des Champs-Élysées la consommation lyrique.

Une gloire disparue, qui fut européenne, un nom

que l'on retrouverait peut-être un jour au fond du désert, aucun Parisien ne l'a oublié : MABILLE! Bullier, Mabille tous deux inoubliables! Pourquoi?... C'est le secret de certains milieux psychologiques...

Et GUIGNOL! Autre renommée qui ne disparaîtra pas de sitôt.

Mabille était situé dans l'avenue Montaigne, l'ancienne *Allée des Veuves* dont la solitude permettait l'accès aux

L'Allée des Veuves.

femmes en deuil : dernier vestige du marais du XVIe siècle, champêtre, puis sinistre, encrassé de misère moderne. Dans une maisonnette minable s'y éteignit Tallien, en 1820, oublié comme un ministre de la République actuelle qui finirait dans un garni de Levallois-Perret.

Le portique du bal, en carton-plâtre fut abattu, les lustres s'éteignirent, et les ormes du marquis de Marigny, estropiés de vieillesse s'en allèrent avec les palmiers de zinc. Les bouges tragiques d'Eugène Sue s'étaient effondrés dans les fondations des bâtisses nouvelles : l'ère de la maçonnerie commençait, mais les maisons somptueuses s'espaçaient encore de deux ou trois coulées sordides d'un effet disparate.

Daudet a peint le *Passage des Douze-Maisons* où son institution Moronval, *dans le plus beau quartier de Paris*, n'est pas déplacée, « une coulisse sombre et encombrée derrière le beau décor des Champs-Élysées, dont elle semble l'envers misérable et turbulent. »

L'avenue Gabriel n'a pas cette apparence composite et inachevée d'une voie tracée à la hâte : là, on n'avait qu'à élaguer, balayer pour retrouver un envers autrement magnifique que le décor moderne des avenues neuves. Louis XVIII s'était déjà préoccupé de l'embellir : mais en 1830 elle avait à peine changé.

L'entrée, derrière le pavillon Perronnet, semblait honteusement discrète, boueuse d'ailleurs et sombre, d'un parcours irrégulier au hasard des empiétements que les jardins du Faubourg Saint-Honoré se croyaient acquis sur l'allée abandonnée.

On y voyait des étables avec une vache pour enseigne, comme on en trouve encore à Auteuil, avec des tonnelles pour les buveurs de lait.

Un coin a gardé intacte sa physionomie du XVIIIe siècle : l'hôtel de Grimod de la Reynière à l'angle de la rue *Boissy-d'Anglas* qui s'appelait alors

L'Avenue Gabriel, en 1830.

de la *Bonne-Morue;* on l'aurait dit baptisée par Grimod lui-même. Il eut fallu le dessiner, si nous n'en avions déjà publié la vue dans un ouvrage précédent (1). La servitude du mur en terrasse a été maintenue ; l'obligation de ne pas bâtir sur l'avenue Gabriel fut édictée en 1834, et les barrières de bois,

(1) *De l'Or, de la Boue et du Sang*.

forcées à l'alignement, remplacées par des grilles uniformes. Il n'avait pas été besoin de grands bouleversements pour créer une avenue unique en son genre dans une capitale si populeuse.

A partir du rond-point central, la Grande-Avenue, dès le règne de Louis XIV, avait été aplanie, ou plutôt taillée entre deux berges : dominée à gauche par les premières maisons du village de Chaillot, à droite par les hauteurs du Roule. On l'appelait alors le *promenoir de Chaillot*.

La poussée du quartier fut lente. Je me souviens d'avoir vu, il n'y a pas plus de trente-cinq ans, se dresser par endroits encore les berges du côté gauche; j'avais été frappé par leur fouillis étrange de guinguettes, d'ateliers ou de chantiers aux maigres et poussiéreuses verdures, un pêle-mêle de treillis démantelés, des coins de jardins parmi les démolitions, côte-à-côte avec les façades qui s'élevaient.

Sur le faubourg du Roule on avait construit avec plus d'empressement. Les Folies du XVIIIe siècle se sont transformées en immenses maisons de rapport : les hôtels y sont aujourd'hui rares et les jardins surtout, sans grand luxe ni caractère. Les carrossiers, les marchands de chevaux, maquignons et manèges, sur la route du bois, ont établi leur quartier général.

Au commencement du siècle, Pierre Blanchard, auteur d'ouvrages d'éducation, avait fondé dans ces parages une institution curieuse dont les plans et profils sont très détaillés dans les estampes du temps. Mme Campan, autre théoricienne de l'éducation des demoiselles, venait d'y transférer sa pension, où fréquentaient Bouilly et Legouvé, dignes hôtes de la maison.

Quel changement dans les mœurs !

En face l'hôtel de la Païva, à deux pas un petit logis de garçon que, sous l'Empire, les gens de l'Opposition appelaient la *Niche à Fidèle*.

En redescendant dans le quartier de François Ier, il ne faut pas oublier la maison qui lui a donné son nom, un chef-d'œuvre dépaysé et méconnaissable ; ni la maison pompéïenne du prince Napoléon si célèbre à son heure.

Aujourd'hui, la démolition est si soudaine, la transformation si imprévue qu'il faudrait en faire la chronique au jour le jour. Deux hôtels bien connus sont en train de disparaître : situées entre les rues Bassano et Galilée, leurs façades de briques rouges et de pierre taillée attiraient l'attention par leur exacte symétrie. Ils avaient été construits par Me Fontenillat, notaire à Paris et laissés par lui à ses deux gendres, M. Casimir-Périer et le duc d'Audiffret-Pasquier. L'un d'eux fut habité par Mme Émile de Girardin, la belle Delphine Gay qui longtemps y réunit une élite littéraire.

Là, comme toujours, la

La Maison pompéienne du prince Napoléon, avenue Montaigne.

transformation est une déchéance : la Compagnie des Wagons-lits, à la place de ces demeures fières et discrètes, élève son Hôtel-Palace !

Ce n'étaient pas des chefs-d'œuvre, à titre d'art, pas plus que la maison pompéïenne de l'avenue Montaigne ; mais le regret est poignant de voir ainsi s'en aller, comme à la hotte du chiffonnier, ces feuillets déchirés des mémoires parisiens.

Pour la villa antique du prince Napoléon, une eau-forte de Flameng a conservé le souvenir de la représentation qui y fut donnée à l'Empereur et à l'Impératrice, du *Joueur de Flûte* d'Émile Augier, une *première* célèbre et originale.

Quand ce rêve d'antiquité ne passionna plus le prince qui l'avait réalisé avec le concours de l'architecte Normand, il la mit en vente, au scandale de ses voisins. Eux-mêmes, des amateurs, des lettrés, le comte de Quinsonas, Arsène Houssaye, M. de Lesseps, le marquis Costa de Beauregard se portèrent acquéreurs tous les quatre en société pour lui conserver un caractère de musée et de sanctuaire. M. de Rothschild aussi en avait eu envie. Porgès à son tour la guettait, mais pour l'abattre, lui, et par ce beau dédain affirmer l'insolent triomphe de l'argent et de la race.

L'hôtel de la Païva, par un hasard inouï a eu le sort qu'il méritait : l'alcôve n'a pas changé de destination, divisée en cabinets particuliers. Un peuple vertueux, en d'autres temps, peut-être eut rasé cette maison infernale où tant de complots allemands se sont tramés contre la France. Gambetta, qui se prétendait l'irréconciliable ennemi de la Prusse, dînait tous les vendredis avec Proust et Spuller chez la Païva devenue comtesse Henckel de Donnesmarck : l'apôtre de la revanche s'asseyait à la table du premier gouverneur de l'Alsace-Lorraine !

Edmond de Goncourt qui, lui aussi, y fréquentait, a eu le courage de son ennui et donné la note curieuse et typique de ces dîners de lettrés où le dégoût de l'argent les prenait à la gorge dans la vaisselle plate dont, en vraie Juive, la maîtresse de la maison évaluait en marcks la valeur. C'étaient ses traits d'esprit : tant de rente à ses oreilles, tant de loyer par jour pour l'hôtel des Champs-Élysées et la terre seigneuriale de Pont-Chartrain! Un vrai Barême cette Cléopâtre d'occasion. En dehors du menu, somptueux d'ailleurs, impossible d'obtenir un verre d'eau sucrée... Quand on ne trahissait pas, on s'y ennuyait ferme. Pauvre Théophile Gautier qui avait mis ces réceptions à la mode !!

Aujourd'hui, un restaurant de haute volée s'y est installé, avec la réclame des épaves du luxe de la courtisane, le plafond de Baudry, l'escalier d'onyx, les tentures dont le prix était fabuleux. Le style est d'une mauvaise époque : le goût, celui de la Juiverie allemande et de la prostitution.

La maison certes est curieuse : et le contraste ne l'était pas moins le jour où la rédaction de la *Libre*

L'Escalier de l'Hôtel Païva.

Parole fêtait le quatrième anniversaire de sa fondation dans la demeure d'une triomphante d'Israël et d'une espionne de la Prusse. La devise du menu :

« la France aux Français » était nouvelle dans ce logis et semblait pour les Antisémites, comme un présage de victoire. Chez la compagne du comte Henckel Gambetta était cependant à deux pas du trophée de nos victoires.

L'Arc de Triomphe de

Chemin de ronde de l'Arc de Triomphe de l'Étoile.

l'Étoile fut commencé en 1806 : chose incroyable, il n'y eut aucune cérémonie pour la pose de la première pierre. Sous la Restauration le bois des échafaudages servit à terminer le Grenier d'Abondance.

La révolution de 1830 trouva le monument, tel qu'il était à la chute de l'Empire, monté à la hauteur des voûtes. Les gros travaux, repris activement, furent terminés en 1833, et la décoration s'acheva sans hâte.

Les abords négligés restèrent longtemps déserts : le chemin de ronde de l'Étoile avec ses murs bas, des masures de banlieue, faisait un singulier cadre au colosse. Les pavillons qui fermaient l'avenue, reliés par une grille, disparurent en 1857. Parmi les conceptions des Barrières de Ledoux, parfois si étranges, ces pavillons ont une belle allure ; mais pour les apprécier alors, il fallait tourner le dos à l'Arc gigantesque qui les écrasait.

La place s'est bâtie, insignifiante : ce n'est pas ainsi que Napoléon eût compris l'ensemble monumental d'une décoration.

Aux Champs-Élysées, l'ordonnance du rond-point n'est pas plus heureuse qu'à l'Étoile. Peut-être eut-il mieux valu imposer aux propriétaires de l'avenue qui les sépare, les servitudes de l'allée Gabriel, et, par une ligne de jardins et de grilles uniformes, prolonger l'aspect *ouvert* de la promenade. Des maisons pour encadrer l'Arc de Triomphe, en est-il d'assez simples, d'assez nobles ?

Le bassin central du rond-point gêna la circulation, quand l'avenue de l'Impératrice et la vogue du bois de Boulogne firent affluer les équipages à cet immense carrefour.

L'espace circulaire fut divisé en segments qui ont la vague apparence des portions symétriques d'un gâteau pastillé ; les six petits bassins latéraux accostés de plates corbeilles fleuries forment un ensemble mesquin, indigne de cette vaste enceinte.

Et les arbres ! C'est là qu'il faudrait les voir centenaires, aux dômes immenses, aux masses rythmées, dans l'harmonie des soirs, avec la ligne des combles et des coupoles.

L'effet de ce motif central, de la place de la Concorde, serait prodigieux : coupant à mi-chemin la perspective de l'avenue il la prolongerait à l'infini, étayant la masse lointaine de l'Arc de Triomphe. Des palais c'était le vrai domaine. Au centre des plaisirs édifier les grands théâtres, était-ce folie ? Était-il plus sage d'abandonner aux fantaisies d'un luxe douteux, au caprice des Financiers qui ne sont plus, hélas ! ceux du XVIIIe siècle, le plus beau Forum d'une grande cité ?

Les palais des Arts en étaient l'ornement naturel : deux fontaines monumentales, des statues idéales, les plantes les plus belles ; des mâts de gloire ciselés dans le bronze, enfin des candélabres énormes à l'échelle des arbres géants compléteraient cette décoration rêvée.

Si c'est un rêve aujourd'hui, plus de prévoyance et d'économie savante en auraient fait avec le temps une réalité.

C'est avec dessein que, dans la suite très méthodique de cette étude, j'ai omis de citer, à sa date, l'Exposition universelle de 1855. Elle occupait les terrains compris entre l'ancien carré Ledoyen et l'avenue d'Antin, la partie contiguë dans le Cours-la-Reine, et le quai de la Conférence tout entier. Cet envahissement, si provisoire qu'il fût, avait bouleversé sur la promenade seulement une surface égale au quart de son étendue : une coupe sombre dans la futaie, la suppression du carré des Fêtes.

Un joli résultat déjà! insuffisant au gré des entrepreneurs, puisque l'Exposition finie, les Champs-Élysées héritèrent du Palais de l'Industrie. Ce n'est pas qu'il fût beau, mais il tenait de la place... beaucoup. Pendant plus de quarante ans, il aurait attristé la grande avenue en l'isolant de la Seine, intercepté l'air et la lumière; et quand ses états de service lui auraient mérité l'indulgence et même un peu de reconnaissance, on le jette à bas... Pour le remplacer par des édifices qui, cette fois, nous dit-on, seront de vrais palais d'art.

La méfiance est permise : les chefs-d'œuvre ne s'improvisent pas, ils sont même si rares qu'une cinquantaine de projets, n'ayant donné aucun résultat satisfaisant, MM. les architectes de la ville se proposent de *tripatouiller* ceux qui ont été primés. Des chefs-d'œuvre d'ordre composite!

Deux palais, conçus dans cette donnée éclectique, seront édifiés en bordure de l'avenue d'Antin, ne correspondant à aucun plan d'ensemble; et, en tous sens, ne présentant aux promeneurs de l'avenue centrale que leur face postérieure.

Dégager la vue des Invalides a toujours été le rêve de nos édiles : dans cet espoir, la Ville fit redorer le dôme à ses frais en 1817. Il fut masqué par le Palais de l'Industrie; aujourd'hui, le bouleversement de l'Esplanade semblait exclure cet ancien projet de dégagement.

Prenons un plan : l'avenue d'Antin n'est pas dans l'axe du dôme, il disparaît même dans tout son parcours : on la choisit précisément pour y construire les édifices qui, dans la perspective rêvée, pourraient, au premier plan, être le cadre des Invalides. L'aberration n'est pas à son comble... On construira un pont monumental dans l'axe du dôme. C'est l'Empereur de Russie qui en pose la première pierre, et les nymphes du commerce parisien voguent sur les eaux du fleuve à sa rencontre. Il faut tout dire quand on écrit l'histoire.

Dans tout ce gâchis, on n'a pas l'air de comprendre (le plan est là pourtant) qu'il est à jamais impossible de mettre d'équerre ni pont ni avenue avec le tracé de l'Esplanade et des Champs-Élysées. Si cette idée germait au cerveau d'un ingénieur, il faudrait détourner le cours de la Seine, et transporter l'Arc-de-Triomphe à... Chaillot.

Il serait superflu de revenir sur les considérations que nous avons développées au précédent chapitre : elles nous ont entraîné à cette étude rétrospective. Notre plan était aussi logique que concluant : après avoir fait l'historique des Champs-Élysées, expliqué leur accroissement, raconté les phases successives de leur splendeur, au gré de nos souhaits, trop incomplète encore, nous sommes arrivés à la déchéance, à la mutilation de la plus belle promenade du Monde.

. . . .

Septembre 1896.

C'est fait! Nous sommes maintenant dans un chaos dont le saisissant dessin que vous voyez ne vous donne encore qu'une faible idée. Nous avions deux magnifiques promenades qui se complétaient l'une par l'autre : les Champs-Élysées et l'Esplanade des Invalides.

Nous n'avons plus rien du tout et nous vivons entourés de palissades, dans les décombres et les fondrières. Il n'y a plus de quais, il n'y a plus d'Esplanade, puisque, pour y parvenir, nous longeons un bout d'asphalte qui ressemble à un sentier de chèvres. Il n'y a plus de pont, puisqu'on n'y peut accéder que par un passage étroit où les voitures couvrent incessamment les passants de boue. Il n'y a plus de chaussée; les tramways passent comme ils peuvent sur les allées, au milieu de flaques stagnantes.

Tout cela, ainsi que je l'ai expliqué plus haut, nous est arrivé avec le prolongement du chemin de fer des Moulineaux, qui n'était qu'un artifice de la compagnie de l'Ouest, que j'ai été un des premiers à signaler il y a bientôt six ans.

« Laissez-nous faire une petite gare! Nous ne troublerons le quartier en rien, disaient les bons apôtres de la Compagnie. »

Sous prétexte de faire la petite gare, la Compagnie de l'Ouest a tout saccagé; elle a pris possession de l'endroit; elle ne le quitte plus.

Ce qui frappe en effet lorsque, satisfait d'avoir fait tout ce qu'il était possible pour éclairer son pays, on étudie les choses dans une sorte de détachement philosophique, c'est la grossièreté des moyens, le cynisme presque enfantin des procédés employés par les chefs de l'Oligarchie financière.

En voyant ces hommes majestueux, cravatés de

la Légion d'honneur, gardant dans l'accomplissement des besognes les plus malpropres une attitude digne, la foule badaude ne s'imagine pas que des personnages, placés dans une certaine situation

Le Bouleversement du Cours-laReine, en 1896.

sociale, puissent recourir à des *trucs* aussi vulgaires et aussi peu délicats que ceux qu'ils emploient.

Rien n'est plus exact cependant. C'est la manœuvre frauduleuse en plein.

Quand les directeurs d'une Compagnie, d'accord

avec les ingénieurs de l'État, ont saisi une proie, ils donnent un coup de sifflet; ils sifflent au disque, comme on dit dans les chemins de fer, ou ils font un signal de l'œil comme les bonjouriens et ils appellent leurs camarades à la rescousse.

Dès que la Compagnie de l'Ouest est parvenue à s'avancer jusqu'à l'Esplanade, elle a immédiatement sifflé la Compagnie d'Orléans : « Ne perdez pas de temps, lui a-t-elle dit. Installez-vous à la Cour des Comptes; nous nous donnerons la main, et toute la rive gauche est à nous ! Pendant ce temps, Bouvard, sur lequel on peut compter, occupera la rive droite. »

Voici maintenant qu'avec Detaille, parait-il, comme chef de colonne, Bouvard pousse sa pointe jusqu'au Carrousel où l'on propose de construire des baraquements. Tout l'immense périmètre qui représentait le plus beau paysage urbain que l'on puisse imaginer, un ensemble de lignes harmonieuses et en même temps une vision d'histoire évocatrice de pensées, est maintenant envahi. Comme opération stratégique, c'est assurément une des mieux réussies du siècle.

Ce qu'il y a de plus remarquable là-dedans, je le répète, c'est la simplicité du procédé. « Déranger le Salon, disaient les lanceurs du plan Bouvard, y songez-vous? Jusqu'au dernier moment, les artistes pourront exposer comme d'habitude. Ce que nous vous proposons est bénin, bénin... Les matériaux viendront par eau. On ne s'apercevra même pas que l'on travaille. »

A cette idée de déshonorer le Carrousel par des baraquements, les Parisiens ont poussé de hauts cris auxquels ont fait écho les artistes qui comprennent que, dans ces conditions, c'en serait fini du Salon. Le projet a été momentanément abandonné. On y reviendra, soyez-en sûrs. C'est toujours la même chose encore une fois. On commence par tâter l'opinion ; lorsqu'elle proteste on s'arrête pendant quelque temps, puis on revient à la charge et un beau jour le coup est fait.

J'avoue, d'ailleurs, que les gémissements des artistes m'ont laissé assez froid et que je ne suis pas fâché de voir les autres souffrir un peu à leur tour.

Si vous n'êtes pas contents, confrères, qui vous lamentez sur les ravages qu'on veut faire subir au Carrousel, venez nous voir, venez voir l'Esplanade, le Gros-Caillou, le Cours-la-Reine. Là vous pourrez contempler de vrais ravages.

Seulement dépêchez-vous ! Les gens agiles peuvent encore passer, mais pour les autres, le voyage est déjà difficile. Jadis, je vous aurais dit de couper par les Champs-Élysées, mais il y a maintenant une enceinte de planches qui barre tout et qui n'est accessible que par deux petites poternes que l'on fermera probablement demain. C'est le meilleur moyen que les entrepreneurs aient trouvé pour cacher l'abatage des arbres auquel ils se proposent de se livrer en grand, malgré les promesses faites.

Quant à Turrel, le ministre des Travaux publics, il ne dit rien et il laisse tout faire...

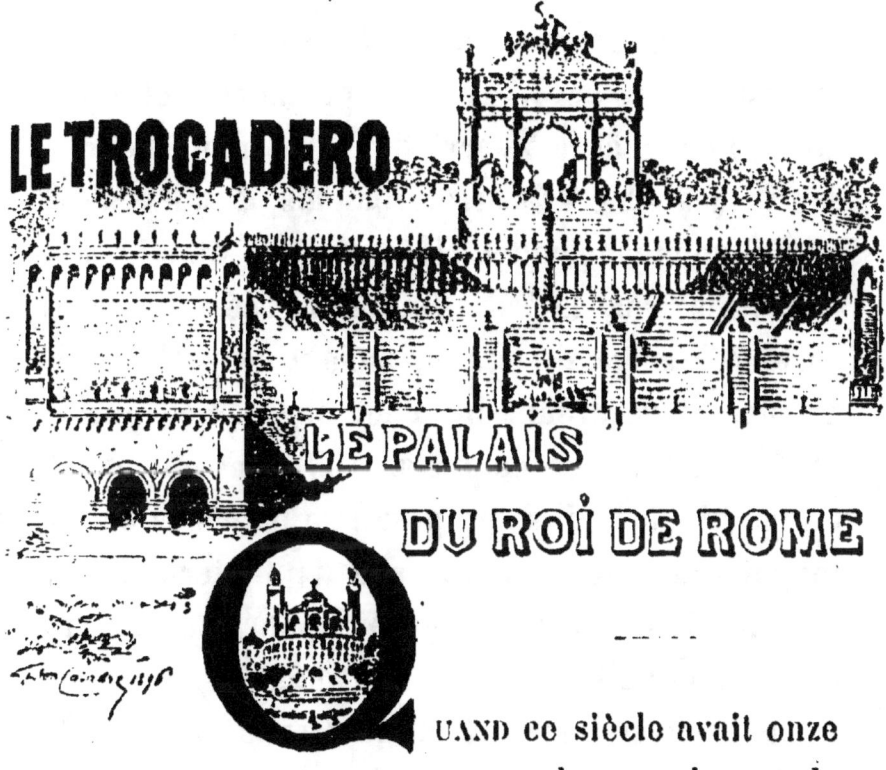

LE TROCADÉRO
LE PALAIS DU ROI DE ROME

Quand ce siècle avait onze ans, les environs du Champ-de-Mars, si déserts alors, voyaient souvent apparaître un visiteur matinal, qu'escortaient seulement quelques officiers. Les yeux fixés sur les hauteurs de Chaillot, Napoléon, après avoir pressé l'achèvement de ce pont d'Iéna dont le nom rappelait une de ses plus étonnantes victoires, venait juger de l'effet que produirait le Palais du Roi de Rome dont les fondations étaient déjà jetées. En face du merveilleux paysage qui se déroulait devant lui, il caressait les rêves les plus prodigieux, il formait des projets que lui seul sous le ciel pouvait concevoir sans être accusé de folie...

Nous indiquerons tout à l'heure les proportions colossales que devait avoir ce palais auquel le bois de Boulogne aurait servi de parc, mais pour cet esprit incapable de s'arrêter jamais, le palais n'était qu'un commencement. Il entendait établir là le Paris nouveau, le Paris impérial créé en quelque sorte à l'image du règne, mêlant les soldats aux artistes et regardant marcher au même rang les professeurs et les colonels. Aux quatre coins du Champ-de-Mars, il se proposait de bâtir des édifices magnifiques. Ici une caserne d'infanterie et une caserne de cavalerie, disposées pour recevoir chacune dix mille hommes; là le Palais des Arts contenant l'Université; l'hôtel du Grand-Maître, les Archives, les habitations des professeurs émérites; ailleurs un autre palais réservé à tous les artistes et à tous les savants qui auraient rendu de grands services à la Patrie.

Tout autour se fussent groupés les ministères, les établissements d'utilité publique venant rejoindre le Corps législatif, le Palais des relations extérieures, le Conseil d'État, la Cour des Comptes, les Invalides, tous situés au bord de la Seine. L'église Saint-Napoléon, construite entre le Louvre et les Tuileries, eût été comme la Notre-Dame de cette cité nouvelle, improvisée comme cette fortune, éblouissante comme ce génie.

Ainsi il pensait, et nul ne s'étonnait que le maître du monde eût ces vastes desseins. Comme le dit le poëte :

> Il n'était presque plus un homme ;
> Il disait, grave et rayonnant,
> En regardant fixement Rome :
> C'est moi qui règne maintenant !
>
> Il voulait, héros et symbole,
> Pontife et roi, phare et volcan,
> Faire du Louvre un Capitole
> Et de Saint-Cloud un Vatican.

Ces conceptions grandioses furent bien près d'entrer dans la réalité. M. de Bausset a raconté les entretiens que Napoléon eut avec Fontaine, après avoir visité le plan en relief du palais de Chaillot, que l'architecte avait fait exécuter par Jacob, ébéniste alors célèbre, et employé spécialement au mobilier des Palais. Ce modèle avait été exposé dans le salon du pavillon de l'Horloge, et l'Empereur n'en avait été qu'à moitié satisfait...

Revenu aux Tuileries, après avoir visité (1) le

---

(1) Il nous a été impossible de retrouver aucune trace du plan en relief de Jacob. Il n'existe même ni *élévation* ni profils connus de l'immense projet de Percier et Fontaine. Le tracé à plat que nous

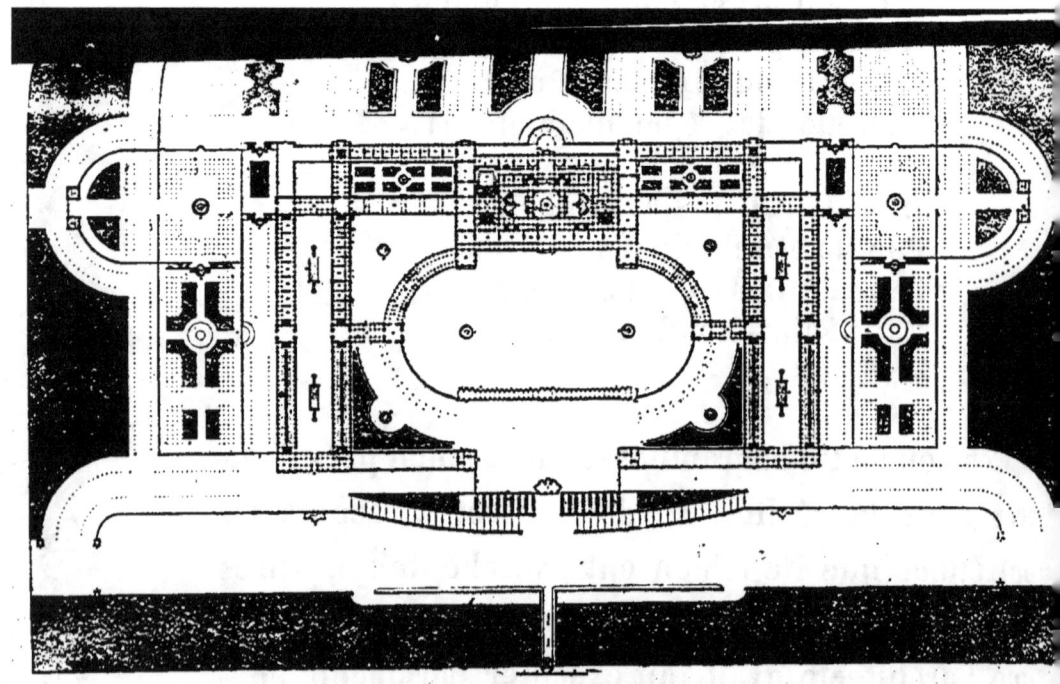

Plan du Palais du Roi de Rome, d'après Percier et Fontaine.

musée de sculpture, il donna l'ordre d'introduire
Fontaine pendant son déjeuner et l'interrogea longuement sur ce qui restait à Rome des anciens
palais des Empereurs. La pensée de continuer une
tradition était, en effet, une préoccupation constante de ce génie théâtral et littéraire par tant de
côtés. Puis, l'administrateur, qui savait à un centime près le prix d'une sangle de cheval ou d'une
plaque de buffleterie, reparaissait brusquement.
Il s'emportait contre les architectes, prétendait
qu'ils ne comprenaient rien eux-mêmes à leurs grimoires et leur reprochait d'avoir ruiné Louis XIV...

En tous cas, les travaux de déblayement et de
maçonnerie du Palais du Roi de Rome furent poussés activement jusqu'à la fin de 1813. Il nous est
possible, avec les plans de Percier et Fontaine sous
les yeux, et les explications qu'ils ont données eux-
mêmes sur un projet qui leur tenait vivement au
cœur, de se rendre compte de ce qu'eût été cette
incomparable demeure, sur le seuil de laquelle, si
la Victoire eût été fidèle à nos armes, les rois et les
princes se fussent pressés, comme les clients d'Auguste, pour saluer chaque matin, à son réveil, le
souverain de l'Univers.

---

donnons, dans sa complication, ne laisse guère deviner quel eut
été l'aspect monumental de ces constructions échelonnées sur les
plans successifs de la colline.

« On serait arrivé au Palais du Roi de Rome du côté du midi, nous apprennent Percier et Fontaine, par trois rangs de pentes douces à droite et à gauche du pont d'Iéna, jusqu'au sol de la cour d'honneur, d'où, en suivant les deux portiques circulaires à quatre rangs de colonnes de chaque côté de la cour, les voitures auraient pu aller à couvert jusqu'au pied du grand escalier du Palais. Entre ces colonnades et les bâtiments de service on aurait eu, d'un côté, la cour des Ministres, et de l'autre côté celle des Princes. Deux autres cours longues auraient été destinées aux offices, aux cuisines et aux écuries.

« Les dépendances auraient communiqué au corps principal du palais par les grandes galeries des cours accessoires. Le grand portique à la hauteur de la seconde rangée, au-dessus de la cour d'honneur, aurait renfermé pendant l'hiver tous les orangers et les arbustes des parterres. Les portiques aux trois arcades du dessous, qui a été construit et qui a été démoli depuis, était le vestibule donnant accès aux escaliers et aux corridors souterrains qui conduisaient directement au palais. Cette espèce de grotte recevait la décharge des eaux de parterre; elle était ornée de trois fontaines formant cascades avec trois arcades basses servant d'abreuvoir au dehors. »

Le corps principal du palais présentait un grand parallélogramme dont le centre devait être occupé par un immense salon destiné aux fêtes. A droite et à gauche s'élevaient la chapelle, la salle de spectacle et les communs du service intérieur du palais.

L'appartement d'honneur ou de réception solennelle aurait occupé toute la façade du midi; la façade du nord, donnant sur les parterres, aurait eu d'un côté l'appartement de l'Empereur et de l'autre côté celui de l'Impératrice. Le salon réservé aux réceptions ordinaires, ainsi que les vestibules et les antichambres, auraient été placés au levant et au couchant, dans les deux ailes de retour. Deux autres ailes à un seul étage, se prolongeant du côté du nord jusqu'aux entrées latérales de Chaillot et de Passy, auraient été réservées aux princes.

Le parterre entouré de murs s'élevait en terrasse au-dessus du plateau de la plaine, le second parterre se serait étendu jusqu'au boulevard d'enceinte, que l'on aurait franchi au moyen d'un pont couvert ayant la forme d'un arc-de-triomphe, pour passer dans le premier parc de la plaine et de là dans le Bois de Boulogne, en traversant la Faisanderie et la Ménagerie installées de ce côté. La Muette et Bagatelle, déjà achetées par l'Empereur, auraient servi de rendez-vous de chasse.

N'est-ce point un enchantement que de se figurer ce qu'aurait été ce féerique palais ayant devant lui la Seine et derrière lui un parc de deux ou trois lieues, regardant ici les coteaux verdoyants de Meudon et là apercevant les monuments sans nombre de la grande cité, les dômes, les flèches, les clochers, les tours? Ne semble-t-il pas qu'on lise la description de ces demeures fabuleuses où quelque conquérant d'Orient venait se reposer bercé par le bruit des eaux jaillissantes, après avoir rempli la terre du bruit de ses exploits?

. . . .

. . . .

Il n'avait pas fallu plus de trois années, en 1813, après la défaite de Leipzig, pour donner à la fantaisie colossale de Napoléon les proportions d'un « Petit Sans-Souci » pour son successeur.

Une fois le projet disloqué, c'était fini : en vain, l'imagination s'exerce, nous aurons le Trocadéro de 1878.

L'idée d'un château ou même d'une villa n'eut pas de suite. Louis XVIII songeait à consacrer le souvenir de la guerre d'Espagne par une décoration théâtrale toute en façade, portiques, arc-de-triomphe, colonne monumentale et fontaines jaillissantes. Le croquis que nous donnons en tête de ce chapitre est un fragment d'une grande aquarelle de la bibliothèque Carnavalet qui est évidemment un des projets de l'époque. Un détail assez curieux s'y remarque : l'architecte avait utilisé les portiques à trois arcades du soubassement qui avaient

Caserne projetée au Trocadéro.

déjà été exécutés sous l'Empire et ne furent démolis que plus tard.

Le 31 août 1826, autre décor : on y simule la prise du Trocadéro pour célébrer le troisième anniversaire du fait d'armes du duc d'Angoulême. C'est l'origine du nom qui fut donné à la colline de Chaillot.

Cette fête vit aussi la cérémonie de pose de la première pierre d'une caserne immense. La seconde pierre se fit toujours attendre : mais, par hasard, nous avons retrouvé l'aspect de cette construction mort-née dans les greniers de Carnavalet ; une aquarelle assez triste d'un lieutenant-colonel d'artillerie qui ne doit pas être lui-même l'architecte de la caserne. Pour la rareté du document, unique, au dire de M. Cousin, nous en avons donné un croquis.

Une lithographie de la même époque nous intriguait passablement sous le titre de *Villa du Trocadéro*, un ensemble de bâtiments symétriques de style pseudo-italien qui encadraient une sorte de square avec colonne centrale et fontaines. C'était un projet d'industrie privée, une *villa* dans le sens que l'on donne aujourd'hui aux *cités* élégantes des quartiers neufs, projet qui n'eut pas plus de suite que les autres.

Pendant de longues années, le Trocadéro abandonné eut l'aspect des ruines que la nature embellit : les Parisiens de notre âge l'ont connu sous cette physionomie jusqu'en 1867. Les ruines ou plutôt les substractions du palais du roi de Rome furent nivelées par les terrassiers; des escaliers et des pentes de gazon parèrent la colline qui se dressait en face de l'Exposition.

A l'époque de la guerre d'Italie, s'en souvient-on encore? Napoléon III avait songé à reprendre le projet de Louis XVIII, élever à nos armées victorieuses une colonne gigantesque, au milieu des jardins, dominant des cascades prodigieuses. Un dernier projet au panier!

Quelle étrange fatalité! cette colline de Chaillot jetait un sort aux architectes. Au XVIIe siècle, Mansard, qui n'était pas un bâtisseur vulgaire, y construisit, pour la chapelle des Dames de la Visitation Sainte-Marie, un dôme à pans coupés, d'une lourdeur et d'une conception bizarre, la risée d'une époque délicate en matière d'architecture.

Je crois que ce fut Napoléon Ier qui fit justice de la bévue de Mansard...

Louis XIV était venu là un jour, moins triomphant : la première fois que Mlle de La Vallière abandonna la Cour. Elle se réfugia dans le couvent de Chaillot, où le roi vint humblement la supplier de quitter sa retraite.

Peut-être eut-elle mieux fait d'y rester, forcée plus tard d'aller s'ensevelir aux Carmélites du faubourg Saint-Jacques, d'où elle ne revint pas.

C'était une délicieuse retraite, ce couvent de

Chaillot, à en juger par les vues du temps et par la situation que nous connaissons, où le cul-de-four et les minarets de M. Davioud font regretter le dôme de Mansard si laid qu'il fût.

Avant le monastère, le château de Catherine de Médicis avait joui de cette vue enchanteresse, de ces

Couvent de la Visitation de Chaillot.

jardins en terrasse qui descendaient à la Seine, à deux pas du Cours-la-Reine, en face des villages de l'autre rive, le Gros-Caillou, Grenelle, Vaugirard jusqu'aux collines de Clamart et de Meudon.

Catherine de Médicis céda sa maison de Chaillot à Bassompierre : le récit du marché, dans les *Histo-*

riettes de Tallemant des Réaux, est piquant; et les craintes de la propriétaire à l'égard de son acquéreur ne faisaient pas prévoir la fondation du couvent de la Visitation.

Nous voilà loin du palais du roi de Rome, la digression en valait la peine; d'ailleurs, ce n'est pas l'histoire de Chaillot que nous avons eu la prétention de faire, mais de cette petite éminence qui s'appelle aujourd'hui le Trocadéro.

Le court espace qui sépare le rêve de Napoléon, rêve qui semblait à tous parfaitement réalisable alors, du spectacle que nous avons sous les yeux, à l'heure présente, n'est-il pas un émerveillement? Qu'est-il, dans la vie de l'humanité, ce laps de temps? Il a suffi, si bref, pour changer complètement la face des événements, pour déplacer l'axe de la civilisation : on a édifié un bazar cosmopolite sur ces hauteurs où le soldat couronné voulait élever une demeure digne de l'héritier de César...

DEUXIÈME PARTIE

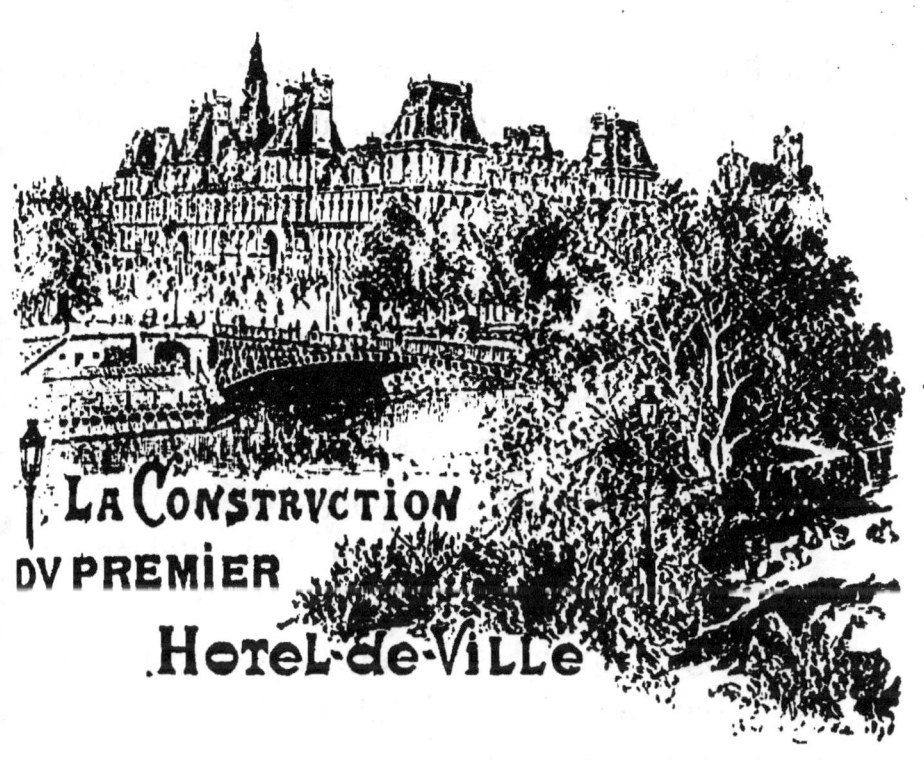

La Construction du Premier Hôtel de Ville

Le 15 juillet 1533, on posait solennellement la première pierre de l'Hôtel de Ville. Le 14 juillet 1882, fut inauguré, sur ses ruines, le nouveau palais. Ces deux dates éveillent à elles seules un monde de réflexions, et sans toucher aux dramatiques souvenirs que rappelle cette place, sans s'arrêter à des rapprochements qui forcent l'historien à murmurer le classique *incedo per ignes*, il nous a paru intéressant de chercher dans quelles conditions s'est opérée la construction de cet Hôtel de Ville du Boccador que nous avons tous pu admirer debout.

Nous n'avons pas l'intention d'essayer une étude approfondie sur cette Hanse parisienne, cette confrérie des marchands de l'eau que recouvrent encore tant d'obscurités. Il convient cependant d'indiquer rapidement les demeures successives qu'occupèrent ces premiers magistrats municipaux avant de prendre possession de la Maison aux Piliers.

A l'origine, quand le Paris gallo-romain se tenait tout entier du côté de la Montagne-Sainte-Geneviève, le centre de réunion des *nautes* parisiens était sur le mont Leucotius. Cette institution, devenue le Parlouër aux bourgeois, semble être restée longtemps fidèle à cet emplacement. Le Moyen Age hérita de l'attachement des Romains pour l'endroit où les Dieux Lares avaient été installés la première fois. Une famille s'appelait une maison; se déraciner du sol qu'on détenait, c'était rompre des traditions séculaires, diminuer son droit en quelque sorte à une époque où la possession surtout était éloquente, affaiblir cette noblesse qui se fondait sur le temps plus ou moins long pendant lequel on avait occupé le même lieu.

De cette obstination que montrent les bourgeois

à conserver leur premier domicile dans Paris, même quand il leur est inutile, nous trouvons plus d'une preuve significative. Quand on construit l'enceinte de Philippe-Auguste, les bourgeois obtiennent que leur *Parlouër* ne sera pas démoli et sera englobé

Le Parlouër aux Bourgeois.

dans les fortifications, qui feront là une saillie. Trois cents ans après, la Prévôté est depuis longtemps installée dans la Maison aux Piliers, l'ancien Parlouër aux bourgeois n'est plus qu'un vieux bâtiment sans valeur, les religieux jacobins qui le convoitent depuis si longtemps essayent d'en prendre possession pour agrandir leur église. Louis XII a pris soin de présenter lui-même à ses bons amis du Corps de Ville cette requête tant de fois éludée déjà. « Nous désirons singulièrement, dit-il, que ces religieux puissent appliquer la dicte vieille muraille à l'augmentation et accroissement de leur dicte église, nous voulons et avons bien voulu vous en escripre et avertir, en vous priant et mandant bien à certes que de vostre part consentiez à ce qu'ils jouissent de notre dict don sans plus délayer ni dissimuler la matière en façon que ce soit et tant y faictes qu'ils n'ayent pas cause d'en renvoier par devers nous. »

La lettre est pressante et péremptoire ; rien n'y fait. Les Registres de l'Hôtel de Ville nous ont transmis la délibération qui eut lieu à ce sujet « le cinquième jour d'avril mil cinq cents et cinq en la grande salle de l'ostel de ville où assistaient messeigneurs les prévôts des marchands et eschevins de ladicte ville ». On y lit les lettres patentes scellées en cire verte et las de soye par lesquelles le roi a donné congé, licence et permission aux religieux orateurs et couvents des Frères preschcurs. Et l'on refuse de ratifier la promesse royale. Ce n'est qu'à la fin du XVIIe siècle que les Jacobins purent obtenir ce qu'ils espérèrent pendant cinq cents ans.

Quand le Marché des Champeaux eut été créé et que l'activité de la ville se fut éloignée des hauteurs de Sainte-Geneviève abandonnées aux écoles et aux collèges, les bourgeois de Paris ne s'en décidèrent pas moins à se rapprocher de la Seine.

Après avoir occupé quelque temps une maison au port Saint-Landry, la Prévôté de Paris s'installa dans la vallée de Misère, dans un bâtiment qui, dit un acte un peu postérieur, « tenait d'une part à l'église Saint-Lieffroy, et d'autres parts aux murs du Chastelet. »

Existait-il quelque différence entre la Prévôté et le Parloir aux bourgeois? M. Édouard Fournier, l'ingénieux et érudit historien qui, dans une livraison de *Paris à travers les âges*, a consacré à l'Hôtel de Ville une très substantielle étude, semble être de cet avis. La Prévôté de Paris eût représenté l'administration municipale, le Parloir n'eût été qu'une sorte de tribunal de commerce jugeant les contestations et les cas litigieux.

Il ne nous semble pas qu'en ces époques lointaines une pareille division eût eu bien raison d'être. En parcourant les Registres de la Ville et en examinant les affaires dont on s'occupe au Parloir aux bourgeois, on ne découvre pas trop quelles attributions seraient restées à la Prévôté proprement dite. Élections d'échevins, nominations de sergents, emplois de vérificateurs et de mesureurs, amendes prononcées contre des contrevenants aux us et coutumes, tout se traite au Parloir. Chose bizarre ! les bourgeois qui siègent là paraissent réunir les attributions les plus diverses : ils reçoivent des testaments comme les notaires, ils enregistrent les donations entre vifs, ils jugent des délits de simple police.

Celui qui voudrait tracer un tableau plein de couleur et de mouvement de la vie parisienne du temps de saint Louis et de ses successeurs immédiats n'aurait qu'à parcourir ces Registres. Naturellement ce qui se rencontre là le plus souvent ce sont des contraventions aux privilèges des marchands de l'eau. La Seine était leur fief commun ; nul étranger n'était autorisé à amener des marchandises par eau dans l'intérieur de Paris sans prendre compagnie française et payer les droits à la Hanse.

A chaque instant se renouvellent des sentences comme celles rendues contre Guy Bernard dont on confisque la cargaison « pour avoir fait venir douze tonneaux par iaue de Sièvre au port du Louvre sans compagnie française et sans qu'il fût hansé de l'eau de Paris. » Parfois quelque marchand hansé, tenté par l'appât du gain, prêtait son nom à des marchands du dehors. Dans ce cas, le coupable était sans pitié expulsé de la Marchandise. Et voyez la naïveté de ces temps : quelques-uns, dont la fraude n'avait pas été découverte, étaient pris de remords et spontanément venaient confesser leur faute, auquel cas on les prenait à merci en se contentant d'une légère amende.

Souvent, nous l'avons dit, les marchands du Parloir aux bourgeois remplissaient l'office de notaires, ou bien d'employés d'enregistrement. C'est devant eux qu'on renonçait aux successions. « L'an de grâce M. CC. et IIII et XV le vendredi devant Noël vint pardevant nous Norman l'Anglais d'une part et Alix fame jadis feu Robert le plastrier. Et dit le dict Norman que le dict feu Robert avait été son frère et porce qu'il ne vouait pas son proffit à estre hoir d'icelui, il renunça à toute succession d'icelui et dict qu'il ne demandait rien sur le bien. »

C'est encore au Parloir qu'on échangeait, pour que la chose fût dûment constatée, les objets prêtés ou mis en gage, comme ce hanap d'argent doré dehors et dedans, et ce chaudron laissé en garantie d'un loyer. C'est au Parloir qu'on signe la nomination comme « mesureuse de blé » d'Alez, la femme Harvy le Breton ; c'est là qu'on distribue aux veuves et mêmes aux marchands malheureux ces secours qui ont le titre d'aumônes mais qui présentent plutôt le caractère de l'aide donnée par les sociétés d'assistance mutuelle. Quelques-uns de ces secours étaient des petites pensions, des bourses accordées au fur et à mesure des vacances, et pour lesquelles on s'inscrivait d'avance. Nous voyons par exemple cette mention : « Marie la Commine attend la première bourse qui écherra. ».

Tout ceci, nous apprennent les Registres, se passe au Parloir aux bourgeois et l'on ne discerne pas bien encore une fois ce que la Prévôté aurait pu faire davantage dans les étroites limites du Paris des XIII° et XIV° siècles.

Il ne faut pas oublier d'ailleurs que Paris, la ville royale, ne reçut jamais de charte de commune comme les autres villes du royaume; elle était reine, elle n'avait pas à être affranchie. Ses droits et prérogatives se constituèrent en quelque façon à l'amiable. En confiant au Prévôt des marchands son trésor et son testament, au moment de son départ pour la Croisade, Philippe-Auguste avait indiqué la nature de ce lien tout particulier qui unissait au souverain la capitale du royaume.

L'admirable personnalité de saint Louis exerça d'ailleurs sur tous ceux qui furent les proches témoins de ses vertus, une influence dont il convient de tenir compte et qui dura bien longtemps après lui. Ce Juste forma à son image une époque sans doute violente mais profondément croyante, jeune, naïve, accessible aux idées les plus élevées.

Nous avons constaté dans un précédent volume en nous occupant des corporations qu'aucune législation nouvelle n'avait été promulguée par Étienne Boileau, qu'on s'était contenté de faire passer la Coutume à l'état de loi écrite, en s'en rapportant à la bonne foi de chaque corps d'état d'affirmer ce qu'il croyait équitable. La Prévôté des marchands, qui était à la fois un pouvoir municipal, une justice de paix, un tribunal de commerce, un tribunal de famille, un conseil de prud'hommes, put se maintenir longtemps dans cette situation assez mal définie, grâce à la droiture de ses magistrats, à la loyauté de ses justiciables, à la simplicité des mœurs générales.

La prise de possession de la Maison aux Piliers indique un changement complet dans les habitudes et les préoccupations de la population parisienne.

La Maison aux Piliers fut la première habitation qui s'éleva sur cette place de Grève, absolument déserte au XIIe siècle, et sur laquelle même un édit de Louis le Gros avait défendu de construire. Philippe Cluni, chanoine de Notre-Dame, obtint sans doute l'autorisation nécessaire, car il édifia cette maison, qui fut cédée en 1212 à Philippe-Auguste.

Sous Philippe le Bel, la maison appartenait à Jehan le Flamand, qui s'était enrichi dans les gabelles ; le financier, comme le cas était fréquent, fut mis à mort, et M. Édouard Fournier nous apprend que sa maison, confisquée par le roi, fut attribuée à Henry, seigneur de Sully, premier bouteiller de France. Un peu plus tard, elle était en la possession de la reine Clémence de Hongrie, qui la laissa après sa mort à son neveu Guy, dauphin de Viennois. Guy lui-même s'éteignit bientôt après, et Humbert, son frère et son héritier, fit, comme l'on sait, cession de tous ses biens, en 1349, à Charles, petit-fils de Philippe le Valois, à condition que le fils aîné du roi de France porterait désormais le titre de Dauphin.

Charles, devenu plus tard Charles V, céda la Maison aux Piliers à Johan d'Auxerre, auquel Étienne Marcel l'acheta moyennant 2.880 livres parisis de forte monnaie, ou 2.400 florins d'or au mouton du coin du roi. Le contrat de vente fut rédigé en juillet 1357, par les soins du frère d'Étienne Marcel, Giles Marcel, procureur de la Prévôté et de l'Échevinage.

La Maison aux Piliers, *domus ad pilorum*, était ainsi nommée, dit Sauval, parce qu'elle était portée sur de gros piliers « tels que ceux qui se voyent encore à la Grève le long de l'ôpital du Saint-Esprit et du bureau des Pauvres. » « Pour ce qui est du bâtiment, ajoute-t-il, c'était un logis qui consistait en deux pignons et qui tenait à plusieurs maisons bourgeoises... Il y avait deux cours, un poulailler, des cuisines hautes et basses, grandes et petites, des étuves ou bains, une chambre de parade, une autre appelée le Plaidoyer, une chapelle lambrissée, une salle couverte d'ardoises, longue de cinq toises et large de trois avec plusieurs autres commodités. »

La Maison aux Piliers assista aux scènes tumultueuses qui remplirent Paris pendant de longues années au moment de la lutte des Armagnacs et des Bourguignons. Elle vit aussi, quand fut close cette phase désastreuse de notre histoire qui s'appelle la guerre de Cent Ans, la réconciliation de la

La Tourelle de la place de Grève.

Royauté et de la Prévôté parisienne. Mais ceci est en dehors de notre sujet; sans interroger cette place qui entendit successivement tant de cris de fureur et tant de vivats, attachons-nous aux pierres elles-mêmes.

A la fin du XVe siècle, la Maison aux Piliers menaçait ruines. Les comptes originaux contenus dans les Registres de la Ville témoignent qu'à chaque instant des travaux de consolidation devaient être exécutés. En 1499, on avait été contraint de réparer complètement la charpente et de construire une galerie neuve dans la cour. François Ier, passionné pour les arts, très désireux que sa bonne ville de Paris pût s'embellir, entra très volontiers dans la pensée du Prévôt des marchands et des Échevins qui souhaitaient depuis longtemps un Hôtel de ville digne de la capitale que l'Europe venait déjà visiter.

Le 15 juillet 1533 la première pierre de l'édifice fut posée en grande solennité.

« Pendant que l'on faisait l'assiette de cette pierre, dit Dubreuil, sonnaient les fifres, tambourins, trompettes et clérons, l'artillerie, cinquante hacquebutes à croc de la ville avec les hacquebutiers d'icelle ville qui sont en grand nombre. Et aussi sonnèrent à carillon les cloches de Saint-Jean-en-Grève, du Saint-Esprit et de Saint-Jacques de la

boucherie. Aussi au milieu de la Grève il y avait vin
enfoncé, tables dressées, pain et vin pour donner à
boire à tout venant et criait partout le menu peuple :
vive le roy et messieurs de la Ville. »

Maître Pierre Viole (sieur d'Athis), conseiller au
parlement, Prévost des marchands; Gervais Larcher,
Jacques Boursier, Claude Daniel, Jean Barthelemy,
échevins, ayant chacun à la main une truelle d'argent, mirent sur la pierre du sable et de la chaux,
laissant à découvert une lame de cuivre sur laquelle
étaient gravées au milieu les armes du roy et aux
deux côtés celles de la Ville avec cette inscription :
*Facta fuerunt hæc fundamenta anno domini
DXXXIII die XV mensis Julii sub Francisco primo
Francorum rege christianissimo et Petro Viole ejusdem
regis consiliario, ac mercatorum hujusce civitatis
Parhisiæ præfecto, ædilibus, consulibus ac scabinis
Gervaso Larcher, Jacobo Boursier, Claudio Daniel et
Joannes Bartholomeo.*

« Ces fondations ont été jetées l'an du Seigneur 1533,
le quinzième jour du mois de juillet, sous François Ier, roi de France très chrétien, et sous Pierre
Viole, conseiller dudit roi et prévost des marchands
de cette dicte ville de Paris, estant echevin, conseiller et quartenier Gervais Larcher, Jacques Boursier,
Claude Daniel et Jean Bartholemy. »

Une fois la première pierre posée, les constructions de l'Hôtel de Ville semblent avoir été menées avec beaucoup d'entrain. Dès le mois d'août, on avait tenu conseil pour savoir si on devait payer les travaux à la toise ou à la journée, et les Registres de la Ville nous ont transmis cette délibération :

« Sur le faict du bastiment neuf de l'Hostel de Ville, avoient esté appellez avec la dicte compagnie messire Mᵉ Thomas Rapouel sieur de Bandeville, Simon Chicault argentier, et autres gens experts en matière de bastimens, et a esté mis en delibéracion, si pour les gros murs, hors la menuiserie, qu'il convient faire au dit Hostel de Ville neuf, l'on doit marchander à la toize, ou continuer à la journée, ainsi qu'il a esté advisé par cidevant, sur quoy a esté advisé que les murs et closlures qui se devoient faire en plain ouvrage, se devoient bailler à la toize, et la ville doibt fournir de toutes matières; et la menuiserie desdits ouvrages se baillera à la journée. »

Domenico de Cortone fut chargé de la direction des travaux moyennant 250 livres de gages annuels; il était assisté de Jehan Asselin, maistre des œuvres de la Ville, commis à la surintendance de la charpente, qui recevait 75 livres par an, de Pierre Sambiches ou Chambyes, maçon, conducteur des travaux, payé 25 sous par jour, et de Jacques Arsase et Louis Caquetou, dont les Registres ne nous apprennent pas les appointements.

Il est peu de noms plus célèbres que celui de Cortone, il est peu de figures plus complétement enveloppées d'incertitudes et de brouillards. Le seul ouvrage où l'on fasse mention de lui est l'*Abecedario* de Marsilli, qui ne contient que cette courte notice : « Bernabei (Dominique de Cortone), disciple de Julien de San Gallo, vint en France sous François Ier et fut employé par ce prince dans les bâtiments qu'il faisait construire. Ce fut lui qui donna les dessins de l'Hôtel de Ville de Paris, dont la première pierre fut posée en 1533. Il mourut au service d'Henri II. Cet architecte avait un goût mesquin, et par suite de la mauvaise manière qui régnait alors, il mêlait l'architecture grecque avec la gothique ; composé bizarre et qui n'est pas supportable. Sauval le nomme Boccador, mais mal à propos. »

Avant d'être au service de François Ier, Dominique de Cortone avait probablement été protégé par Charles VIII. Il est question de lui, en effet, à deux reprises dans l'*État des gages des ouvriers italiens par Charles VIII*, publié d'après un manuscrit de la Bibliothèque nationale, par M. Anatole de Montaiglon.

« A Domenico de Cortone faiseur de chasteaulx

et menuisier de tous ouvrages de menuiserie à raison de XX. L. T, par mois vallent par an.   IIc XL L. T.

« A Domenico de Cortone menuisier de tous ouvrages et faiseur de chasteaulx la somme de neuf vingt livres tournois à lui ordonnés par le dict seigneur pour ses gages et entretenement des dicts neuf mois au taux de XX L. T. par mois. Pour ce par vertu du dict etat cy devant rendu comme dit est ensemble de deux quittance dudict de Cortone montant ensemble à la dicte somme aussi cy rendue apport pour icelui. . . . . . .   IX XX L. T. »

On s'en rend compte, rien de précis ne se dégage sur cette personnalité qui cependant est immortelle, grâce peut-être à ce nom sonore de Boccador fait pour être répété à travers les siècles par les lèvres humaines et pour n'être jamais oublié quand une fois il a frappé l'oreille.

Nous n'avons pas besoin de répéter à nos lecteurs que ces termes de maîtres maçons et maçons conducteurs des travaux ne donnent qu'une très incomplète idée de l'importance du rôle joué dans la construction de l'Hôtel de Ville par ceux qui furent les véritables collaborateurs de Cortone. Les grands architectes français de la Renaissance gardèrent longtemps les allures modestes de ces artisans de génie qui élevèrent partout nos merveilleuses cathédrales. Pierre Gadyer, chargé avant

Philibert de l'Orme, concurremment avec Jérôme de la Robbia, de l'entreprise du château de Madrid, est qualifié seulement de maître des œuvres. Il en est de même de Gilles Le Breton, qui commença Fontainebleau, et de Pierre Trinqueau, qui édifia Chambord et qui est qualifié de « maistre de l'œuvre de maçonnerie du baptiment du chastel de Chambord ». Le titre d'architecte ne fut guère mis à la mode que par les artistes venus d'Italie et qui avaient sans cesse à la bouche le nom de Vitruve. Sans en porter le titre, Pierre Chambyes, qui travailla à Fontainebleau, à Saint-Germain, à l'Hôtel de Ville, n'en fut pas moins un véritable architecte.

Ces Registres, inépuisables en renseignements sur l'élévation progressive de l'ancien Hôtel de Ville, nous prouvent d'ailleurs que les cinq collaborateurs étaient traités sur un pied d'égalité. Le Corps de Ville désireux de voir s'achever ce monument qui lui tenait tant au cœur voulait qu'on exerçât sur les ouvriers une surveillance de tous les instants.

« Cedit jour, nous apprennent les Registres, mon dit sieur le prevost des marchans a remonstré à Me Pierre Sambiches, Jacques Arasse, Jehan Asselin, Loys Caquetou et Domenique de Cortone qu'ilz facent desoresnavant plus grande diligence, d'avoir esgard sur les ouvriers besougnans au faict de l'ediffice et bastiment de l'Hostel neuf de Ville, et qu'ils ne voisent disner ensemblement à ce que partie d'eulx soient ordinairement pour avoir resgard sur touz lesdits ouvriers, si tous ensemblement ne peuvent estre. »

Le Quai de Grève en 1539.

A quelques jours de là, les magistrats de la Ville se décident à se relayer entre eux pour contrôler les travaux terminés et régler de suite les différends.

« En assemblée ce jourd'hui faicte, lisons-nous à la date du 2 avril 1534, de messieurs les prevost des marchands, eschevins et conseillers d'icelle, en laquelle sont comparuz messieurs Trousou, prevost des marchands, de Braguelougue, Courtin, Quinette, etc., etc.

« Sur le fait du bastiment a esté advisé qu'il seroit bon que quatre de messieurs les conseillers de l'Hostel de Ville soient deputez pour assister avec messieurs les prevost des marchands, eschevins, pour oyr les differens des maistres des œuvres touchant le different du bastiment, et pour ce ont esté esleuz par la compagnie, messieurs Luillier, Violle, de Marle, et Larcher. »

Grâce à cette bonne volonté générale, les choses marchèrent d'abord assez rapidement. En cette même année 1534, on se préoccupait déjà de l'ornementation intérieure, comme le démontre la délibération suivante :

« Aujourd'huy, au petit bureau, auquel estoient messieurs les prevost des marchans et eschevins de ceste ville de Paris, a esté ordonné que pour diviser les histoires qu'il convient mestre es rondz estant au corps d'Hostel neuf de la dicte ville, en sera paié à maistre Thomas Chocquet, à ce commis et qui en a prins la charge, la somme de quatre livres tournois pour pièce.

« Item à Charles, painctre, pour paindre les dictes histoires, pareille somme de quatre livres tournois pour pièce, lequel painctre en a prins la charge. »

François Ier avait encouragé de toutes ses forces le Corps de Ville; il lui avait très libéralement fourni les moyens de terminer cette entreprise, destinée à honorer son règne, comme en témoignent les lettres-patentes datées du 16 août 1534.

« François, par la grâce de Dieu, Roy de France, au prévost de Paris ou à son lieutenant, salut. Receue avons l'humble supplication de noz très chers et bien amez les prevost des marchans, eschevins et habitans de ceste nostre ville et cité de Paris, contenant que pour la construction et ediffice de leur Hostel de Ville que leur avons ordonné faire faire en ceste dicte ville, qui sera somptueux et des plus beaulx que l'on saiche, nous leur avons permis et accordé qu'ilz y puissent convertir et emploier les deniers communs, dons, aides et octroiz que leur avons donné et concedez pour les reparations, fortiffications et emparements de la dicte ville. »

Malheureusement, les évènements politiques vinrent déranger tous ces projets, et l'on dut songer à employer les fonds à des besoins plus urgents. Dès le 17 avril 1537, le roi écrivait d'Hesdin de suspendre les travaux. Un document de 1539 nous donne à supposer que la construction ne fut pas complètement abandonnée, ou que du moins le bâtiment situé sur la ruelle Saint-Jean était déjà assez avancé pour qu'on dût s'occuper de la charpenterie. C'est le devis des « ouvrages de charpenterie qu'il convient faire pour messeigneurs les prevost des marchands et eschevins de la ville de Paris, en leur Hostel de Ville, en ung cors d'ostel estant sur la ruelle Saint-Jehan, lequel contient vingt-quatre toises de longueur ou environ, sur vingt piedz et demy de largeur, le tout dedans œuvre, pour faire la charpenterie de deux planchers l'un sur l'autre, et le comble au-dessus et esgoutz sur la dicte ruelle Saint-Jehan et sur la cour. »

Le devis contient de minutieuses précautions sur la nature du bois, l'épaisseur, la longueur; nous les épargnerons à nos lecteurs en constatant la sollicitude que le Corps de ville apportait aux moindres détails de cette maison qui était la sienne.

Une autre preuve de l'état avancé des travaux, c'est l'ordre de payement de dix-sept milliers d'ardoises, délivré le 10 avril 1540.

« De par le prevost des marchans et eschevins de la ville de Paris, maistre Philippe Macé, notaire et secrétaire du Roy et receveur de ladite ville, commis au payement des fortifications et bastiment de l'ostel de la dicte ville, nous vous mandons que payez, baillez et délivrez à Jehan Penelle, couvreur, demourant à Paris, la somme de quatre-vingt-quinze livres cinq solz, quatre deniers tournois, que luy avons ordonnée par l'acquict cy ataché signé de nous, du onzième jour d'avril dernier, pour l'achapt de dix-sept milliers ung cent d'ardoises, nonobstant que le dict acquit du dict onzième avril lernier ne soit signé de maistre Pierre Perdrier, greffier de la dicte ville, pour son absence du bureau, sans lequel consentons la dicte somme de IIIIxx XV l. XV s. III d. estre allouée en voz comptes et rabatue de vostre dicte recepte partout où il appartiendra. Donné au bureau de l'Ostel de la dicte ville, soulez noz signetz, le dixième jour d'avril, l'an mil cinq cent quarante, après Pasques.

« *Signé :* Pethor, Traquet, Gavet
et Parfaict. »

Quoi qu'il en soit, la Ville dut se résigner, sinon à s'arrêter complétement, du moins à procéder beaucoup plus lentement. A la date du 2 juillet 1541, le nombre des ouvriers, déjà diminué, était réduit de moitié. Trente maçons et quatorze aides restaient pour achever la besogne en train. A la date de 1548, Regnault Bachelier était encore chargé de la surveillance de ces ouvriers, ce qui prouve que le chantier n'était pas encore abandonné.

A cette époque, le pavillon de droite seul était terminé et couvert. Le reste de l'édifice ne s'élevait qu'à la hauteur du premier étage. C'est dans cet état boiteux que l'Hôtel de Ville resta jusqu'à la reprise des travaux sous le règne d'Henri IV; c'est dans cet état qu'il figure sur le précieux dessin de Cellier et sur le grand plan de Paris d'Olivier Truschet (1552), récemment découvert à Bâle.

Le Dessin de Cellier.

Les troubles de la Ligue sont funestes au monument dont on ne s'occupe plus pendant de longues années. Tout changea avec l'avènement d'Henri IV. Si, jusqu'à 1603, on ne songe qu'à quelques réparations partielles, notamment à ces travaux de vitrerie toujours assez considérables au lendemain de guerre civile, on se décide, le 6 juin 1603, à procéder à une nouvelle adjudication pour l'achèvement de l'édifice. Marin de la Vallée, juré du roi en l'office de la maçonnerie, l'emporte sur ses concurrents Pierre Tibere et Georges Patin. Le 4 août suivant il présente caution.

« Ce quatrième jour d'aoust, annoncent les Registres, ont comparu au bureau de la ville le dict de la Vallée, entrepreneur des ouvrages cy devant mentionnez, lequel a présenté pour cautions, tant des deniers qu'il recevra, que de rendre la dicte besongne bien et deument faite, Jehan Pouçart, maitre masson, à Paris, demourant rue des Juifz, paroisse Saint-Gervais, lequel à ce présent a pleigé et cautionné le dict de la Vallée, pour ce que dessus, et a fait les submissions accoustumées ; lequel de la Vallée a déclaré lui appartenir deux maisons, tenant l'une à l'autre, seizes rue de Beaubourg, au cul-de-sacq, à l'enseigne de Nostre-Dame ; plus une autre maison, seize rue de la Baudoirye, à l'enseigne de la Souche ; nous avons la dicte caution receue et la recepvons par ces présentes, du consentement du procureur du roy et d'icelle.

« *Signé :* Poussart. »

Messieurs de la Ville ont le même zèle pour l'entreprise renaissante que leurs prédécesseurs. Au mois d'octobre suivant, nous les voyons presser Marin de la Vallée, trop lent à leur gré.

« De par le prevost des marchans et eschevins de la ville de Paris,

« Il est ordonné à Marin de la Vallée, juré, maçon et entrepreneur des bastiments qui se font en l'Hos-

el de la Ville, de meetre dedans, demain pour tout
délaiz, des ouvriers et en nombre pour travailler
udit Hostel de Ville, suivant son marché, sauf à
ompter avec luy, et au cas qu'il luy soit deub
quelques deniers, luy seront baillez : aultrement et
à faolte de ce faire par ledit de la Vallée, ordon-
ons qu'il y sera contrainct par toutes voies deues
t raisonnables; mesme sera protesté contre luy de
ous despens, dommaiges et interestz.

« Fait au bureau le vingt-troisième octobre mil
six cent six.

Signé : DE FLÉCELLES ET ... »

Tout le monde semble comprendre qu'il s'agit là
d'une œuvre véritablement nationale. François Miron, le Prévôt des marchands, abandonne pour
hâter les travaux tous les bénéfices de sa charge et
une partie de sa fortune. L'assemblée du Clergé
contribue par un don magnifique aux frais nécessités par l'édifice.

« Le dict jour est venu au bureau de la ville,
monsieur l'évêque d'Angiers qui a dit que messieurs
de l'assemblée du Clergé ayant octroyé la demande
qui leur avait été faite de donner quelques deniers
à la ville pour employer au bastiment dudit Hostel
de Ville, il avait retiré le mandat et ordonnance
desdits sieurs de l'assemblée, adressant à maître

François de Castillo pour payer à mes dits sieurs de la ville ou à leurs recepveurs la somme de neuf mille livres tournois pour employer auxdits bastiments. Laquelle ordonnance il a mis es mains desdits sieurs dont ils l'ont humblement remercié. »

Henri IV manifesta pour le nouvel Hôtel de Ville la même sollicitude que François Ier et voulut être en quelque sorte le continuateur de son œuvre. L'inscription placée au-dessus de la grande porte et déplacée depuis atteste la reprise d'une idée en même temps qu'elle fixe deux dates. Sous le règne de François Ier, on avait gravé en lettres d'or sur la porte d'honneur l'inscription suivante que nous a transmise Corrozet :

Senatui populo equitibus parisien. pie de se meritis Franciscus primus Francorum res potentissimus has œdes e fundamentis extruandis mandavit accuravit congendilque publice consiliis ei administrandæ reipublicæ dicavit anno a salute condita M. D. XXXIII idibus septem. Petro Viola præfecto decurionum, Claudio Danielle, Joanne Bartolomeo, Martino Bragelonio, Joanne Curlino decurionibus.

Domenico Cortonensi architecta.

Sous le règne d'Henri IV, on ajouta les lignes suivantes :

A Henri IV Francorum et Navarrorum rege invictissimo, Francis Miron proprætore et decurionum præfecto, P. Painelot, J. de la Haye, G. de Flechelle et N. Beluc hoc opus superiorum fortuna intermissum a solo ad fastigium usque contexta ædificium repetitum est. M. D. C. VI.

Henri IV devait affirmer sa présence d'une façon plus saisissante encore dans le monument commencé par François Ier. Dès le 31 juillet 1606, le Corps de Ville concluait avec le sculpteur Biard, au sujet d'un bas-relief représentant le roi à cheval, un marché dont les Registres nous indiquent les conditions. « *Marché avec le sculpteur Biard.* — Il s'est obligé envers la Ville de faire la figure du roi à cheval, de pierre de Tonnerre, pour mestre dans la niche du dit Hostel de Ville, au-dessus du portail, moyennant la somme de 1.500 livres tournois, et depuis l'impossibilité de recouvrer de la dicte pierre de Tonnerre, par acte donné au bureau de la ville le douzième jour d'avril dernier, il lui a été ordonné faire la dicte figure de pierre de Trecy, à la charge par lui que sur le dict prix de 1500 livres tournois il sera prélevé la diminution de la valeur de la dicte pierre de Trecy au prix de la dicte pierre de Tonnerre, laquelle diminution sera prisée au dict des gens ad ce cognoissants. »

Ce bas-relief fut encastré dans l'archivolte datant de François Ier et dont la voussure était décorée des salamandres symboliques dévorant et éteignant des flammes et des F écusonnées et fleurdelisées qui rappelaient les plus jolis motifs de décoration des châteaux de Blois et de Chambord. Cette archivolte, conservée et préservée par le bas-relief, a été retrouvée intacte après l'incendie de l'Hôtel de Ville ; elle est en ce moment au musée Carnavalet.

Henri IV, cependant, ne devait pas être témoin de l'achèvement de l'Hôtel de Ville. Le 27 mai 1610, sur cette même place où le roi était venu souvent causer familièrement avec les ouvriers et examiner les progrès du monument, avait lieu le supplice de Ravaillac...

Il ne restait plus, d'ailleurs, que des constructions accessoires à terminer. La cloche avait été commandée dès 1609 à Lemoyne, fondeur de l'artillerie du roi, qui l'emporta sur Guillaume Massiet, Michel Chauvet de Chartres, Nicolle et Roman Buret, Johan Lesaige de Rouen, et s'engagea à fournir une cloche sonnant d'un ton plus bas que celle du Palais, moyennant soixante livres tournois pour chaque cent pesant.

Les concurrents de Liullaci l'horloger, maistre de la pompe du roy, étaient Ferrière Martinot, Vollant, Hebrard, Dieu. Les uns demandaient quatre mille cinq cents livres ; les autres trois mille six cents. Moyennant trois mille livres, Liullaci promit de construire une horloge pareille à celle du Palais, « tant en grandeur, grosseur, que métail et estoffes, voire même plus pesante de trois cents livres et la rendre assise dedans ledict jour premier août prochain (1609), et venir même l'entretenir un an durant. »

Nous passons sur les contestations avec les entrepreneurs, les assignations à Charles Marchand qui n'achève pas la charpente, les sommations adressées à Pierre Guislain, les différends avec Marin de la Vallée qui se voit condamné à refaire une partie de sa besogne. Toujours en procès avec la Ville, Marin de la Vallée était toujours le premier à se présenter dès qu'on annonçait une adjudication. Quand, en 1609, on adjugea les travaux d'un pavillon neuf à construire au-dessus de la chapelle du Saint-Esprit, Marin de la Vallée consentit à des rabais énormes « pour le désir, disait-il, qu'il avait de servir la Ville et de continuer la besogne commencée. »

En réalité, Marin de la Vallée avait son idée. Quand l'Hôtel de Ville fut enfin terminé, il grava au plafond du portique, à l'angle gauche de la cour, en ayant soin de ne pas la placer trop en évidence, l'inscription suivante qui se lisait encore avant l'incendie dans l'ancien Hôtel de Ville.

> *Hanc ædificiorum molem*
> *multis iam annis inchoatam*
> *et effectam Marinius de la*
> *Vallée, architectus parisius*
> *Suscepit an. 1606 et ad ulti*
> *mam usque periodum felici*
> *ter perduxit an. sal. 1628.*

Marin de la Vallée, architecte parisien, a entrepris l'année 1606 ce grand édifice resté longtemps inachevé et imparfait et l'a heureusement terminé l'an du salut 1628.

Évidemment, Marin de la Vallée n'avait aucun droit à s'intituler architecte. On ne peut pas cependant se montrer trop sévère devant cet ardent désir d'attacher son nom à ce monument qui, après tant de vicissitudes, s'élevait enfin superbe et tout brillant neuf sur le pavé de Paris. L'accès de vanité d'un artisan isolé n'était-il point comme une revanche de la séculaire modestie de toute une corporation? Quand tant d'artistes de génie avaient semé notre France de chefs-d'œuvre anonymes en se contentant de l'humble désignation de *maîtres-maçons*, n'était-il pas juste jusqu'à un certain point qu'un maître-maçon usurpât, une fois par hasard, ce titre d'architecte que tant de maîtres-maçons avaient mérité?

Ajoutons qu'il ne faudrait pas prendre au pied de la lettre, pour fixer la date exacte de l'achèvement de l'Hôtel de Ville, l'inscription placée par Marin de la Vallée. En 1613, sauf des détails d'une importance secondaire, l'Hôtel de Ville présentait déjà dans ses lignes essentielles l'aspect sous lequel nous l'avons admiré. A cette époque, Claude de Châtillon avait pu représenter *ad vivum* le « portrait du magnifique bâtiment de la Maison de Ville de Paris. » L'Hôtel de Ville nouveau presque entièrement terminé, avait été pompeusement inauguré au bruit de l'artillerie et aux lueurs du feu de la Saint-Jean. L'œuvre de Claude de Châtillon rappelait ce souvenir. C'est la première vue authentique de l'Hôtel de Ville; c'est celle qui a servi à sa restauration après l'incendie de la Commune.

1871.

le Budget de la Ville,
il y a cent ans.

1774-1776

I

ES chiffres ont leur éloquence, a-t-on dit, et rien n'est plus vrai lorsqu'il s'agit de ces budgets d'États ou de villes, qui en indiquant exactement les sources de revenu et les causes de dépenses éclairent d'une lumière si nette les mœurs d'une époque ou la situation d'un pays.

Aussi, nous l'avouons, malgré l'aridité apparente du sujet, nous avons feuilleté avec un très vif intérêt le précieux document dont s'est enrichi la bibliothèque Carnavalet. Un budget annuel de 5 millions environ rapproché d'un budget de 308.501.600 francs n'en apprend-il pas plus long que tous les historiens sur les changements accomplis en l'espace d'un siècle dans les conditions sociales d'une cité?

Le document dont nous parlons, magnifiquement relié en maroquin rouge et orné de fleurs de lis, est le Budget de la Ville il y a cent ans, présenté au roi en 1776. Ce Budget est manuscrit, bien entendu, puisque la publication des budgets municipaux ne date que de 1816, à part un compte rendu des dépenses et des recettes de la première Commune de Paris dont nous dirons quelques mots plus loin. L'employé chargé de mettre ce budget au net s'est piqué d'honneur et a produit un véritable chef-d'œuvre de calligraphie, où les pleins, les déliés se mêlent agréablement, où se détachent parfois d'artistiques arabesques.

Compte de la seconde Prévôté de M. de Lamichodière, du mois d'août 1774 à pareil mois 1776, et de l'Echevinage de MM. Boucher, Etienne Vernet, Trudon, Roëttiers de la Tour, Angelesme de Saint-Sabin: tel est le titre de ce volume.

Le sous-titre est plus explicite, il est ainsi libellé :
« Bref état de compte présenté au Roi par les Pré-
« vôts des Marchands et Échevins de la ville de
« Paris, de leur administration des biens du do-
« maine de ladite ville et de toutes ses recettes et
« dépenses ordinaires et extraordinaires quel-
« conques pendant les deux années du mois
« d'août 1774 à pareil mois 1776, de la seconde
« prévôté de M. de Lamichodière, conseiller d'État,
« avec les observations nécessaires pour faire con-
« naître à Sa Majesté la situation active et passive
« de la ville; le tout en exécution de l'article deux
« du règlement sur son administration, ordonné
« par arrêt du Conseil le 24 février 1767, et de l'ar-
« ticle trois de l'arrêt du Conseil du 12 septembre
« de la même année 1767, et conformément aux
« ordres du roi sur la forme du présent compte du
« 6 mars 1775. »

On voit que l'usage était accepté de rendre les comptes non tous les ans, mais tous les deux ans. La durée des pouvoirs du Prévôt des marchands était de deux années, quoique le roi pût le continuer dans sa charge pendant huit années de suite. Chaque année, sur quatre Échevins, deux devaient être remplacés ou réélus le 16 août, jour de la Saint-Roch.

Le Prévôt et les Échevins étaient effectivement

soumis à l'élection. « Ceux qui concourent à l'élection, lisons-nous dans l'*État de la France*, sont le Prévôt des Marchands et les quatre Échevins, les Conseillers de Ville, les Quarteniers et les Notables Bourgeois mandés de chaque quartier. »

En réalité, l'opinion de la majorité des citoyens n'avait pas à intervenir dans ce simulacre de représentation élective, dernier et anodin souvenir des anciennes franchises municipales, laissé à la turbulente cité par le régime centralisateur de Louis XIV. Les fonctions de Conseiller de Ville et de Quartenier, d'abord obtenues à l'élection, étaient devenues, après bien des transformations, de simples charges qu'on achetait à prix d'argent. On avait commencé par tolérer que le titulaire désignât son successeur, puis on avait admis franchement le principe de la vénalité. Nous renvoyons, d'ailleurs, ceux que cette question intéresse à un très intéressant opuscule de M. Georges Picot : *Recherches sur les Quarteniers, Cinquanteniers et Dixainiers de la ville de Paris*, travail très concis, mais qui, dans sa brièveté, est une merveille d'érudition et de clarté.

Les *Observations préliminaires* qui précèdent le compte rendu de la Prévôté de M. de Lamichodière nous renseigneront suffisamment sur le point de départ de cette étude : sur le mécanisme financier de la Ville et sur la façon dont on établissait le budget municipal sous l'ancien régime.

Ces *Observations préliminaires* précisent tout d'abord le système de comptabilité adopté par la Ville. Les règles prescrites par le roi sur l'administration de la ville de Paris, sont établies et ordonnées par deux arrêts du Conseil d'État des 24 janvier et 12 septembre 1767, et par l'édit du mois de juillet de la même année.

D'après ce règlement, la régie et administration des biens et domaines de la Ville doit continuer d'être faite par les Prévôts des Marchands et Échevins qui rendront compte au roi à la fin de chaque Prévôté. La durée de chaque Prévôté, nous l'avons dit, était de deux ans.

« A l'égard de toutes les affaires extraordinaires : telles qu'établissements nouveaux, ventes, aliénations, traités, emprunts, arrêtés de comptes et autres affaires majeures, elles ne pourront être réglées par le prévôt des marchands et les échevins que lorsqu'ils auront appelé avec eux pour en délibérer, le Conseil particulier de la Ville. »

« Toutes délibérations du bureau et conseil particulier de Ville concernant les affaires extraordinaires, lisons-nous encore dans ces *Observations préliminaires*, ne pourront être exécutées qu'après avoir été approuvées par Sa Majesté, sur le compte

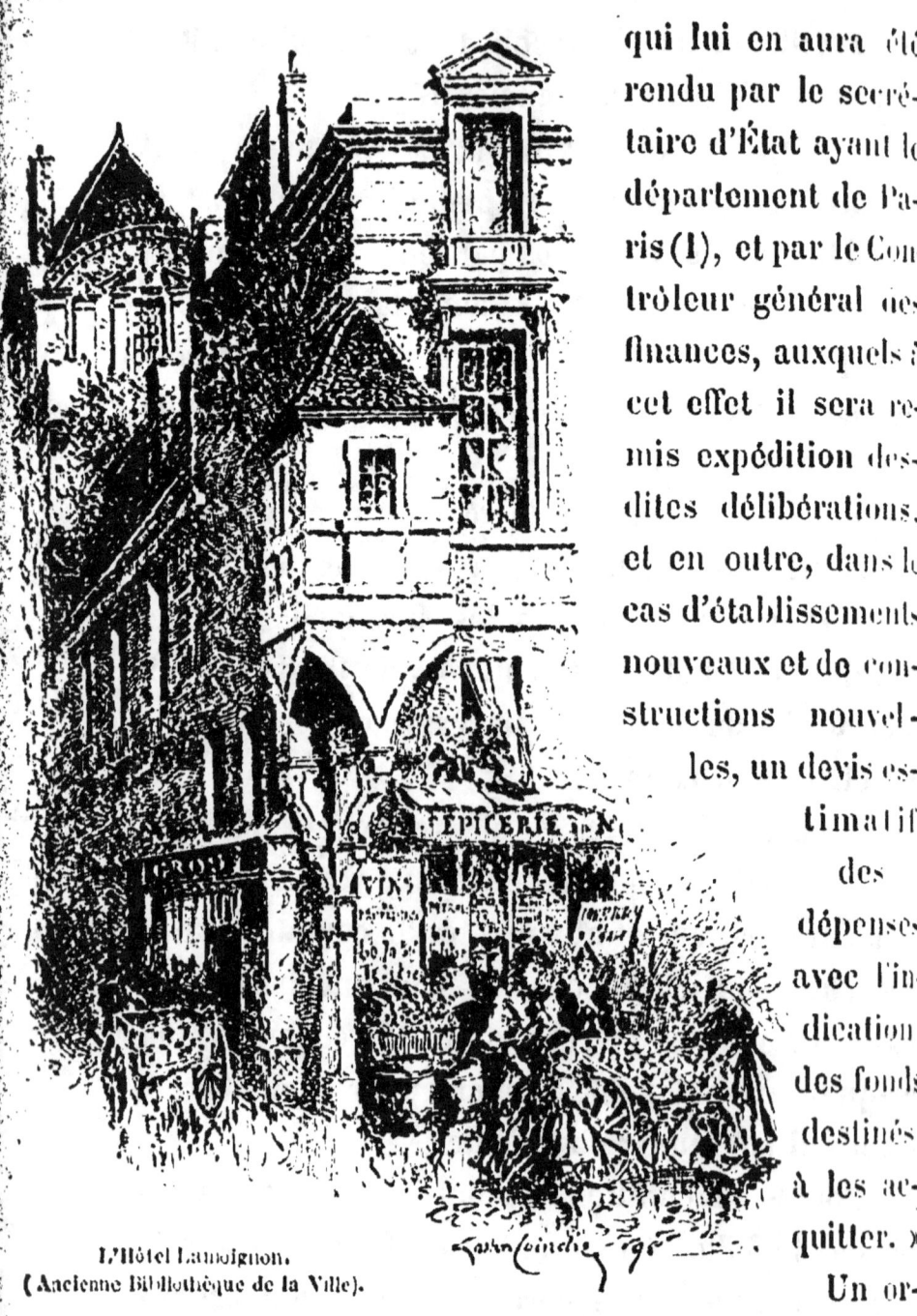

L'Hôtel Lamoignon.
(Ancienne Bibliothèque de la Ville).

qui lui en aura été rendu par le secrétaire d'État ayant le département de Paris (1), et par le Contrôleur général des finances, auxquels à cet effet il sera remis expédition desdites délibérations, et en outre, dans le cas d'établissements nouveaux et de constructions nouvelles, un devis estimatif des dépenses avec l'indication des fonds destinés à les acquitter. »
Un or-

(1) Le ministre ayant dans son département les Affaires de la Ville était alors le ministre de la Maison du roi qui, par un assem-

dre du roi du 6 mars 1775 avait même déterminé la façon dont le budget de la Ville serait disposé. Le compte devait être composé seulement de trois chapitres. L'un, des recettes, où il ne serait question que des revenus de la Ville tant à perpétuité qu'à temps; l'autre des dépenses qui comprendrait toutes les sommes payées relativement à toutes les espèces de charges affectées sur les revenus de la Ville, et le troisième, de reprise, où figureraient les sommes comprises au chapitre des recettes et dont le recouvrement n'aurait pu être fait.

A la suite du compte des revenus de chaque Prévôté, on avait établi un compte particulier des emprunts contractés par la Ville pendant les deux années de la Prévôté, lequel compte particulier était pareillement suivi d'un chapitre de recette indiquant les sommes reçues, d'un chapitre de dépense indiquant l'emploi de ces sommes et d'un chapitre de reprise, s'il y avait lieu.

Ceci dit, arrivons au budget des recettes qui

---

blage d'attributions assez peu analogues entre elles, se trouvait réunir à la fois la Maison du roi, le Clergé, les affaires générales de la religion prétendue réformée, l'expédition de la feuille des bénéfices, les économats, les dons et brevets autres que des officiers de guerre, la ville et généralité de Paris et un certain nombre d'autres généralités comme celles de Montauban, de Tours, de Moulins, etc.

Le titulaire était alors M. Lamoignon de Malesherbes.

montait, pour les deux années, à dix millions soixante-huit mille sept cent trente livres ainsi qu'il appert du tableau général (1).

RECETTES

1	Octroi sur les Fermes.	281.675
2	Octroi jusqu'à Mantes.	6.112
3	Octroi aux entrées de Paris (pied fourché, boissons)	4.333.219
4	Droit de halle et gare.	693.299
5	Nouvel octroi sur les boissons.	2.652.081
6	Cens.	318
7	Lots et ventes.	21.659
8	Rentes foncières.	3.898
9	Redevances simples.	800
10	Redevances emphytéotiques.	2.226
11	Redevances pour temps illimité.	34
12	Loyers et fermages.	254.919
13	Loyers des maisons de la Comédie-Française.	64.589
14	Rentes constituées.	8.598
15	Droits de hanse.	Mémoire.
16	Objets assignés sur les domaines et bois du roy.	15.696
17	Redevances sur les officiers gardes de nuit.	26.000
18	Droit annuel et indemnité accordée par le roy.	34.137
19	Amendes.	Mémoire.
20	Bénéfices de la loterie de la Ville.	652.471
	A reporter...	9.054.701

(1) Il est à peine nécessaire de dire que ces chiffres doivent être tout au moins triplés si l'on veut se rendre compte des sommes qu'ils représentent aujourd'hui.

	Report.	9.054.704
21	Fonds ordonnés par le roy.	168.682
22	Intérêt par les adjudicataires de l'hôtel de Soissons	95.672
23	Intérêt d'une somme de 200 mille livres prêtée aux sieurs Oblin et Lecamus . .	20.000
24	Contributions à des dépenses particulières	811
25	Académie royale de musique	Mémoire.
26	Excédant de recette de 1772 à 1774	426.291
27	Reprise des comptes de 1772 à 1774	302.570
	Total de la recette. .	10.068.730

Les détails de ce budget présenteraient sans nul doute bien des particularités intéressantes, mais ils allongeraient cette étude outre mesure. bornons-nous à chercher l'explication de certains droits et à vérifier certaines désignations.

§ 4. — Les droits de *halle et gare* étaient perçus sur les blés, farines, avoines, orges, grenaille, charbons, foin et paille, en vertu de lettres patentes du 25 novembre 1762, enregistrées au Parlement le 22 décembre suivant; ils devaient s'appliquer à la construction d'une halle aux grains sur l'emplacement de l'hôtel de Soissons (la Halle aux blés actuelle), et à l'établissement d'une gare pour les bateaux d'approvisionnement pour Paris, dans la plaine d'Ivry. Cette gare, qui n'a jamais été achevée, n'en a pas moins laissé son nom au quartier de la gare d'Ivry.

§ 6. — Le *cens* provenait uniquement des bâtiments et terrains situés dans les fiefs du *Parloir aux bourgeois* et du *Franc rosier*, formant la censive de la Ville. Ces droits étaient illusoires en réalité, car ils n'avaient pas changé depuis des siècles et la valeur de la monnaie avait singulièrement diminué.

§ 11. — Le bureau des tonneliers, port Saint-Paul, le bureau des mouleurs de bois, port Saint-Nicolas, le bureau des forts, port Saint-Paul, et le bureau des mesureurs de grains occupaient seuls des emplacements pour un *temps illimité*, et payaient des redevances qui variaient entre 1 livre et 6 livres.

§ 12. — La somme relativement élevée des loyers perçus par la Ville au chapitre 12 s'explique par l'acquisition faite par elle des maisons construites sur les ponts et qu'elle n'avait encore démolies qu'en partie, bien que leur suppression totale fût décidée en principe.

Parmi les biens-fonds et immeubles de la Ville portés sur cet état, nous remarquons d'abord les *ateliers de la ville*, situés au Roule. On sait que c'est là que s'exécutaient les grands travaux de commande, la fonte des statues équestres et autres ouvrages exigeant des chantiers d'une certaine étendue.

Citons encore : des maisons et échoppes à la

porte Saint-Antoine et au Marché-Neuf; un *échaudoir* pour la cuisson des abatis, à l'île des Cygnes; neuf *étaux de boucheries* au Marché-Neuf; les maisons attenantes aux fontaines Saint-Germain et Saint-Séverin; un logement dans l'intérieur de la porte Saint-Bernard, loué 550 livres; les terrains de l'ancien *Jeu des arbalétriers*, sur les fossés Saint-Antoine; des *glacières*, rue Colbert, au réservoir de la Ville; l'emplacement d'un *ancien jeu de paume*, au port Saint-Landry; la bordure du fossé du Pont-aux-Choux; deux moulins sur la Seine,

L'Hôtel des Monnaies.

l'un sous la grande arche du pont Notre-Dame, l'autre sous la troisième arche du Pont-Neuf.

Il ne faut pas omettre non plus, comme éléments de revenus intéressants pour la physionomie de l'ancien Paris : les droits de péage sur le Pont-Rouge (pont de la Cité), affermés 7.000 livres; le droit d'exercice de la machine à remonter les bateaux, évalué 1.000 livres ; des maisons et emplacements acquis pour la création du quai d'Orsay, l'élargissement du Marché-Neuf, le dégagement des ponts, de la place de Grève, de la rue Royale, des abords du nouvel Opéra et de la place du Palais-Royal; enfin, les dépendances de l'ancien hôtel des Monnaies, rue de la Monnaie, supprimé en 1768, pour être reconstruit sur le terrain de l'hôtel de Conti.

En vertu de l'arrêt du Conseil, du 12 décembre 1772, la Ville avait la régie des maisons acquises au nom du roi, par lettres patentes du 30 juillet 1773, pour la construction d'une nouvelle salle pour la Comédie-Française sur l'emplacement de l'ancien hôtel de Condé (aujourd'hui l'Odéon). Le sieur Beauregard en avait été nommé régisseur par la Ville, le 1er février 1774.

§ 21. — Les *fonds ordonnés par le roi* se composaient soit du remboursement d'emprunts contractés envers la Ville, soit de la restitution de sommes avancées par la Ville; qu'il s'agit de l'exécution de travaux étrangers à la municipalité et intéressant le roi, c'est-à-dire l'État, ou simplement d'acquisition de terrain. Sur les 168.682 livres du présent budget figurent notamment 40.000 livres pour arrérages d'un emprunt de 500.000 livres destiné à l'acquisition, au nom du Roi, d'un terrain place Louis XV, entre les rues Royale et de la Bonne-Morue (1), dans le dessein, abandonné depuis, d'y construire un hôtel des Monnaies.

La mention *pour mémoire* indiquait soit des retards comme pour les droits de *hanse* dont le régisseur n'avait pas rendu ses comptes, soit des difficultés d'autre nature, comme pour les *amendes* qu'on n'avait pu encore recouvrer. A propos de l'Académie de musique, cette mention nous renseigne sur le résultat négatif que la Ville avait obtenu en prenant cette entreprise à sa charge.

Le privilège de l'Académie de musique avait été donné à perpétuité au Corps de Ville; mais cette gestion était en réalité une opération onéreuse. Les comptes rendus au Bureau de la Ville par les sieurs Berton, Dauvergne et Joliveau, directeurs, accusent pour les deux années, du 1er avril 1774 au dernier mars 1776, une dépense totale de 1,648,236 liv., et une recette de 1,519,729 liv. Le Budget constate cette situation. « Au moyen, dit-il, qu'il ne résulte

---

(1) La rue qui s'appelait alors rue de la Bonne-Morue, après s'être appelée rue de l'Abreuvoir-Lévêque, est la rue des Champs-Élysées, devenue maintenant rue Boissy-d'Anglas. Cette dénomination baroque lui venait sans doute de l'enseigne de quelque auberge renommée pour cette spécialité.

des dits comptes de régies de 1774 à 1776 que des excédants de dépenses dont la Ville est chargée de l'acquittement, l'objet n'est ici employé que pour ordre et mémoire. » Ce déficit régulier équivaut à nos subventions actuelles, 128.507 francs

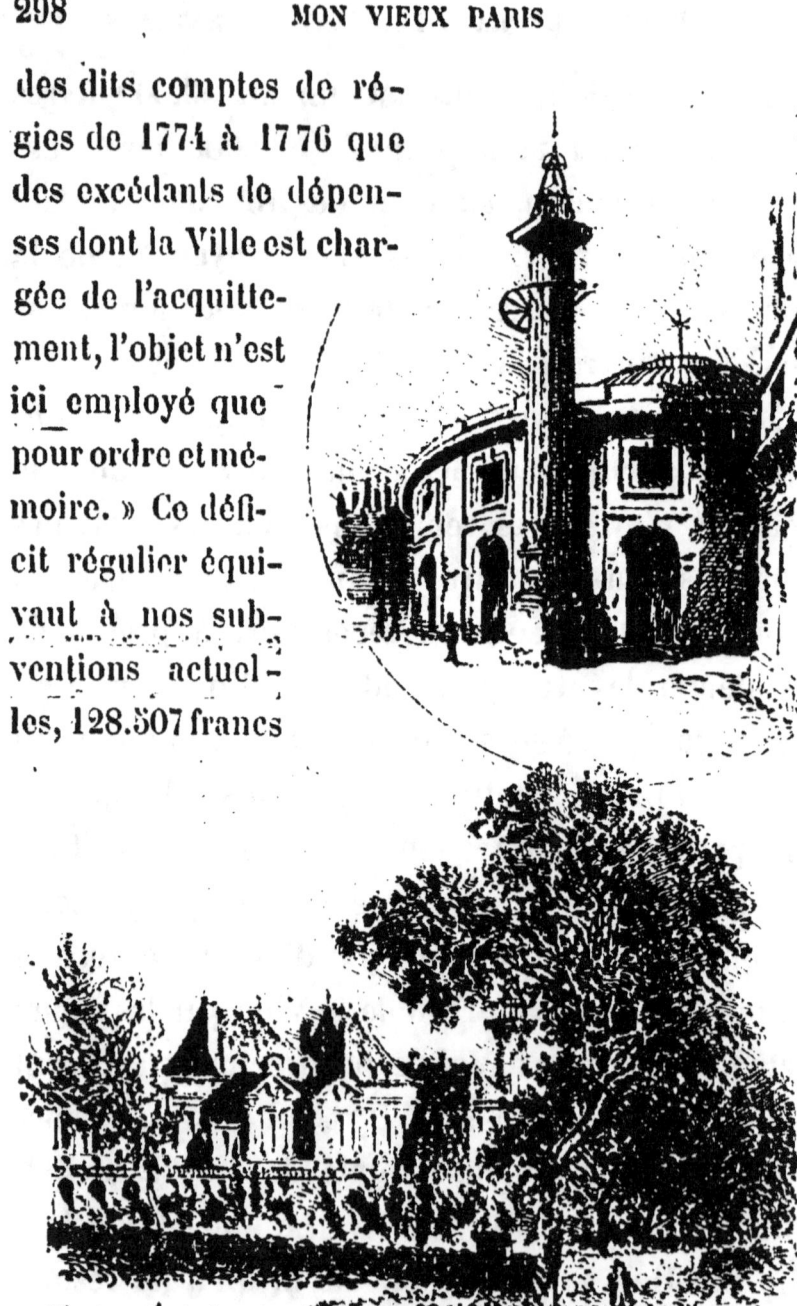

L'Hôtel de Soissons.
Observatoire de Catherine de Médicis.)
La Halle aux Blés.

pour deux ans : nous sommes loin aujourd'hui d'en être quittes à si bon marché.

Nous avons examiné rapidement le budget des recettes. Il nous reste maintenant à étudier le budget des dépenses, plus fécond en piquants renseignements.

II

La recette, nous l'avons vu, se montait pour deux ans à dix millions soixante-huit mille sept cent trente livres (10,068,730 liv.); la dépense était de neuf millions trois cent vingt mille trois cent trente livres (9,320,330 livres), ainsi qu'il résulte du tableau ci-après, où nous avons groupé, en indiquant seulement leurs numéros, les articles qui sont connexes.

DÉPENSES

1 à 6 Rentes perpétuelles et intérêts annuels.	3.685.907
7 à 8 Rentes viagères.	704.919
9 Pensions viagères pour récompenses de services et autres motifs.	25.032
10 Pensions viagères en faveur des commis jaugeurs supprimés.	284.492
11 Redevances aux hôpitaux et à des taxes de mainmorte.	21.868
12 Gages et taxations fixes des officiers de l'Hôtel de Ville.	42.325
13 Droits de logement.	36.000
A reporter...	4.800.543

Report.	4.800.543
14 Présents et fournitures d'usage à M. le gouverneur de Paris.	80.000
15 Droits et honoraires des officiers du Bureau et du Corps de ville.	360.000
16 Robes de velours et de deuil auxdits officiers	54.300
17 Honoraires des sous-commissaires à l'administration de la Ville.	16.000
18 Honoraires des quatre avocats Conseils de Ville.	8.000
19 Jetons de la Prévôté	50.000
20 Épices à la Chambre des Comptes.	8.300
21 à 23 Appointements, gages, gratifications, frais de régie	654.188
24 Bibliothèque de la Ville.	10.194
25 Hôtel des Mousquetaires.	52.262
26 à 29 Ouvrages d'entretien par marché à l'année	175.166
30 à 34 Réparations et rééditications.	811.295
35 Diverses dépenses annuelles et fortuites. .	106.357
36 Acquisitions faites par la Ville.	510.876
37 Diverses dépenses extraordinaires occasionnées par les événements.	68.643
38 Remboursement de rentes perpétuelles. .	237.950
39 Remboursement de rescriptions	25.000
40 Remboursement de capitaux de liquidation d'ouvrages et de fournitures. . . .	221.666
41 Académie royale de musique.	314.037
42 Payement sur les impositions royales dues au roi.	426.737
43 Frais d'emprunt tant en rentes perpétuelles que viagères.	25.651
44 Payement sur dettes arriérées de la Ville.	292
45 Reprise sur la recette du présent compte.	302.570
Total de la dépense. . .	9.320.330

En étudiant dans leurs détails les chapitres 1 à 6 : Rentes perpétuelles et intérêts annuels, nous voyons que la Ville avait pour habitude depuis de longues années d'offrir des parties de rentes, soit comme payement de maisons et de terrains nécessaires aux travaux d'utilité publique, soit comme remboursement de fournitures qu'elle ne pouvait payer comptant. Ceci explique qu'avec des ressources en apparence restreintes elle soit parvenue à mener à bien des entreprises importantes et coûteuses. Ces opérations, par lesquelles le Présent escomptait en quelque sorte l'Avenir et lui faisait payer les améliorations dont il devait profiter, correspondaient à nos emprunts actuels pour les grands projets d'édilité.

Le relevé sommaire de ces parties de rentes est intéressant pour suivre en quelque façon, par ordre chronologique, les transformations opérées dans le vieux Paris. Citons rapidement : les acquisitions de maisons et de terrains pour l'élargissement du quai hors la porte Saint-Bernard (1674), pour l'élargissement de la rue du Petit-Lyon (1683), pour l'élargissement de la rue des Nonandières (1687), pour la formation du rempart du Nord (1696, 1702 et 1717), pour la formation du rempart du Midi (1706, 1739, 1745, 1761, 1763, 1764 et 1769), pour la formation de la place des Victoires (1683-1686), pour la construction de la fontaine de Grenelle-Saint-Germain (1739) ; cette dernière rente a été remboursée et le Budget en donne décharge.

Mentionnons encore les rentes constituées en échange d'immeubles : pour l'agrandissement du quai Lepelletier (1774), pour la construction du quai de la Mégisserie (1741), pour débarrasser de ses maisons l'aile supérieure du pont Marie (1742, 1743, 1745), pour la construction du quai d'Orsay (1742), pour l'agrandissement du parvis Notre-Dame et des rues Notre-Dame et Saint-Christophe (1748 et 1758), pour l'élargissement et la commodité de l'Opéra, rue Saint-Honoré (1750 et 1763), pour la formation de la place Louis XV (1758, 1759, 1761, 1767), pour la formation d'un cimetière des étrangers à l'encoignure de la rue Saint-Maur, près l'hôpital Saint-Louis (1763), pour la formation du quai Bignon (quai Saint-Michel actuel) entre le Petit-Pont et le Pont-au-Change (1768 et 1769), pour l'agrandissement de la place du Palais-Royal (1770, 1771 et 1774), pour l'agrandissement de la voie publique devant Saint-Eustache (1775).

Parmi ces rentes, généralement légères, deux seulement que la Ville avait contractées, un peu par complaisance, étaient réellement onéreuses. L'une était celle que la Ville avait à payer aux créanciers du prince de Conti, pour l'acquisition de l'hôtel de

Conti destiné d'abord à la construction d'un nouvel Hôtel de Ville, changé ensuite en Garde-Meubles et devenu enfin l'hôtel des Monnaies actuel; elle atteignait 101.127 fr. par an, soit pour deux ans (les impositions déduites) 183.832 fr. L'autre rente s'é-

Les Moulins du pont Notre-Dame.

levait à 118.304 pour deux ans, elle était constituée à raison de 2.800.367 de capital, montant de l'acquisition faite par la Ville, par contrat du 21 août 1758, des terrains et constructions de l'ancien hôtel de Soissons. C'est là, nous l'avons dit, où fut construite la Halle au blé. On sent que les édiles, en bons courtisans, s'étaient laissé quelque peu forcer la main en faveur des princes de Conti et de Carignan, propriétaires des immeubles vendus.

Dans la liste des rentes acceptées en payement de fournitures, nous relevons une partie de rente de 260 liv., constituées en 1627, pour seize cents paires d'habits envoyées à l'armée; une partie de 5.500 liv., pour fournitures et déboursés du maître d'hôtel de la Ville, en 1760; une partie de 1.500 livres de rentes constituées en 1762, pour fourniture de chandelles de suif; une partie de rente de 500 livres aux sieur et dame Girard, héritiers de Bouchardon, pour la statue équestre de la place Louis XV, reliquat de compte indépendant de la rente de 600 livres accordée à la même dame Girard, née Bouchardon, en considération du chef-d'œuvre de feu son père. Ajoutons que Pigalle, auteur du piédestal, ne recevait pas moins de 6.000 livres de pension en considération de la perfection des figures dudit piédestal ; et que le fondeur Erschmann avait été gratifié aussi d'une rente de 500 livres.

§§ 7 et 8. — La Ville payait deux sortes de rentes viagères : les rentes provenant de fonds qu'on avait placés sur elle à viager, les rentes qu'elle assurait soit comme indemnité d'un dommage causé, soit encore pour la cession d'une maison ou d'un terrain. C'est ainsi qu'elle versait viagèrement

1.010 livres aux propriétaires d'échoppes et étalages sur le Pont-Neuf, supprimés en 1756 comme gênant la circulation; — 600 pour l'acquisition des plans de l'abbé de la Grive; 1.600 pour des livres et plans cédés à la Bibliothèque de la Ville ; 600 livres encore à la dame veuve du sieur Tauxier, avocat au Parlement, en considération des legs faits par lui à la même bibliothèque ; — enfin 8.000 livres à l'architecte Gabriel.

§ 9. — Les pensions, un peu différentes des rentes viagères, étaient destinées à récompenser de vieux serviteurs pour lesquels aucune caisse de retraite n'existait alors. C'est à ce titre que nous trouvons dans le budget 2.000 livres au sieur Duparc, en considération de ses services comme maître d'hôtel de la Ville, 1.000 livres au sieur Damun, ancien contrôleur des magasins, 200 livres à la demoiselle Geneviève-Nicole Helleron, à cause des services du feu sieur Helleron, son père, chef de cuisine du maître d'hôtel de la Ville.

Certaines pensions seraient plus difficiles à justifier aujourd'hui, notamment la pension de 1.500 livres servie au sieur Dumeine de Fiennes pour être venu annoncer la naissance du feu duc de Bourgogne; mais alors ces gratifications magnifiques aux porteurs de bonnes nouvelles intéressant la famille royale étaient pour ainsi dire des droits et les messagers étaient toujours choisis en conséquence.

Nous voici arrivés (articles 12, 13, 14, 15, 16, 17, 18 et 19) aux sommes spécialement consacrées dans le budget municipal aux officiers du Corps de Ville. L'article 12, *gages et taxations fixes*, ne nous donne guère l'idée de ces sommes relativement considérables ; il faut remarquer en effet que, comme dans tous les offices de judicature du temps, les gages fixes restés stationnaires depuis des siècles étaient absolument illusoires ; les ressources réelles provenaient des taxes, droits, épices, frais de logement qui, en se réunissant, finissaient par former un total assez respectable. C'est ainsi que nous constatons que le Procureur général du Parlement, Conseiller-né en l'Hôtel de Ville, n'a pour gages, en cette qualité, que 10 livres, le Procureur et Avocat du roi 800 livres ; mais un peu plus loin, nous trouvons que cet Avocat du roi jouissait d'une indemnité de logement de 3.000 livres.

L'article 15, droits et honoraires des officiers du Bureau et du Corps de Ville, porte une somme de 360.000 livres « pour les droits et honoraires des Prévôt des Marchands et Echevins, Procureur et Avocat du roi, Greffier en chef, ancien Prévôt des Marchands et des deux Echevins derniers retirés, Conseillers, Quarteniers et autres officiers de l'Hôtel de Ville pour les deux années, d'août 1774 à pareil mois 1776, conformément aux fonds de 180.000 fixés par année par le règlement de la Ville et suivant les états arrêtés par le bureau de la Ville ».

Ces droits se décomposent ainsi :

1° Aux Prévôts des marchands et Echevins, Procureurs et Avocats du roi, Greffier en chef. — Droits fixes de toute ancienneté sous la dénomination de robes de Toussaint et de Pâques, droit du premier jour de l'an, droit d'après la mi-août, scrutin de l'élection, etc., 195,960, pour deux ans.

2° A l'ancien Prévôt des marchands et aux deux Echevins retirés, 40,000 pour deux ans.

3° Au Gouverneur de Paris, aux Conseillers, Quarteniers et autres officiers : menus droits d'étrennes, collation du jour du feu de la Saint-Jean-Baptiste, flambeau de retour des cérémonies, 20.268.

N'oublions pas (article 16) les indemnités accordées par ordre du roi au Prévôt des marchands et aux Echevins à chaque événement extraordinaire, sous le nom de robes de velours et de deuil. Ces indemnités figurent dans le budget pour la somme de 54.300 livres, « montant des robes de velours et de deuil qui ont été accordées par le roi aux officiers du bureau de la Ville pour les causes ci-après, suivant les brevets de Sa Majesté à raison de 1.200 livres par robe de velours pour le Prévôt des marchands, et de 600 livres pour chacun des autres officiers du bureau et de 600 livres par robe de deuil pour le Prévôt des marchands et de 300 livres pour les autres officiers. »

Voici, d'après notre Budget, les événements qui ont donné lieu auxdites robes :

1° *Robes de velours.*

Venue du roi à Paris (1774); entrée à Paris de M. le comte d'Artois (1775); sacre et couronnement du roi (1775); compliments et présents faits à madame Clotilde sur son mariage avec le duc de Piémont (1775); présents faits à l'ambassadeur de Sardaigne à cause dudit mariage (1775); entrée à Paris de madame la comtesse d'Artois (1775).

2° *Robes de deuil.*

Décès de la reine de Danemark (1775); décès de madame la princesse de Conti (1775); décès de M. le comte d'Eu (1775); décès du duc régnant des Deux-Ponts (1775); décès de la princesse de Saxe-Gotha (1776); décès de la grande duchesse de Russie (1776); décès de la douairière du Margrave de Baden-Baden (1776); décès de M. le prince de Conti (1776).

Il convient d'enregistrer encore, parmi les sommes perçues par le corps de Ville, ses parts dans la distribution des jetons de la Prévôté (1). Le Budget

(1) Ces jetons qui, par leurs inscriptions et leurs devises, rappellent tous les événements importants et indiquent les préoccupations de chaque époque, présentent un réel intérêt pour l'histoire de Paris. La Ville leur a consacré un volume de sa grande collection de documents. Ce travail, publié par le service historique d'après les manuscrits de feu d'Affry de la Monnoye, reproduit tous

dont nous nous occupons inscrit une somme de 50.255 livres pour la dépense des jetons d'argent des deux années de la 2ᵉ prévôté du sieur de Lamichodière, tant pour étrennes au roi, aux ministres

Les Boutiques du Pont-Neuf.

et autres personnes en place, que pour droits de présence des officiers du Corps de Ville aux assemblées à l'Hôtel de Ville et cérémonies publiques

les types de *jetons de l'échevinage parisien* que l'auteur avait pu recueillir et que possède aujourd'hui le musée Carnavalet.

suivant les états arrêtés au Bureau de la Ville et les mandements expédiés en conséquence les 27 janvier, 7 et 14 février et 24 mars 1775, 9 février et 2 avril 1776.

Le Gouverneur de Paris touchait de la Ville 40,000 livres par an et une indemnité de logement de 15,000 livres, non comme appointements fixes, mais sous le titre : « Présents et fournitures d'usage à M. le Gouverneur. » Il jouissait, en outre, de nombreux privilèges dont quelques-uns non moins productifs qu'honorifiques ; par exemple, celui de donner à jouer dans son hôtel en dépit des ordonnances.

Nous avons cru devoir insister sur ces chiffres qui aident à déterminer l'exact caractère des officiers du Corps de Ville ; caractère qui, sans être complètement administratif, se rapproche plus des offices de judicature que des fonctions municipales telles que nous les comprenons de nos jours.

Il convient de constater également que ces émoluments, droits ou indemnités qui étaient sans doute pour certains magistrats un avantage réel, ne représentaient pour les autres qu'une très faible compensation aux dépenses auxquelles les entraînait le désir de tenir dignement leur rang de Prévôt des Marchands. Certaines Prévôtés, en effet, laissèrent dans l'esprit des Parisiens un souvenir éclatant et durable, comme la magnifique Prévôté de Michel-Étienne Turgot, qui fit exécuter le plan superbe qui porte son nom et publia l'*Armorial de la Ville* et la splendide *Relation des fêtes du mariage de madame Élisabeth de France*. Quand le titulaire était grand, désintéressé, libéral, ces charges devenaient réellement des *charges* dans l'acception complète du mot. Il se produisait pour ces fonctions ce qui se produit encore pour les fonctions du Lord Maire de Londres, lequel reçoit près de 500.000 francs pour frais d'installation et trouve généralement moyen de dépenser un ou deux millions de ses deniers pendant la durée de sa magistrature.

Les articles 21, 22 et 23 (appointements, gages, gratifications) concernent les employés de la Ville, mais ne nous apprennent rien de positif pour l'organisation intérieure des bureaux. A vrai dire, cette organisation n'existait pas alors ; du moins telle que nous la comprenons de nos jours, avec des appointements établis suivant l'ordre hiérarchique, un avancement régulier, une classification uniforme. Nous trouvons dans ce Budget un *secrétaire de bureau* du Prévôt des Marchands, ce que nous appellerions aujourd'hui un chef de bureau, à 5.150 livres, un autre à 1.450. Le premier commis du bureau du greffe touche 3.570 livres, le second 1.200, le troisième 1.150, et le garçon de bureau

500. Le premier commis du bureau des comptes de la Ville a 2.000 livres, un commis rédacteur 1.500, un autre, pour même fonction, 1.200 ; deux expéditionnaires ont, l'un et l'autre, 800 livres.

Les gratifications jouent un grand rôle, et très souvent tiennent lieu d'appointements fixes. Il semble que l'habitude était prise de ne payer les employés qu'à la tâche ou après l'exécution d'un travail déterminé. Nous savons, par exemple, du moins d'après une indication presque certaine, à combien revenait l'établissement du Budget que nous analysons. Nous lisons, en effet, cette mention : « Aux commis employés à la formation et aux expéditions du Compte au Roi, de 1772 à 1774 : 2.987 livres. » Le présent Compte au Roi, de 1774 à 1776, aura vraisemblablement été payé le même prix.

Devant l'emploi du directeur des Archives, nous rencontrons cette note singulière : « Il n'a rien de fixe, mais il lui est accordé des gratifications extraordinaires, cy pour les deux années de ce compte, « néant. »

Mentionnons encore : un portier de la grille de la place Louis XIII, 150 livres ; un balayeur de l'intérieur de la grille de la place Louis-le-Grand, 50 livres ; un gardien de la place Louis XV, 450 livres.

La garde sédentaire de l'Hôtel de Ville, composée de deux officiers, deux sergents, vingt-quatre gardes et un tambour, ne revient (gratifications comprises) qu'à 37.615 livres pour deux ans.

L'article 24 (Dépenses de toute nature pour la Bibliothèque de la Ville) est intéressant à plus d'un égard ; il nous montre que cette bibliothèque, en se réfugiant à l'hôtel Carnavalet après l'incendie de 1871, ne faisait, en quelque façon, que revenir sinon à son ancien domicile, du moins à son ancien quartier.

La bibliothèque municipale n'était encore qu'à l'état embryonnaire quand, en 1759, un bibliophile passionné, Antoine Moriau, procureur du roi, près la juridiction de la Ville, lui légua ses précieuses collections qui contenaient près de 20.000 ouvrages et pièces sur Paris et tous les manuscrits provenant du fonds des savants Godefroy. Moriau habitait, rue Pavée, un vaste appartement dans l'hôtel Lamoignon.

Le Corps de Ville décida que la bibliothèque ne serait pas déplacée et renouvela, pour neuf années, moyennant 6.000 livres par an, le bail du logement du donateur. En 1772, ce loyer parut sans doute un peu élevé, et la Ville s'entendit avec les Génovéfains qui s'étaient installés après l'expulsion des Jésuites dans l'ancienne maison professe des Révérends Pères, rue Saint-Antoine le lycée Charlemagne actuel). Par un accord intervenu le 23 septembre 1772,

Le Marché-Neuf.

le loyer que la Ville avait à payer pour sa bibliothèque était réduit à 1.200 livres par an; mais après le décès du bibliothécaire titulaire, son successeur devait être choisi parmi les Génovéfains.

L'article 24 donne pour la bibliothèque un total de dépenses de 10.194 livres pour deux ans, le loyer des salles de la maison de la Culture Sainte-Catherine, 2.400 livres; appointements du bibliothécaire (1) 2.000. Le bibliothécaire adjoint reçoit 1.000, un employé 400, un portier 150, un frotteur et épousseteur (gages, ustensiles, habillement), 330 livres.

Nous avons suffisamment mis en lumière ce qui, dans ce Budget, était susceptible de nous renseigner sur les travaux d'édilité entrepris par la Ville; nous n'insisterons donc pas sur les réparations, réédifications, frais d'entretien.

Le chapitre 37, *diverses dépenses occasionnées par les événements*, accentue d'une façon précise un des côtés de l'administration municipale d'alors; il nous rappelle, à l'aide de quelques chiffres, ces fêtes si fréquentes dans le vieux Paris : feux d'allégresse, entrées de souverains, cérémonies à l'occasion de mariages princiers, auxquelles nous avons consacré un ouvrage spécial (2); il nous montre la bonne

---

(1) Le bibliothécaire était alors Pierre Bouquet, neveu du savant bénédictin dom Bouquet; le sous-bibliothécaire était l'abbé Hubert Pascal Ameilhon qui transféra plus tard à l'Institut, en vertu d'un droit difficile à justifier, tout ce précieux fonds de la première bibliothèque de la Ville.

(2) *Les Fêtes nationales de la France*, 1 vol., librairie Ludovic Baschet.

ville représentée par ses Prévôts des Marchands et ses Échevins, prenant sa part de toutes les joies et de toutes les tristesses de la famille royale, entretenant avec les grands personnages de l'État non point seulement des rapports froidement officiels, mais des rapports de cordialité qui se traduisent par ces petits cadeaux qui, dit le proverbe, alimentent l'amitié.

Voici d'abord 425 livres restant des dépenses de la neuvaine pour la maladie de Louis XV ; 78 livres pour corrections à l'impression du frontispice de l'oraison funèbre prononcée à Saint-Jean-en-Grève.

Les maladies de la famille royale et des principaux personnages de l'État ont une rubrique spéciale. Nous trouvons un total de 637 livres pour « frais de voyage à l'occasion de l'indisposition de la Reine; rougeole de Monsieur et de M. le comte d'Artois; couches de Mme la comtesse d'Artois; indisposition de Mme Adélaïde ; maladie de M. le prince de Conti; indisposition de M. le Gouverneur, de M. le duc de Brissac, de M. le duc de la Vrillière, de M. le comte de Maurepas, de M. Turgot, de M. le Prévôt des Marchands et autres officiers du Bureau de la Ville. »

« L'arrivée du roi à Paris, le 12 novembre 1774, pour rétablir le Parlement, le transport et la décharge de l'artillerie de la Ville et les terrines de suif, pour ledit jour, » reviennent à 735 livres.

Les mariages et les naissances sont l'occasion de divers déboursés. Le mariage de Mme Clotilde coûte à la ville 8.704 livres. On compte 1.095 livres pour une tabatière d'or enrichie des portraits de M. le comte et de Mme la comtesse d'Artois, donnée par la Ville au comte d'Igny, lieutenant des gardes de ce prince, pour être venu faire part de la naissance du duc d'Angoulême. Parmi les présents aux personnes en place, notons : les écritoires offertes, selon l'usage, à M. d'Aguesseau et à M. Joly de Fleury, avocat général du Parlement, et une tabatière d'écaille bordée d'or au major des gardes de M. le gouverneur.

La réception de M. le duc de Cossé au gouvernement de Paris, le 4 mars 1775, grève la Ville de 8.077 livres.

Les émeutes populaires ont aussi un sous-chapitre particulier qui se divise ainsi : « Chandelles et terrines de suif pour le détachement des Invalides qui a séjourné dans l'Hôtel de Ville, en may 1775, à cause d'un mouvement séditieux, 9 livres; — aux officiers et gardes de la Ville, à cause de leur service à compter du 3 may, jusques et y compris le 27 may, 17.782.860 livres; — renouvellement des fusils des gardes de la Ville, 9.518 livres. »

N'oublions pas certaines dépenses de bienfaisance, comme distribution de bois à cause de la rigueur du froid, et chauffage public devant l'Hôtel de Ville : 6.137 livres,

Nous sommes arrivé à la fin de notre examen de ce budget qui se traduit par un excédant de recettes, ainsi que nous pouvons nous convaincre en parcourant le résultat définitif.

RÉSULTAT DU PRÉSENT COMPTE

La recette générale monte à 10.068.730 livres.
La dépense et la reprise à 9.320.330 livres.
Partant, la recette excède la dépense et la reprise de 748.400 livres.
De laquelle somme de 748.400 livres il sera fait recette dans le compte prochain de la prévôté, de 1776 à 1778.

Il n'est point sans intérêt peut-être de reproduire les termes par lesquels ce Compte de deux années est définitivement arrêté. Nous lisons à la fin du volume :

Nous, Prévôt des marchands et Échevins de la Ville de Paris, conseil particulier établi par édit de mil sept cent soixante-sept, et commissaires de ladite ville nommés par arrêt du Conseil d'État du dix-neuf décembre dudit an mil sept cent soixante-sept, avec le procureur du roi et de la ville, en exécution du règlement ordonné par Sa Majesté sur l'administration de ladite ville par arrêt de son Conseil, des vingt et douze dudit mois de septembre mil sept cent soixante-sept, conformément aux ordres du roi, du six mars mil sept cent soixante-quinze, sur la forme du présent compte, présentons au roi et certifions véritable à Sa Majesté le présent budget de compte de gestion et administration des biens, droits et revenus et dépenses ordinaires et extraordinaires de son Hôtel de Ville de Paris, et la charge des revenus pendant deux années du mois d'août mil sept cent soixante-quatorze à pareil mois mil sept cent soixante-seize de la seconde prévôté de M. de la Michodière et de l'échevinage de MM. Boucher, Étienne, Vernet, Trudon, Rœttiers, de la Tour et Angelesme de Saint-Sabin; étant M. Jollivet de Vannes avocat et procureur du roi et de la ville; M. Taitbout, greffier en chef, et MM. Martel et Charlier, anciens échevins et commissaires de la ville; contenant le présent bref état de compte, quatre-vingt-dix-neuf pages, y compris la présente.

« Fait à l'Hôtel de Ville, en la chambre du Conseil, le trente avril mil sept cent soixante-dix-huit. »

Au bas de cet acte, nous déchiffrons la signature de la Michodière et celles de MM. Levé, Chapuis, Daval, Guyot, Fraguier, Dubos, Jollivet de Vannes, Mercier, L'Empereur, Martel, Charlier. Le roi a mis de sa main : « Approuvé : Louis. »

Le Compte particulier annexé à ce Budget, compte spécialement consacré aux rentes sur la Ville, se monte à 4.771.006 livres pour la recette, et à 4.628.028 pour les dépenses et la reprise. La recette excède donc la dépense et la reprise de 142.978 livres.

Ce Budget des rentes sur la Ville, compliqué par

le système financier de l'ancien régime, demanderait, pour être élucidé complètement, un chapitre spécial. Il faudrait même, pour mener à bonne fin un tel travail, une compétence économique que nous avouons ne pas posséder. En nous efforçant de faire connaître dans tous ses détails le Budget de la Ville *il y a cent ans*, nous avons été presque exclusivement préoccupé de mettre en relief le fonctionnement de la vie municipale au XVIIIe siècle. Nous avons examiné avec soin ces comptes curieux à plus d'un égard pour la lumière qu'ils projettent sur les traditions, les mœurs, les travaux d'édilité de l'antique cité. En un mot, c'est surtout un fragment de l'histoire de Paris que nous avons cherché à lire dans ces chiffres, où d'autres pourront trouver une page très instructive de l'histoire financière de la France...

Le budjet de la première Commune

Après avoir étudié le Budget de la Ville sous la monarchie, il n'est pas sans intérêt de jeter un coup d'œil sur ce que devient ce Budget pendant la première Commune de Paris. Nous avons pour entreprendre cette tâche un guide excellent et peu connu : *Le compte rendu par Denys-Marie Armand, trésorier provisoire de la Commune des recettes et payements qui ont été effectués à la caisse de la Commune, depuis le 20 Ventôse jusqu'au 20 Thermidor de l'an II, époque de la cessation de cette caisse.*

On trouvera, je l'affirme, quel-

que enseignement utile en suivant attentivement le compte rendu de ce brave caissier qui, en quelques pages d'introduction, éprouve impérieusement le besoin d'expliquer comment il a pu sauver la caisse et établir cette fameuse balance qui est le rêve de tous les comptables. Une telle chose faite en de tels jours, lui paraît tellement extraordinaire à lui-même, qu'il recourt dès le début à des précautions oratoires. « Un compte rendu est déjà une chose
« rare; un compte rendu par le trésorier de la
« Commune de Paris paraîtra une chose étrange.
« L'homme prévenu lira le titre, rejettera l'ouvrage
« et dira : c'est une chose impossible; l'homme
« impartial contrôlera les calculs, lira les pièces et
« pourra, je le dis avec franchise, s'étonner de
« l'ordre et de l'exactitude scrupuleuse, minutieuse
« peut-être, du comptable et de la sincérité du
« compte. »

On comprend la stupéfaction que Denys-Marie Armand éprouva devant ce résultat, quand on réfléchit à l'effroyable multiplicité des nécessités auxquelles la Commune de Paris dut faire face. Laissons le caissier lui-même énumérer les charges de toutes sortes qui pesaient sur la caisse de l'Hôtel de Ville; ses explications nous feront connaître, sinon dans son ensemble, au moins par certains côtés, le système financier de l'époque révolutionnaire.

« La famine et l'anarchie, dit le trésorier de la Commune, menacèrent la liberté dès son berceau; il fallut s'occuper sur-le-champ de nourrir cette ville immense et d'organiser sa milice; il fallut des fonds; alors le trésorier de la Commune fut mandé au Conseil et présenta pour la première fois son état de situation. »

Dès lors, la Municipalité se trouva chargée du soin de l'approvisionnement et de l'armement de Paris, et le trésorier de la Commune de ce double service.

Pour subvenir aux dépenses énormes qu'exigeait la situation, les fonds qui se trouvaient en caisse, les revenus de la Ville, les sols additionnels qui furent accordés depuis, furent insuffisants, et le Gouvernement vint au secours de la Municipalité. Cet ordre de choses dura plusieurs années.

La loi du 11 septembre 1793 fut rendue; elle porte, chapitre XXVIII : « Toutes les dettes des « communes, jusques et compris le 10 août 1793, « sont déclarées dettes nationales, » et l'art. 29 dit : « Tout l'actif des communes, pour le compte des- « quelles la République se charge d'acquitter les « dettes, appartient dès ce jour à la nation. »

Cette loi débarrassait la Municipalité d'une dette immense; mais pour subvenir aux dépenses courantes de l'administration, il ne restait à la Municipalité que les sols additionnels. Le corps municipal sollicita auprès des Comités de Salut public et des Finances des avances imputables sur cet objet; il fut accordé différentes sommes pour lesquelles le trésorier de la Commune rendit compte directement et journellement à la Trésorerie nationale sur pièces justificatives.

La Convention nationale, par son décret du 24 vendémiaire an II, chargea le trésorier de la Commune de Paris de continuer l'acquittement des arrérages de rentes constituées sur l'ancien domaine de la Ville, quoique alors ces rentes fussent devenues nationales; d'en faire la liquidation, de retirer les contrats et titres de propriété, de délivrer aux propriétaires le certificat de remise de titres et ceux d'arrérages échus; le tout en exécution de la loi qui, à cet égard, assimilait la comptabilité du trésorier de la Commune à celle des payeurs de rentes de la République.

Depuis le 11 septembre 1793, le trésorier de la Commune continua de payer non-seulement les dépenses communales, mais encore celles qui étaient confiées à la Municipalité par délégation du gouvernement, telles que :

La solde et la fabrication des javelots, l'achat et réparation d'armes, la solde de la garde nationale en réquisition;

La lumière et le chauffage des postes de barrières et maisons d'arrêt ;

Les dépenses relatives aux commissions établies dans les sections pour la perception de l'emprunt forcé ;

Les dépenses concernant les gardiens des archives des anciens tribunaux ;

Les comités révolutionnaires ;

Les frais pour l'extraction des cercueils de plomb ;

Les frais du

Les Postes de barrières.
(Barrière Saint-Martin.)

bureau établi près de la Municipalité pour recevoir les déclarations de l'actif des émigrés condamnés et étrangers ;

La distribution des secours aux familles des militaires au service de la République ;

La distribution des secours aux indigents des sections, en vertu du décret du 13 pluviôse ;

Et plusieurs dépenses de cette espèce qui ne peuvent être considérées comme municipales et pour lesquelles il devait être fait des fonds particuliers. Le 7 germinal an II, un arrêté du Comité de Salut public chargea l'agence de subsistances militaires du soin d'approvisionner Paris de certaines espèces de denrées. La Municipalité devait en recevoir le produit et l'inscrire à la Trésorerie nationale au compte de la commission de commerce et d'approvisionnement.

Par un second arrêté du 30 germinal, Paris étant considéré comme ville en état de siège, son approvisionnement fut exclusivement confié à la commission de commerce et approvisionnement

L'Éclairage.
(Réverbère du XVIII° siècle.)

de la République, l'agence des subsistances militaires fut chargée des achats de bestiaux et autres marchandises pour être livrées à l'administration de la Commune.

On le voit, ce n'était pas une sinécure que de tenir au milieu d'une crise comme celle-là, la comptabilité d'une administration aussi écrasée d'attributions diverses. Mille détails, mille complications naturelles, à un moment de désorganisation et de réorganisation en même temps, venaient s'ajouter à ces embarras, déjà si nombreux. Quelques-uns de ces détails ont leur prix au point de vue de l'histoire de Paris, et montrent d'une saisissante façon, quels changements en moins d'un siècle, se sont produits dans l'existence de la grande cité.

Nous avons indiqué quelle était dans son ensemble l'effroyable multiplicité des besoins auxquels la Commune de Paris devait faire face, le nombre des services dont elle était chargée. Il nous reste, guidé par Denys-Marie Armand, le caissier scrupuleux, à entrer dans les détails de cette administration.

Les recettes se composaient de fonds fournis par le gouvernement, de la vente des farines, blés, avoines, beurre, œufs et fromages; du produit de ventes d'immeubles et d'objets mobiliers, des patentes, des saisies et confiscations, des expéditions des actes des anciens tribunaux et des actes constatant l'état civil, etc., etc. Le total de ces recettes dans le laps de temps que nous avons indiqué se montait, pour le chapitre des subsistances, à 28.130.581 livres 2 sols, 3 deniers ; pour le chapitre domaines et forêts, à 4.360.800 livres, 20 sols, 7 deniers; total : 325.013.82 livres, 2 sols, 2 deniers.

Ce qui, dans le budget des dépenses, paraît grever le plus la Commune est l'approvisionnement de Paris. Les sommes payées aux receveurs de districts pour être employées aux achats et aux transports de grains, farines, grenailles et riz s'élèvent à 12.461.000 livres.

Les achats et réparations d'armes, et les secours militaires prennent une part moins considérable qu'on ne l'aurait cru du budget de la Commune de Paris. Ces dépenses n'atteignent point, du 20 ventôse au 20 thermidor an II, au delà de 300.000 livres. L'état-major, ainsi qu'il est naturel, figure pour une large part dans ce résultat, si nous en jugeons par le chapitre XLV. « *État-*« *Major :* Payé pour « appointements aux « officiers composant l'état-major de la « garde nationale, adjudants des sections, institu-« teurs des canoniers, du 1ᵉʳ ventôse au 30 mes-« sidor, 80.000 livres, 6 deniers. »

Les cannes à pommes d'argent coûtaient cher à cette époque, puisqu'on paye 451 livres, 2 deniers pour « achat de quatre cannes à pommes d'argent « pour les tambours-majors. »

Il paraît aussi qu'en réclamant un traitement pour des fonctions, dont l'honneur jusqu'ici était d'être gratuites, certains Républicains ne font que suivre la tradition révolutionnaire, car le chapitre XC s'intitule : *Indemnité aux officiers municipaux.* Nous y voyons que, du 20 floréal au 30 messidor, le maire de Paris reçoit 14.000 livres. Le total du chapitre se monte à 316.130 livres, 7 sols, 6 deniers.

En revanche, le traitement des commissaires de police n'avait alors rien d'exorbitant; voyez plutôt : « Payé aux commissaires de police des quarante-« huit sections de Paris pour portion de leur traite-« ment de l'an II, à raison de 3,000 livres par an « pour chacun, ci 57.975 livres. » Les officiers de paix recevaient un traitement égal à celui des commissaires de police.

Ce qu'on appelait le civisme, par exemple, était en ces temps-là suffisamment rétribué : être citoyen équivalait à une profession. Les membres des comités révolutionnaires de chaque section touchaient cinq livres par jour. L'assistance aux assemblées de sections donnait droit à quarante sols. Voici, au surplus, le chapitre XCVI, qui est ainsi libellé :

Payé aux commissaires des sections ci-après désignées, montant de l'indemnité de 40 sols accordée aux citoyens ne vivant que du travail de leurs mains, et qui ont assisté aux assemblées générales desdites sections.

La note de cet empressement patriotique s'élève à 1.394.433 livres, 5 sols, 7 deniers.

Voici, en passant — à titre de curiosité — le nom des 48 sections entre lesquelles était partagé Paris : les Tuileries, les Piques, les Champs-Élysées, Montblanc, la République, faubourg Montmartre, Poissonnière, Brutus, Le Peletier, Guillaume-Tell, Contrat-Social, La Montagne, Bon-Conseil, Bonne-Nouvelle, Bonnet-Rouge, Mucius-Scevola, Unité, Révolutionnaire, Museum, Lombards, Arcis, Arse-

Drapeaux de sections. (Musée Carnavalet.)

nal, Maison-commune, Fraternité, Cité, Marat, Chaslier, Panthéon, Finistère, Observatoire, Amis de la Patrie, Gravilliers, Réunion, L'Homme-Armé, l'Indivisibilité, Faubourg du Nord, Bondy, Temple, Popincourt, Montreuil, Quinze-Vingts.

A côté de ces dépenses un peu fantaisistes, la Commune de Paris avait à solder des dépenses d'édilité plus sérieuses; l'entretien du pavé, l'enlèvement des boues, terre et gravois, etc. Le sieur Fricault, chargé de *l'illumination* des rues de Paris, reçoit, pour le service des mois de février et de mars 1794, 187.159 liv., 3 sols, 9 deniers.

Les fêtes, on le sait, avaient un rôle dans l'histoire de cette époque et à certains jours les charrettes funèbres ne sortaient point et cédaient la place à des chars figurant l'Agriculture ou le Malheur honoré, qu'en grande pompe accompagnaient tous ces élèves de Rousseau, ces *naturistes* qui chantaient l'âge d'or les pieds dans le sang, et qui tuaient comme les Allemands bombardent, en levant au ciel des yeux noyés par un poétique vague à l'âme.

Ces fêtes néanmoins ne paraissent point avoir été bien coûteuses, si on en juge par le chapitre ci..

Payé à de Launay, transport de terre au champ de la Fédération, lors de la reprise de Toulon, 90 livres.

A divers pour fournitures de guirlandes, flambeaux, terrines, lors de la fête de l'inauguration du temple de la Raison, 569 livres 9 sols.

A divers pour fournitures de guirlandes, bannières, jalons, toiles, etc., lors de la fête des martyrs de la Liberté, 2.569 livres 18 sols 11 deniers.

Ces chapitres divers atteignaient un total de 32.501.381 livres, 14 sols, ainsi répartis : 21.701.977 livres, 13 sols, 5 deniers pour les subsistances ; 764.340 liv., 17 sols, 7 deniers pour la police ; 9.047.033 livres, 6 sols, 6 deniers pour les finances et le domaine ; 988.029 livres, 16 sols, 6 deniers pour établissements et travaux publics.

Résumé :

La recette monte à........	32.501.382 liv. 2 s. 2 d.
La dépense à............	32.501.381 liv. 14 s. »
Le comptable doit pour balance.	» 0 liv. 8 s. 2 d.

En versant ces 8 sols 2 deniers de déficit à la trésorerie nationale, j'imagine que Denys-Marie Armand dut pousser un soupir de satisfaction... *Exegi monumentum*, s'est dit le parfait caissier. Il avait raison : c'est le concours de ces braves gens, inconnus et perdus dans leur coin, fidèles jusqu'à la manie à leur obscur devoir, héros à manche de lustrine et à lunettes d'or, qui sauve la caisse et quelquefois la Patrie; ce sont eux qui rendent les révolutions moins ruineuses; c'est grâce à eux que la machine gouvernementale ne subit jamais d'irréparables désastres, et qu'aussitôt après les plus terribles tourmentes l'ordre se rétablit partout.

TROISIÈME PARTIE

ALEXANDRE LENOIR
et le
Musée des Monuments français

L'Inventaire *général des richesses d'art de la France* a eu pour but de classer définitivement les trésors innombrables disséminés dans un pays, riche de tant de souvenirs. A cette entreprise se rattache trop intimement le nom d'Alexandre Lenoir, et sa fondation, trop éphémère du *Musée des monuments français*, pour qu'il ne soit pas intéressant d'étudier l'œuvre de ce savant modeste et de cet homme dévoué auquel tant de merveilles doivent d'avoir échappé à la destruction et de figurer encore dans l'immense catalogue qui s'élabora sous la direction de M. de Chennevières.

Si la France artistique est aussi riche, c'est en effet à Alexandre Lenoir qu'elle en est redevable en partie. A la liste déjà bien longue des objets précieux qu'il sauva en les réunissant dans le couvent des Petits-Augustins, il faudrait, pour être complètement équitable envers la mémoire de Lenoir, ajouter les chefs-d'œuvre sans nombre qu'il sauva indirectement en créant ce mouvement de retour vers l'art d'autrefois, qui de nos jours atteint presque à l'exagération.

Ceux qu'on a appelés les Vandales révolutionnaires, furent de véritables Vandales en ce sens qu'ils ignoraient absolument la valeur de ce qu'ils jetaient à bas; mais cette ignorance pour les créations du passé, cette indifférence inconsciente n'était pas le fait de quelques-uns, elle était à peu près générale alors.

Pour le XVIIIe siècle tout entier, le Moyen Age avec sa hiérarchie admirable, sa foi touchante, ses violences instinctives, suivies parfois de si sincères repentirs, toutes ces traditions des ancêtres, glorieuses par tant de côtés, représentaient la barbarie.

Ces images naïves que les plus grands artistes en leurs meilleures inspirations seraient impuissants à égaler, n'avaient guère plus de mérite, aux yeux même des connaisseurs, que les Manitous informes sculptés par les sauvages de leurs mains hésitantes encore. Ces lointaines époques, toutes radieuses du soleil chrétien, étaient considérées comme des époques de nuit profonde, ou plutôt la vieille France, avec ses poëtes, ses artistes, ses chefs-d'œuvre, était descendue dans une crypte dont on soupçonnait à peine l'existence. On eût étonné beaucoup les contemporains de Lenoir en leur disant que nos antiques épopées valaient l'*Iliade* et laissaient bien loin derrière elle la *Henriade*, de M. de Voltaire; que Villehardouin, Joinville, Froissart, étaient supérieurs à Raynal et à Mably.

Rien ne protégeait donc contre les outrages ces œuvres d'art que les générations évanouies avaient accumulées partout, dans les palais, les châteaux, les abbayes. On frappait en eux les abus immédiats que ces monuments rappelaient; nul n'avait la plus légère notion des héroïsmes, des bienfaits, des vertus dont ils avaient été la magnifique expression.

Le spectacle de ces sacriléges avait douloureusement ému un élève du peintre Doyen, qui n'était encore connu que par quelques comédies de société et ses *Critiques raisonnées* des tableaux exposés au

Louvre, ce que nous appellerions des *Salons*. Lenoir conçut le projet d'arracher à la destruction la plupart des monuments menacés. M. de Larochefoucauld et Bailly s'intéressèrent à cette entreprise et un *comité d'aliénation* fut désigné qui ordonna de porter au couvent des Petits-Augustins les sculptures et les tableaux, au couvent des Grands-Jésuites, des Cordeliers et des Capucins les livres et les manuscrits.

Le député Grégoire publia trois rapports destinés à arrêter partout les dévastations commencées, et ces rapports furent envoyés à tous les départements à un nombre considérable d'exemplaires.

Enfin, le 4 janvier 1791, Lenoir, institué *gardien général*, prenait possession des Petits-Augustins. Autorisé désormais par le mandat des autorités révolutionnaires, il allait déployer cette intelligente initiative, cette persévérance jamais lassée, cette ardeur passionnée qui font accomplir des prodiges aux hommes assez heureux pour se trouver investis par les circonstances de la mission qui convient à leurs goûts, à leurs facultés, à leur nature d'esprit.

Ce couvent des Augustins occupé aujourd'hui par l'école des Beaux-Arts avait déjà une histoire qu'il convient de résumer en quelques mots.

A un certain moment de son existence agitée, Marguerite de Valois, au milieu d'un péril redoutable, avait renouvelé le vœu de Jacob : *Vovit etiam votum dicens, si fuerit deus mecum et custodierit me in viam per quam ego ambulo... lapis iste quam erexi in titulum vocabitur domus dei :* Marguerite avait juré que si elle s'échappait de la forteresse où Cardenial la retenait prisonnière, elle fonderait un monastère où les louanges de Dieu seraient chantées jour et nuit. A peine installée dans l'hôtel de la rue de Seine, Marguerite voulut accomplir son vœu. Elle fit d'abord tracer, sur le Pré-aux-Clercs, un jardin (1) qui rendit longtemps son souvenir cher aux Parisiens, elle faisait construire une chapelle en rotonde (*lettre de départ du chapitre*) qui subsiste encore en partie dans les bâtiments de l'école des Beaux-Arts, et chargeait les moines Augustins de desservir cette

(1) Ce *cours*, qui fut détruit quelques temps après la mort de Marguerite, ne figure que sur un seul plan de Paris, le plan de Mathieu Merian, qui est de 1615, plan sur lequel il s'appelle *Jardin de la reyne Marguerite*. Ce jardin paraît avoir été vivement regretté des Parisiens, qui venaient là se divertir le dimanche. On trouve la preuve de ces regrets dans une bien curieuse plaquette : *Les États-généraux tenus à la Grenouillère le 15, 16, 17 et 18 du présent mois de juin mil six cent vingt-trois, avec la résolution et closture desdits etats*. Dans cette petite brochure, on voit successivement défiler les bourgeois, les pauvres étudiants, *les paticiers oublicrs*, marchands d'eschaudés, de tartelettes et de darioles. Tous pleurent la *degradation des hallées de la reyne Marguerite* et exhalent leurs plaintes sur la disparition de ce jardin, où *chacun s'esgayait discretement, ayant l'étendue du lieu pour l'exercice, la verdure pour l'object de la récréation, et la liberté pour le symbole du contentement.*

chapelle. « Par contrat du 26 septembre 1609, dit Piganiol de la Force, la princesse donna, céda, quitta, transporta dès lors et à toujours par donation entre vifs et irrévocable aux PP. Mathieu de Sainte-Françoise et François Amet, acceptant pour les Carmes déchaussés, leurs frères, une maison contiguë à son palais dans le faubourg Saint-Germain et six mille livres de rentes perpétuelles, et promit de faire bâtir en cet endroit un couvent qu'elle voulut qui fût nommé le couvent de Jacob (1). »

L'inscription gravée sur la première pierre qui fut posée dès 1608 faisait connaître plus nettement encore les intentions de Marguerite de Valois. « Le vingt-un de mars mil six cent huit, la reine Marguerite, duchesse de Valois, petite fille du grand roi François, sœur de trois rois et seule restée de la race de Valois, ayant été secourue et visitée de Dieu comme Jacob et lors lui ayant voué le vœu de Jacob et Dieu l'ayant exaucé, elle a bâti et fondé ce monastère pour tenir lieu de l'autel de Jacob, où elle veut que perpétuellement soient rendues actions de grâce en reconnaissance de celles qu'elle a reçues de sa divine bonté, et elle a nommé ce monastère de la Très Sainte-Trinité et cette chapelle de louanges où elle a logé des Pères Augustins déchaussés. »

(1) C'est à cette circonstance que la rue Jacob doit son nom.

Plus tard, Marguerite se brouilla avec les premiers pères, parce qu'ils ne chantaient pas le plain-chant. Tandis que ceux-ci allaient fonder le couvent des Petits-Pères, qui a donné son nom à un des quartiers de Paris, des religieux Augustins de la réforme du P. Rabache prirent possession à leur place des bâtiments qui ne furent achevés que longtemps après la mort de Marguerite. On raconte, en effet, qu'à son lit de mort, Marguerite regardait par la fenêtre de sa chambre à coucher les constructions auxquelles on travaillait, et se désolait de les voir si peu avancées.

On le voit, le *Musée des monuments français* qui allait donner l'hospitalité à tant de chefs-d'œuvre de l'époque des Valois devait en partie son existence à une de ces princesses lettrées qui firent oublier bien des erreurs par la protection constante qu'elles accordèrent aux artistes.

Ce fut là que Lenoir recueillit les inestimables épaves de ce naufrage d'une société. Infatigable dans son zèle, audacieux dans ses revendications, attentif à tous les bruits de destruction qu'il entendait, il fut le véritable ministre de la République des arts en danger. Il lui fallait se prémunir contre tous les périls en même temps, étudier tous les prétextes, réclamer ici les statues en métal précieux qu'on avait déjà portées à la Monnaie, là un groupe de bronze avec lequel on voulait fondre des canons. Il était nécessaire qu'il fût partout à la fois : à Saint-Denis pour y recueillir les rois, en tous ces cimetières particuliers que l'on détruisait pour y veiller sur les cendres de Molière ou de La Fontaine, en ces inombrables couvents où la foule se précipitait, pour sauver des premières attaques tant de merveilles accumulées là depuis des siècles.

Protecteur unique de tant de glorieux suspects, il avait par toute la France des clients à défendre, et tandis qu'il essayait de préserver l'abbaye de Cluny, dont les trois cents manuscrits avaient déjà été mis au pillage, on plaçait un dépôt de poudre dans l'admirable réfectoire de Saint-Germain-des-Prés, qu'avait construit Pierre Montereau, et l'incomparable bibliothèque des Bénédictins s'abîmait dans les flammes.

Parfois, cette mission généreuse n'était pas sans exposer la vie de Lenoir, et il reçut un jour un coup de baïonnette en essayant d'arracher aux démolisseurs le tombeau de Richelieu, à la Sorbonne. Parfois aussi, par compensation, Lenoir dut ressentir des joies bien vives, quand il arrivait par exemple assez à propos pour empêcher la vente de deux statues de Michel-Ange (1) que se disputaient deux

(1) Ces deux *Captifs*, aujourd'hui au Louvre, avaient subi déjà bien des vicissitudes. Destinés d'abord au tombeau de Jules II, ils

brocanteurs, quand il découvrit un Raphaël au fond d'un grenier de Saint-Lazare.

Au commencement, Lenoir semble n'avoir eu qu'une préoccupation unique, accaparer le plus possible, entasser tout ce qu'il pourrait dans un lieu d'asile d'un nouveau genre où plus d'un portrait du Moyen Age retrouvait cette protection dont il

Entrée du Musée des Petits-Augustins.

avaient été donnés par Michel-Ange à un Strozzi, qui lui-même les offrit au connétable de Montmorency. Ils furent enlevés du château d'Ecouen par le cardinal de Richelieu qui les fit transporter dans sa terre de Richelieu, en Poitou. Le dernier maréchal de Richelieu les avait ramenés à Paris. C'est probablement d'eux que parle Bachaumont dans une lettre de Bachaumont citée dans les *Portraits intimes du XVIIIe siècle* de MM. de Goncourt; « Nous ne pourrions nous lasser, écrit Bachaumont au duc, en parlant d'une visite à son hôte, d'admirer vos belles statues et surtout avait été jadis le symbole respecté. On le voit revendiquant, réclamant au nom de l'État, achetant à bas prix tout ce qui était exposé à être brisé, et les sommes mêmes payées attestent le peu d'importance qu'on attachait alors aux œuvres du Passé. C'est ainsi que nous trouvons, dans un état des dépenses faites au Musée des monuments français, les indications suivantes :

« 20° Payé par moi au citoyen Honoré, propriétaire à Ecouen, pour l'acquisition des anciens portiques du château d'Ecouen : colonnes, bas-reliefs, frises, 500 francs.

« 21° Payé par moi à Mme de la Briffe, pour l'acquisition de six vitraux peints en 1600, par Nicolas Pinaigrier, 400 francs.

« 23° Acquisition des démolitions du château de Gaillon, achetées au citoyen Prevost, propriétaire, 400 francs.

« 25° Quatre bas-reliefs en marbre blanc, dont un par Jean Goujon, 500 francs. »

Il faut reconnaître que Lenoir méritait déjà l'éloge que lui décerna plus tard Napoléon : « Lenoir est le meilleur administrateur de mon empire ; avec rien il trouve moyen de faire quelque chose. »

---

celles de Michélange qui sont de la plus sublime beauté. » Au moment de la Révolution la veuve du maréchal avait fait transporter les *Deux Captifs* dans une maison du quartier du Roule.

Dans les premiers temps, cet immense magasin de bric-à-brac réuni dans ce couvent, dont les hôtes venaient à peine de sortir, devait présenter le plus singulier des aspects. Il ne déplaît pas à l'imagination de se figurer, dans sa confusion première, ce gigantesque fouillis où dix-huit siècles étaient représentés par leurs créations les plus éloquentes. Fragments d'autels à Jupiter et d'églises chrétiennes, sépultures gallo-romaines et tombeaux de grands seigneurs et de chevaliers, statues gothiques exprimant la foi des vieux âges, et chefs-d'œuvres de la Renaissance triomphant encore dans leur beauté païenne, débris de Clairvaux où pria saint Bernard, d'Anet où régna Diane de Poitiers, de Versailles où la Dubarry fut présentée, épaves des palais, des oratoires et des boudoirs ; tout cela racontait l'ancien monde dont les plus illustres représentants montaient sur l'échafaud. Un observateur fuyant le mouvement tumultueux de la rue aurait pu trouver là plus d'un sujet de méditations et demander à tous ces témoins des siècles écoulés l'explication des événements qui s'accomplissaient dans le Présent.

Quand la Révolution fut entrée dans une période plus calme et qu'il fut permis aux esprits de se recueillir et de se reprendre un peu, Lenoir eut le loisir de contempler dans son ensemble le butin qu'il avait conquis. Il paraît avoir été alors vivement frappé de l'enseignement que contenaient toutes ces merveilles du Passé arrachées par lui au néant. La pensée lui vint de classer toutes ces œuvres de siècles différents, de façon à ce qu'elles représentassent une synthèse harmonieuse pour les yeux et instructive pour l'esprit. « Une masse aussi imposante de monuments de tous les siècles, écrit-il lui-même, me fit naître l'idée d'en former un musée particulier, historique et chronologique, où l'on retrouverait les âges de la sculpture française dans des salles particulières, en donnant à chacune de ces salles le caractère, la physionomie exacte des siècles qu'elle doit représenter, et de faire refluer dans les autres établissements les tableaux et les statues qui n'auraient aucun rapport, soit à l'histoire de France, soit à l'histoire de l'art français. Je présentai ce plan au comité d'instruction publique, qui le reçut avec intérêt ; l'on m'engagea à en faire la lecture, et le résultat fut l'adoption du Musée particulier des monuments français. »

Quelque temps après, Benezech écrit à Lenoir :

« Le ministre de l'intérieur au citoyen Lenoir, conservateur du Musée des monuments français.

« J'ai pris connaissance, citoyen, des projets que vous avez présentés relativement à l'érection du dépôt des Petits-Augustins en musée des antiquités et monuments français et de l'arrêté du comité d'instruction publique du 19 vendémiaire dernier qui ordonne la formation de ce musée spécial.

« Je vous engage à tirer le meilleur parti du local qu'occupe le musée des Petits-Augustins en y déposant les objets dans l'ordre convenable, en suivant surtout l'ordre chronologique que vous annoncez dans votre plan.

« Le zèle que vous avez montré jusqu'ici m'assure que vous continuerez à mériter la confiance et l'estime que vous vous êtes acquis. »

Le Musée des monuments français fut ouvert au public pour la première fois le 15 fructidor an III (1er septembre 1795). Il était ouvert le 3 et le 6 de chaque décade, depuis dix heures jusqu'à deux, et le décadi depuis dix heures jusqu'à quatre.

Nous retrouverons toujours Lenoir, fidèle à cette préoccupation de rendre accessible à tous, non point seulement un musée, mais en quelque sorte une école où l'on pût suivre d'âge en âge l'histoire monumentale de la France.

Le visiteur qui entrait au Musée des monuments français par la rue des Petits-Augustins, devenue la rue Bonaparte, arrivait presque immédiatement, après avoir franchi une petite cour, dans la « salle d'introduction », l'ancienne chapelle conventuelle. Lenoir avait voulu que cette salle, qui était comme la préface de cette histoire monumentale de la France, présentât aux regards des œuvres de toutes les époques, des spécimens de tous les styles. Tandis que les fragments de l'autel élevé à Tibère qui se trouvent maintenant au musée de Cluny, rappelaient le souvenir de Lutèce, un bas-relief du VIe siècle, représentant Childebert et deux statues de Clovis et de Clotilde entourée du nimbe, appartenant à la même époque, montraient l'art tel qu'il était aux premiers jours de la monarchie française. Successivement on rencontrait là le tombeau de Blanche de Castille qui se trouvait à l'abbaye de Maubuisson, le tombeau élevé à Louis XI dans l'église Notre-Dame de Cléry, la Diane de Poitiers de Jean Goujon, les Trois Grâces de Germain Pilon et le tombeau de Mazarin par Coysevoix.

Les salles suivantes, celles du XIIIe siècle, du XIVe siècle, du XVe siècle, du XVIe siècle et du XVIIe siècle, étaient au contraire disposées pour qu'on put embrasser en quelque sorte d'un coup d'œil l'état des arts et le caractère même de chaque époque. On trouvait là les débris de la Sainte-Chapelle et les admirables statues d'apôtres heureusement sauvées de la destruction, la statue de Philippe le Bel et le tombeau en pierre de Louis, fils du duc d'Alençon. La salle du XVe siècle, une des plus riches en monuments, était ornée à l'entrée de colonnes venant du merveilleux jubé de Saint-Peyre de Chartres.

Ce monde étrange et farouche qui emplit de tant de violences mêlées à tant d'héroïsme la fin du Moyen Age, revivait presque tout entier devant le visiteur, soit qu'on regardât les statues de Jean le Bon, de Charles V, de Duguesclin, d'Isabeau de Bavière ou de la duchesse de Bedford enterrée aux Célestins, soit qu'on s'arrêtât devant le tombeau de Philippe de Commines et de sa femme Hélène de Chambre, soit qu'on étudiât le bizarre tableau que Lenoir attribue à Gringoneur, l'inventeur des cartes à jouer, tableau qui représentait toute la famille de Juvenal des Ursins, soit qu'on contemplât avec un respect pieux la statue en terre cuite de Jeanne d'Arc, un des rares portraits qui existent de l'héroïne française.

Dans la salle du XVIe siècle où partout s'entrelaçaient les chiffres amoureux et se tordaient les salamandres, l'Art apparaissait, rajeuni et transformé par la Renaissance. Tandis qu'aux murs étaient fixées quatre faïences incomparables de Bernard de Palissy, la statue de Catherine de Médicis au lit de mort, par Germain Pilon, l'urne sépulcrale (1) contenant le cœur de François Ier par

(1) Cette urne, d'un travail exquis, ornée de quatre bas-reliefs représentant la Peinture, la Sculpture, l'Architecture et la Géomé-

Bontemps, se mêlaient aux créations gracieuses que tant d'artistes illustres avaient semées dans toutes les demeures royales, dans tous ces châteaux des bords de la Loire hospitaliers aux belles choses comme la Cour elle-même.

La salle du XVIIᵉ siècle, dont les œuvres plus connues de tous excitaient peut-être moins de curiosité, contenait un grand nombre de monuments intéressants encore, comme le tombeau de Lebrun et de sa mère, venu de l'église de Saint-Maclou du Chardonnet, le tombeau de Colbert enlevé à Saint-Eustache, le tombeau que Girardon avait élevé à Louvois dans l'église des Capucines, la statue de Louis XIV, habillé en empereur romain, le buste de Turenne, par Coysevoix.

Toutes ces salles s'étendaient le long de l'ancien cloître des Augustins. Le cloître lui-même abritait bien des bas-reliefs, qu'il avait été impossible de placer dans l'intérieur, le tombeau de Gabrielle d'Estrées, et ce squelette d'albâtre longtemps attribué à Germain Pilon, qui réveillait chez les Parisiens

---

trie, avait été payée 60 livres à Pierre Bontemps, ainsi que nous l'apprend un extrait des registres de la Chambre des comptes que cite Lenoir. Nous trouvons dans ces mêmes registres l'indication du prix qu'on mettait aux merveilles de Jean Goujon. Par un contrat passé avec noble personne Mᵉ Philibert Delorme, abbé d'Ivry, Jean Goujon s'engage à exécuter pour le tombeau de François Iᵉʳ, *trois figures de Fortune* (trois allégories) et à fournir les ouvriers et les aides, le tout pour la somme de 1.100 livres.

A. LENOIR ET LE MUSÉE DES MONUMENTS FRANÇAIS

une des émotions de leur enfance. Ce squelette, en effet, était enfermé autrefois dans

Musée des Petits-Augustins. (Salle Moyen-Age.)

la tour *des bois* au cimetière des Innocents. On ne l'exposait au public qu'une fois l'an, le jour des Morts et cette apparition à une telle date avait je ne sais quoi de mystérieux et de funèbre que commentait l'inscription gravée sur le mur.

> Il n'est vivant tant soit plein d'art,
> Ni de force pour résistance,
> Que je ne frappe de mon dard
> Pour bailler aux vers leur pitance.

La Mort sous ces cloîtres n'avait point l'aspect lugubre que s'étaient efforcé de lui donner les peintres de ces danses macabres qui, au Moyen Age, sous le charnier des Innocents comme à Bâle, avaient montré la camarde conduisant son sinistre cortège. Bien plutôt se fût-elle révélée sous un aspect poétique et souriant telle que se la figurait l'antiquité. Du jardin du couvent, Lenoir avait fait un véritable Élysée, oasis pleine de verdure et de nids où la Nature servait comme de cadre aux chefs-d'œuvre du génie humain.

De quelque côté que le regard se portât, il n'apercevait que blanches statues se détachant au milieu d'un bouquet d'arbres, colonnes funéraires se dressant au détour d'une allée ombreuse. Ici étaient des saintes gothiques joignant les mains dans une ineffable extase auprès de quelque tombeau d'abbé ou de chevalier ; là des Muses inscrivant sur quelque livre de pierre les exploits d'un héros ; ailleurs l'urne contenant les cendres de Corneille, de La Fontaine et de Molière. Au fond, la façade de Gaillon, découpée à jour, étendait ses lignes gracieuses.

Sans doute, un tel parti pris de pittoresque amenait quelquefois de singuliers rapprochements et la tombe de Brizard, de la Comédie française, devait former un contraste saisissant avec la tombe du duc d'Alençon, tué à Crécy. Lenoir, dans son désir de constituer un ensemble poétique, avait été amené parfois à composer certains édifices de pièces et de morceaux rapportés et ces soudures manquaient souvent d'homogénéité ou dénaturaient un peu le caractère du monument. C'est ainsi qu'il avait pris pour en faire une fontaine la cheminée de l'ancien hôtel d'O, rue Vieille-du-Temple, et qu'il avait composé le tombeau d'Héloïse et d'Abeilard avec les débris d'une chapelle du Paraclet.

Il serait injuste d'en vouloir à cet homme d'une érudition si solide de ce qui n'était pas chez lui un manque de goût, mais le résultat au contraire de l'intelligence très nette qu'il avait de son époque. Il s'efforçait de parler à ce public nouveau pour lequel la civilisation du Moyen Age était plus fermée que la civilisation égyptienne ; à ces visiteurs de l'an V ou de l'an VI, qui ne connaissaient qu'une antiquité grecque et romaine très conventionnelle encore, il tenait avant tout à communiquer le sens de cet art français dont il était presque le seul à comprendre l'originale beauté.

Vous retrouverez Lenoir fidèle à ce système dans les publications nombreuses qu'il a consacrées au Musée fondé par lui, dans les *Descriptions historiques et chronologiques des monuments réunis au Musée des monuments français,* dans ce catalogue du Musée qui porte ce sous-titre expressif *ou Mémorial de l'histoire de France et de ses monuments.* Aujourd'hui quelques indications rapides seraient suffisantes, je ne dis pas pour les érudits, les artistes et les connaisseurs, mais même pour les ouvriers d'art qu'ont instruit tant de galeries ouvertes, tant d'expositions rétrospectives, tant de cours accessibles à tous. Il n'en était pas de même alors, et Lenoir s'en rendait parfaitement compte. En même temps que le monument, il lui fallait décrire en quelque sorte le personnage auquel le monument était élevé, mettre en relief l'artiste inconnu auquel ce monument était dû. Toutes ces grandes figures du Passé que les livres des historiens, les pièces des dramaturges, les fictions des romanciers ont popularisées maintenant et fait connaître à la foule, non point seulement dans leur caractère magnanime ou dissimulé, cruel ou généreux, mais encore dans les moindres traits de leur physionomie et jusque dans les détails de leur costume, toutes ces grandes figures ne rappelaient du temps de Lenoir qu'un nom vague auquel ne se rattachait nul souvenir précis.

En commentant son Musée, en l'expliquant, en y intéressant chacun, Lenoir défendait une création à laquelle il avait voué les meilleures années de sa vie. L'ouverture du musée central au Louvre enleva au dépôt des Petits-Augustins quelques-unes de ses richesses, mais, en attirant les œuvres qui ne répondaient point à la formule de Lenoir l'*histoire de France par les monuments*, contribua plutôt à rendre plus nette et plus simple la pensée première qui avait présidé à l'installation de tous ces chefs-d'œuvre dans un local unique.

Dans les catalogues parus sous le premier Empire, nous voyons le Musée réparant d'un côté ce qu'il perd de l'autre et contenant toujours environ mille à douze cents numéros. Ce ne fut que sous la Restauration que l'existence du Musée fut sérieusement menacée. Lenoir, peut-être avec le secret espoir de préserver son œuvre, publia en 1816 ses *Vues pittoresques et perspectives des monuments français* avec les dessins de Réville et de Lavallée, magnifique ouvrage qui, s'il ne sauva pas le Musée, représenta en quelque sorte son testament artistique, en montra l'ensemble et les détails et en fit admirer l'organisation.

Une ordonnance royale du 18 décembre 1816 ordonna la suppression du Musée des Monuments français. Une partie de ces richesses alla au Louvre; un certain nombre d'objets d'art furent rendus aux particuliers, aux communautés et aux églises. Une curieuse note de Lenoir lui-même fournit quelques éclaircissements sur la première répartition de ces merveilles un moment réunies pour être bientôt séparées. Voici l'indication des principales œuvres que l'on restitua aux églises.

A Notre-Dame : un groupe en marbre représentant une descente de Croix, par Coustou ; un bas-relief en bronze, même sujet par Girardon; les statues à genoux et en marbre de Louis XIII et de Louis XIV; la statue colossale de la Sainte-Vierge, attribuée au Bernin; la statue en marbre de saint Denis, par Sarrazin; la statue en marbre de saint Christophe, par Gois; un lutrin orné de figures et d'arabesques venant des Chartreux; un crucifix sculpté en bois, par Sarrazin; les statues à genoux de Juvenal des Ursins et de Michelle de Vitry, sa femme ; plus un tableau de cette famille; une statue en pierre représentant Adam; le mausolée et les statues de Pierre de Gondi, évêque de Paris, et d'Albert de Gondi, maréchal; le mausolée du maréchal d'Harcourt.

Musée des Petits-Augustins.
(Salle de la Renaissance.)

A Saint-Roch : la Nativité de Jésus, groupe en marbre, trois figures de grandeur naturelle ; un crucifix colossal en marbre, et la Force et l'Espérance, statues en marbre ; Jésus agonisant, statue en pierre, par Falconet ; saint Gérôme, statue colossale en marbre, par Adam ; le Baptême de Jésus-Christ, groupe en marbre, par J.-B. Lemoine ; une autre statue par le même ; un buste en marbre d'André le Nostre ; le mausolée du cardinal Dubois ; celui de Pierre Mignard ; les médaillons en marbre du marquis d'Asfeld et de Maupertuis ; le mausolée de Charles de Créqui, acheté à un marbrier du faubourg Saint-Antoine.

Au collège de Juilly : la statue à genoux du cardinal de Bérulle, elle était accompagnée d'un prie-dieu orné d'un bas-relief qui représentait Jonas sortant du corps d'une baleine, par Jacques Sarrazin.

Aux Carmélites, rue d'Enfer : le buste à mi-corps du cardinal de Bérulle en marbre, par Anguier (le reste de la statue avait été détruit) ; l'Apothéose d'Élie, bas-relief en bois, par Flamen ; Jésus au tombeau, bas-relief, par Duret.

A Saint-Thomas-d'Aquin : une statue colossale de la Vierge, par Desjardins.

A Saint-Méry : une descente de croix, groupe en marbre blanc et les marches en marbre de l'autel de la Communion.

A l'église d'Arpajon : un devant d'autel en marbre, deux groupes en terre cuite par Pilon, représentant Jésus au tombeau et la résurrection.

A Saint-Sulpice : Saint Jean prêchant dans le désert, de Boizot; un baptistère garni de cuivre; le mausolée de Mme de Lauraguais, par Bouchardon.

A Saint-Germain-des-Prés : un baptistère en cuivre rouge, orné de bronze doré; la Sainte Vierge, statue en marbre sculptée en 1430; saint François-Xavier, statue en marbre blanc, par Coustou; la statue de la Sainte Vierge; les statues de Childebert et de Caribert, le mausolée de Guillaume et de Jacques Douglas, le mausolée de Casimir, roi de Pologne, les corps de René Descartes, de Boileau, de Mabillon et de Montfaucon.

A l'église de Magny : la Sainte Vierge, statue en marbre blanc, sculptée en 1420; le mausolée de la famille de Villeroy.

A l'église Saint-Thomas : le mausolée de Lully.

A l'église de Sceaux : le Baptême de Jésus-Christ, par Tuby; deux bas-reliefs en marbre, par le même.

A l'église de Choisy : une statue de la Sainte Vierge, Saint Louis et Saint Maurice, par Boursault.

A la chapelle de l'école de Saint-Cyr : une Mère

de Douleur, en terre cuite, de grandeur naturelle, par Germain Pilon ; un crucifix de grandeur naturelle en terre cuite, par Sarrazin ; un Calvaire, bas-relief en albâtre, un buste de Louis XIV, deux figures en pierre, par Prieur.

A Saint-Étienne-du-Mont : la Sainte Vierge, statue, par Duret ; le mausolée du cardinal de Larochefoucauld, le cénotaphe de Descartes, et de plus la totalité des vitraux qui garnissent les croisées de la galerie appelée des *Charniers*.

A Notre-Dame-de-Cléry : le tombeau en marbre du roi Louis XI, orné de sa statue et de plusieurs colonnes.

A Saint-Paul : une statue colossale en marbre, représentant Jésus au moment de sa résurrection, par Germain Pilon ; une Mère de Douleur, aussi en marbre, par le même ; Jésus à la colonne, en terre cuite, par le même ; la Sainte-Vierge, en marbre, par Coysevox ; le mausolée de la famille Birague.

A Sainte-Marguerite-Saint-Antoine : une Descente de croix en marbre, le médaillon de Vaucanson.

A Saint-Germain-l'Auxerrois : le mausolée de Louis de Poncher, en marbre et en albâtre ; la statue à genoux de la dame Cœur, les bustes en marbre de la famille Bellièvre.

A l'Oratoire Saint-Honoré : un grand relief en

pierre de Tonnerre, représentant la Justice soutenant le buste en médaillon d'Antoine Aubray, lieutenant civil. Ce bas-relief a été donné depuis à Saint-Germain-l'Auxerrois.

A Saint-Eustache : un bas-relief en pierre représentant Jésus au tombeau, le mausolée de Cureau de la Chambre, médecin de Louis XIV; le mausolée de Colbert, composé de trois figures et d'un sarcophage en marbre noir; le médaillon et l'épitaphe en marbre blanc de François Chevert.

A Saint-Séverin : le mausolée de la famille de Thou; un bas-relief en marbre, de Girardon, qui figure Tobie faisant enterrer les morts.

A Saint-Nicolas-du-Chardonnet : le mausolée de Charles Lebrun et celui de sa mère, et un bas-relief représentant Saint Charles Borromée guérissant les pestiférés, par Girardon.

Plus tard, quelques-uns de ces objets furent transportés au musée de Versailles. De nombreux moulages furent exécutés pour ce musée d'après les bustes et les statues que Lenoir avait sauvés de la destruction en les recueillant au Musée des monuments français. Les bustes de Charles-Quint, de Charles d'Harcourt, du duc de Tresmes, de Thomas Briconier, premier président du parlement de Metz, de Cureau de la Chambre, médecin de Louis XIV, de d'Argenson, les statues de Henri IV, du cardinal de Retz, évêque de Paris, de la duchesse de Retz, de la duchesse de Joyeuse, de Phelyppeaux, viennent du musée des Petits-Augustins. La création du musée de Versailles répondait d'ailleurs par quelques points à une idée souvent exprimée par Lenoir qui insista à plusieurs reprises, sur le projet de réunir dans une immense galerie les portraits de tous les hommes remarquables, prélats, guerriers, politiques, artistes, poëtes, savants qui ont illustré la France.

Nous avons trouvé dans une note de Lenoir un aperçu, incomplet, il est vrai, des objets d'art restitués aux églises lors de la destruction du Musée des monuments français. Le Louvre, fort heureusement, recueillit une part considérable de ces merveilles qui avaient subi déjà tant de vicissitudes. Un grand nombre de statues, de monuments funèbres, de bustes furent installés dans une galerie qu'on nomma galerie d'Angoulême. Si l'on peut étudier la sculpture française dans ses manifestation successives depuis le XIIIᵉ jusqu'au XVIIIᵉ siècle, depuis ces maîtres ès-œuvres vives inconnus qui donnaient une expression si touchante aux saints de pierre des cathédrales jusqu'à Houdon qui fit sourire le marbre du sourire sarcastique de Voltaire, c'est à Alexandre Lenoir qu'on le doit.

Il serait trop long de citer tous les chefs-d'œuvre

d'artistes français ou italiens que le musée des Petits-Augustins a transmis au musée du Louvre ; mentionnons seulement : la statue de Childebert placée à l'entrée du réfectoire de Saint-Germain-des-Prés ; la statue en marbre de Pierre d'Évreux-Navarre, fils de Charles le Mauvais et d'Anne de Bourgogne, fille de Jean sans Peur ; le combat de saint Georges, de Michel Coulombe, qui nous montre la Renaissance exclusivement française, en ce qu'elle a produit de plus original et de plus parfait ; les tombeaux de Louis Poncher, de Commines et de sa femme, qui se rattachent à la même école ; la statue de Diane de Poitiers en Diane, de Jean Goujon, que Lenoir avait recueillie à moitié brisée ; deux bas-reliefs du même artiste ; la mise au tombeau de saint Marc ; les trois Grâces ou les trois Vertus théologales de Germain Pilon ; le tombeau de Chabot et des bas-reliefs ; la déposition de saint Paul, une cheminée du château de Villeroy, d'importants fragments du tombeau d'Anne de Montmorency, de Barthélemy Prieur ; trois bustes très intéressants représentant Henri II, Charles IX et Henri III.

A cette liste qu'il serait facile de compléter, il faut ajouter les œuvres plus modernes : le tombeau du duc de Longueville, de François Anguier ; le buste en marbre de Colbert, par Michel Anguier ;

deux anges enfants, de Puget; le Louis XIV et le buste de Despréaux, de Girardon; le tombeau de Mazarin, un buste de Richelieu et un Louis XIV agenouillé, de Coysevoix; la statue de Louis XIII, de Guillaume Coustou; le buste de Maurice de Saxe, de Pigalle; le buste de Buffon, de Pajou, etc., etc.

On voit combien était opulent ce dépôt formé à si peu de frais qui enrichit successivement de ses dépouilles tant de collections différentes, le Louvre, Versailles et le musée de Cluny, sans compter près de trois cents toiles qu'il avait déjà versées au musée central, c'est-à-dire au Louvre, au commencement du premier Empire.

Nous ne faisons pas figurer dans cette énumération un certain nombre de monuments funèbres et les tombeaux des rois qui furent rendus à Saint-Denis. Lenoir, en 1793, avait été présent à la violation de ces sépultures royales, et nous a laissé un curieux procès-verbal de l'état dans lequel ces sépultures avaient été trouvées; il fut chargé de réintégrer dans l'antique basilique ces morts augustes qui allaient reprendre dans les caveaux de la cathédrale l'éternel sommeil que la Révolution était venu troubler.

De ce qui avait été le Musée des monuments français, il ne resta bientôt plus rien que le portail du château d'Anet, une des façades et deux portiques du château de Gaillon construit par le cardinal d'Amboise, un bassin en pierre de liais venant de Saint-Denis et quelques fragments d'anciens hôtels. Certes, la place des tombeaux des rois était à Saint-Denis, et il était juste de restituer aux églises les monuments qu'elles réclamaient. La suppression

Musée des Monuments français :
Le Jardin élyséen.

totale du Musée n'en fut pas moins pour l'art une perte irréparable. Une grande partie des objets disparut sans qu'on ait su ce qu'ils étaient devenus. On renvoyait, en effet, des statues colossales, des mausolées superbes à des églises ou à des communes incapables parfois d'en payer le port; certaines églises, d'ailleurs, n'étaient plus disposées pour recevoir ces merveilles, et souvent ne pouvaient supporter les frais qu'il eût fallu faire pour les réinstaller. A l'endroit où jadis s'élevait une magnifique abbaye s'élevait maintenant une modeste chapelle de campagne véritablement embarrassée de l'hôte inattendu qui lui arrivait.

Il en était, en un mot, de cette armée de chefs-d'œuvre qu'on licenciait brusquement, comme de ces armées dont les soldats n'ayant plus de foyers, sont plutôt attristés que joyeux de la liberté qu'on leur rend. Ces chefs-d'œuvre, après une absence si longue, rentraient comme des étrangers dans ces villages où les anciens seuls les reconnaissaient. Beaucoup furent mutilés en route ; beaucoup relégués dans un coin, exposés aux intempéries, tombèrent en ruines : l'indifférence fit ce que, grâce à Alexandre Lenoir, la violence n'avait pu faire.

Ce fut l'erreur de ceux qui supprimèrent ce Musée de ne pas comprendre que depuis l'ouverture du Musée des monuments français un monde s'était écroulé et qu'un monde nouveau était né. Ces êtres de pierre et de marbre qui faisaient partie en quelque sorte de l'existence des générations disparues, s'étaient transformés eux aussi au milieu de tant de catastrophes. Ils étaient sortis de la vie de chaque jour pour entrer dans l'immortalité. Ils n'appartenaient plus uniquement à un village, à une abbaye, à un château, ils appartenaient à la France tout entière. Ils n'avaient plus seulement la charge de représenter une tradition locale, de recommander aux prières le nom d'un bienfaiteur, d'attester la charité d'une famille, ils étaient devenus les grands témoins du Passé, ils proclamaient le mérite de tous ces humbles tailleurs d'images qui, pour quelques sols, avaient dépensé tant de génie en une bourgade ignorée, en un monastère où la foule ne pénétrait jamais; ils avaient consolé les ancêtres, ils défendaient maintenant leur mémoire en témoignant de leur goût pour le Beau.

Ce qui est singulier dans la décision qui détruisit cet incomparable ensemble qu'on ne reconstituera jamais aussi complet, aussi simple et aussi homogène, c'est que cette mesure ne parut avoir été ordonnée par personne (1). Lenoir, qui ressentit une vive douleur de cette suppression, se reporta souvent par la pensée vers ce qui avait été l'œuvre de toute sa vie; il voulut, autant que possible, perpétuer cette œuvre sur le papier et à tant de publications relatives à ce sujet, il ajouta les *Souvenirs du Musée des monuments français*. Quand Louis XVIII vit ces dessins où le Musée revivait tout entier tel qu'il était au

(1) L'ordonnance du 18 décembre 1816 qui supprima le Musée des monuments français ne figure pas au *Bulletin des lois*.

moment de sa suppression, il fut émerveillé. « Ce n'est certes pas moi, dit-il à Lenoir, qui aurais ordonné de détruire une si belle chose. »

Lenoir, nous l'avons dit, fut frappé au cœur par la destruction de son Musée. Il lui semblait que le respect que les étrangers eux-mêmes témoignaient pour cette grandiose conception devait le préserver, et lui-même a raconté un trait caractéristique de cette admiration. Le lendemain même de l'entrée des alliés à Paris, Lenoir reçut la visite d'un général russe accompagné d'une suite nombreuse et escorté par un escadron de cosaques réguliers. Celui-ci se présenta poliment et demanda à visiter les salles. Lenoir s'aperçut bien vite qu'il les connaissait déjà ; l'étranger lui avoua même qu'un de ses plus vifs désirs avait été de revoir ces belles collections qui n'avaient point de pareilles en Europe. Parvenu dans une des dernières salles, il s'arrêta tout à coup devant une grande figure de marbre dont l'attitude et l'expression parurent le frapper. — Quelle est cette belle statue ? dit-il à M. Lenoir. — Celle d'Henri IV. — A ces mots, le général se tourne vivement vers son escorte, fait un commandement, et M. Lenoir voit avec une surprise impossible à exprimer ces étrangers se découvrir et plier le genou devant l'image d'un roi de France.

L'admiration que ce Musée inspirait aux étrangers fut aussi impuissante à le sauver que les lettres éloquentes et pressantes de Lenoir. Longtemps après l'ordonnance du 18 décembre, le Musée fermé aux visiteurs présentait un aspect désolé que M. Allou nous a décrit dans une intéressante notice sur Lenoir. Il restait encore un grand nombre de monuments funéraires, de statues, de colonnes, de bas-reliefs, de vitraux précieux désormais sans destination que l'on abandonna dans les salles ou sous les arceaux du vieux cloître sans aucun soin pour assurer leur conservation. L'édifice lui-même fut délaissé pendant plus de dix ans. L'herbe commença à pousser autour de ces débris que l'action destructive de l'air et de la pluie ne tarda pas à défigurer.

Lenoir se consola par l'étude, de toutes ces amertumes. Il fit quelque temps, à l'Athénée, un cours public sur les anciens monuments de Paris, cours très suivi alors et qu'il serait à désirer qu'on reprît de nos jours. A côté de tant de chaires où l'on enseigne l'histoire des pays les plus lointains, ne serait-on point heureux de voir s'élever une chaire où l'on enseignerait l'histoire de la prodigieuse capitale au sein de laquelle nous vivons?

Même à l'époque où le Musée des monuments français lui laissait le moins de loisirs, Lenoir avait trouvé du temps pour d'autres travaux. Conservateur du musée privé de l'impératrice Joséphine, sans vouloir recevoir aucun traitement, il avait entrepris pour elle un voyage à ce magnifique château de Richelieu que Viguier mit en madrigaux et que La Fontaine célébra en prose et en vers, et avait rapporté de cette excursion une grande quantité d'objets d'art. A tant d'intéressantes publications sur le Musée des Petits-Augustins, il faudrait ajouter, pour montrer dans son incessante activité la vie de ce savant sympathique, d'innombrables rapports, notices, mémoires, une *Histoire de la peinture sur verre*, des *Essais sur les hiéroglyphes*, une *Histoire des arts en France par les monuments*, des *Observations scientifiques et critiques sur le génie et les principales productions des peintres et autres artistes les plus célèbres de l'antiquité et des temps modernes*, etc., etc.

En 1820, Lenoir fut un des commissaires chargés de la restauration du palais des Thermes ou de l'hôtel de Cluny. En préservant ainsi des ravages du temps le plus vieux monument de Paris, le créateur du Musée des Petits-Augustins était conséquent avec lui-même, il préparait d'ailleurs une demeure digne d'elle à la splendide collection de M. du Sommerard, qui vint s'installer là quelques années plus tard, en 1832. Sans doute Lenoir ne vit pas (1) cette

(1) Lenoir mourut à Paris le 11 juin 1839. Il était né le 26 décembre 1760.

galerie privée devenir, grâce à l'acquisition de
l'État, un véritable Musée des antiquités nationales. Mais avant que l'entrée ne fût rendue publique, il fut témoin de l'empressement de tous à profiter de la courtoise obligeance du propriétaire pour venir admirer ces débris des siècles passés, ces meubles sculptés, ces coffres d'un si délicat travail, ces tapisseries antiques, ces émaux de Palissy, ces faïences curieuses. Il avait le droit de se dire que cet empressement était son œuvre en partie.

En regardant le mouvement littéraire qui s'accomplissait autour de lui, il avait aussi de très légitimes raisons de penser qu'il n'y était pas étranger. Beaucoup parmi les historiens qui précédèrent les poëtes et les artistes dans ce retour vers l'étude du passé, les Barante, les Guizot, les Augustin Thierry avaient pu visiter dans leur jeunesse le Musée des monuments français, être impressionnés par tant de merveilles inconnues, puiser là le désir de pénétrer dans cette civilisation si oubliée alors, d'écarter les broussailles et les ronces qui cachaient nos origines. Il me semble que Michelet parle quelque part, en racontant ses sensations premières et les habitudes de ses jeunes années, d'une visite à ce Musée et l'on aime à se figurer Michelet tout jeune évoquant pour la première fois devant ces chefs-d'œuvre rassemblés, les générations du Moyen Age que sa prodigieuse imagination a ressuscitées parfois en des pages pleines de lumière et de vie.

En tous cas, s'il est impossible d'affirmer que le Musée des monuments français ait inspiré directement tel écrivain en particulier, on doit reconnaître qu'il a contribué dans une large mesure à créer ce retour vers l'histoire des aïeux, cette curiosité pour les mœurs et les institutions du Passé à laquelle nous sommes redevables de tant de livres éloquents ou profonds, émouvants ou instructifs. Ce mouvement sans doute eut ses exagérations et parfois même ses ridicules, il fut en tous cas utile et fécond; il produisit ce résultat qu'après de si formidables écroulements, la vieille France et la nouvelle se trouvèrent rattachés l'un à l'autre par le lien commun de l'Art : il constata en un mot l'absolue unité de la Patrie française. Pour ceux qui pensent comme Tacite que le respect des ancêtres n'est pas moins nécessaire aux nations qu'aux individus, une telle influence exercée est faite pour rendre impérissable la mémoire de ce savant modeste, qui, à l'heure des agitations et des égarements, veilla sur nos trésors artistiques, c'est-à-dire sur notre patrimoine à tous...

C<small>E</small> grand logis, absolument vide, strictement clos depuis plusieurs années, est poignant d'inquiétude et de mystère : on le sent vaguement condamné, pour, un triste matin, disparaître sans bruit. Elles sont parties les industries diverses qui, dès le XVIIe siècle, s'y abritèrent : d'abord le Coche de Lyon et de Franche-Comté ; et, en dernier lieu, une confiturerie qui placarda sur tous les murs, en réclame, son élégante silhouette. Manoir féodal, auberge de roulage, usine de hasard, que deviendra-t-il encore, l'hôtel de Sens?

Au fond du quartier Saint-Paul, près du quai, dans ces rues froides et dormantes, deux ou trois hôtels ou palais d'autrefois ont résisté, et, sans avoir voulu céder la place, subsistent effrités, dénaturés, toujours fiers.

C'est un coin oublié au milieu de Paris. A deux pas, la rue Saint-Antoine roule, bruyante, son flot de passants tumultueux. Ici, rien n'est changé, et comme jadis le soleil flamboyant ou pâli qui fait jouer ses rayons sur la Seine, éclaire des pavés calmes et illumine des maisons paisibles. On n'a point pensé à y démolir : à quoi bon? Les villes ne reviennent pas plus que les hommes vers leur berceau. Paris s'étend sans cesse vers les Champs-Élysées, vers Belleville, les Batignolles, et pour toujours a abandonné ce *Campo Santo*, qui garde en nos jours d'agitation et de fièvre la tranquillité et la tristesse qu'il avait au temps où Charles V, le sage morose, arpentait, derrière les hautes murailles de l'hôtel Saint-Paul, l'allée de cerisiers, qui a donné son nom à la rue de la Cerisaie.

Donc, l'ancien palais des archevêques de Sens est presque tout entier debout. Les révolutions, cependant, en passant, ont mis leur estampille sur ses murailles et l'ont marqué comme un mouton qu'on désigne à la mort et qu'on oublie d'abattre : 93 a écrit *Liberté, Égalité, Fraternité*, au-dessus d'une porte en ogive; 1830 a envoyé un boulet dans la façade. Le fronton porta, comme un stigmate de déchéance, plus d'une enseigne.

Mais le monument est encore beau à contempler avec ses tourelles aiguës, ses gargouilles fantastiques, ses grandes baies puissamment moulurées, ses combles élancés, ses lucarnes sculptées : il est superbe encore. Rien n'est charmant à apercevoir, au détour des ruelles étroites qui l'enserrent, comme ce vieux palais féodal, où la Renaissance s'accentue déjà : qu'on l'envisage du marché de l'*Ave-Maria*, en pleine façade, accompagné d'une délicieuse niche du XVe siècle, au coin de la rue du Figuier; ou de flanc, dans la haute et sombre rue de l'Hôtel-de-Ville, où se profile sur un pignon postérieur une curieuse poivrière. Malheureusement le corps de logis qui s'élevait au fond de la cour a été démoli : c'était dans ce bâtiment flanqué aussi de deux tourelles, à porte surbaissée et dans lequel donnait accès un escalier à double rampe, que demeuraient les archevêques de Sens. Les appartements du devant étaient réservés à leur suite.

De grands prélats habitèrent là; des prélats corrompus y passèrent. Le vieil hôtel a vu de singulières figures et d'étranges types : l'imagination s'émeut quand, se détachant du présent, on évoque dans le passé les maîtres et les hôtes de ce manoir épiscopal.

Le 7 février 1502, Paris se réveillait au bruit des cloches sonnant à joyeuses volées. Une foule animée, parée de ses habits de fête, sortait des maisons tendues dès la veille de tapisseries de haute lice, d'étoffes de soie et de drap camelotté, et se répandait dans les rues sablées, jonchées de feuillage et de fleurs, s'arrêtant devant les échafauds où étaient représentés les Mystères de la Passion, se pressant aux abords des fontaines publiques qui lançaient sans interruption le vin et l'hypocras. L'horloge du Palais faisait retentir son carillon sur les deux rives de la Seine.

Dans les carrefours, les crieurs publics, reconnaissables à leur toque ornée de plumes de coq, jetaient leurs appels aux fenêtres garnies de spectateurs. Les archers et arbalétriers de la Ville, revêtus de leur hoqueton de livrée, un bâton blanc à la main, maintenaient, sans violence, l'ordre et la circulation.

Et pourtant, on n'allait pas voir un roi faisant son entrée solennelle dans la bonne ville maîtresse du royaume. Louis XII n'avait pas quitté les bords verdoyants de la Loire dont l'air était indispensable à sa santé épuisée par les fatigues de la dernière expédition en Italie. Mais le premier ministre, l'ami, le conseiller du roi, le cardinal Georges d'Amboise, archevêque de Rouen, légat *a latere* en France, venait à Paris pour rétablir l'ordre dans les couvents ; et des instructions avaient été données pour qu'il fût reçu avec autant de pompe qu'un souverain.

Dom Félibien a écrit une curieuse description du cortège qui quittant la porte Saint-Jacques, défilait en ce moment dans Paris. En tête, le Gouverneur et le Prévôt de Paris, Guillaume de Poitiers et Jacques d'Estouteville, précédés par les trois cents archers de la Ville, revêtus de leur casaque bleue galonnée d'argent, avec le vaisseau d'argent brodé sur le dos. Puis, tenant la droite, des délégations du Parlement, de la Cour des Monnaies et de la Chambre des Comptes ; à gauche, le Corps de Ville, composé des marchands, Nicolas Potier, habillé d'une soutane de satin rouge et, par dessus, de la robe de cérémonie ouverte, mi-partie de velours cramoisi et tanné, attachée par une ceinture d'or ; les Echevins, les vingt-quatre conseillers quarteniers, les cinquanteniers, dizainiers et autres notables bourgeois.

Le légat s'avançait sous un dais de damas blanc écartelé à ses armes et à celles de Paris, porté par quatre Echevins ; autour de lui une foule de seigneurs séculiers et ecclésiastiques, parmi lesquels on remarquait les évêques d'Albi, d'Autun et de Castellamare. Enfin, les six corporations des marchands groupés autour de leurs bannières, dans l'ordre prescrit : en tête, les drapiers, puis les épiciers, les merciers, fiers de leur nombre et de leur puissance; les pelletiers et fourreurs, les bonnetiers, et, en dernier lieu, les orfèvres.

Après que le légat eut fait oraison à la cathédrale où Jean Simon, évêque de Paris, lui tendit le livre des saints Évangiles à baiser, et où il fut harangué par Louis Pinel, docteur en théologie, grand maître du collège de Beauvais, le cortège s'engageant dans les rues Notre-Dame et de la Lanterne, puis traversant le pont au Change, tout couvert de maisons, gagna par la Grève et la rue de la Mortellerie l'*Hôtel de Sens* où Georges d'Amboise devait demeurer pendant son séjour à Paris. Le prélat avait refusé toutes les autres offres pour accepter l'hospitalité de son ami, Tristan de Salazar, archevêque de Sens.

Est-ce regrets ataviques ou comparaison trop justifiée? Mais il semble que rien ne puisse plus faire concevoir l'idée de ces fêtes joyeuses et religieuses qui animaient le vieux Paris. C'était un des beaux côtés de cette ancienne société, où le travail avait sa poésie, où les corporations constituaient des familles, où tout ce monde, chrétiennement organisé et fermement discipliné, marchait aux cérémonies comme dans la vie, chacun à sa place, chacun heureux de son rang, s'épanouissant dans l'ordre, sans plainte, sans protestation, sans envie.

— Pour la foule, qui ne voit que le côté extérieur des grandeurs, la fête est terminée : le cortège s'est écoulé, les battants du grand portail se sont refermés, et la rue est vide, avec l'indéfinissable mélancolie des processions passées.

Hôtel de Sens :
Tourelle de la rue de l'Hôtel-de-Ville.

Pour nous, cette porte va se rouvrir sur l'histoire.

L'hôtel actuel ne date que de la fin du XVe siècle; mais longtemps avant sa construction, les archevêques de

Sens — métropolitains de Paris qui n'avait qu'un évêché pour siège ecclésiastique — possédaient une résidence particulière dans la capitale.

Sous Philipe-le-Bel, Étienne Bacquart, soixante-quatorzième archevêque de Sens, acheta une maison sur le quai des Célestins et la légua par testament à ses successeurs. Quand on s'occupa d'agrandir l'hôtel Saint-Paul, un autre archevêque, célèbre par son caractère, son influence et les vicissitudes de sa vie, Guillaume de Melun, offrit la maison du quai des Célestins à Charles V, qui lui donna en échange l'hôtel d'Hestoménil, situé au coin de la rue du Figuier. Huit archevêques l'occupèrent tour à tour, jusqu'à ce que Tristan de Salazar jetât par terre le vieux manoir qui menaçait ruine pour construire sur son emplacement un hôtel nouveau, qui alors étendait ses bâtiments et ses jardins sur tout l'espace compris entre les rues des Nonnains-d'Hyères, de Jouy, du Figuier et de la Mortellerie.

Tristan de Salazar qui donnait à Georges d'Amboise l'hospitalité de l'hôtel de Sens, était un grand et magnifique prélat, affable et généreux, spirituel et éloquent, ami des lettres, protecteur des arts, d'aussi haute mine sur un destrier harnaché en guerre que sur une mule caparaçonnée, non moins à l'aise dans un salon royal que dans un concile, devant des négociateurs assemblés que devant une multitude soulevée.

Fils d'un gentilhomme de Biscaye qui mérita, sous la bannière de Charles VII et de son successeur, le surnom de *Grand Chevalier*, Tristan de Salazar fut destiné jeune à l'état ecclésiastique. A vingt-cinq ans, il était évêque de Meaux, à trente-trois, archevêque de Sens. Son intelligence, sa vaste érudition, sa rare éloquence lui assuraient une place dans le conseil des rois. En effet, bientôt il fut chargé de négociations importantes. En 1480, il conclut avec les Suisses le traité par lequel ceux-ci s'engagent à ne servir que sous les étendards de la France; en 1488, au lendemain de Saint-Aubin du Cormier, il va à la cour d'Henri VII, engager ce monarque à ne pas entretenir une guerre désormais impossible.

Nous le trouvons plus tard auprès du roi des Romains, au concile de Pise, où il soutient les prétentions du roi de France sur Naples et le Milanais; chez les Génois, dont il cherche à prévenir la défection imminente. Ses efforts sont inutiles; la révolution éclate. Tristan de Salazar est forcé de fuir; mais c'est pour rejoindre l'armée que Louis XII réunit à Lyon et pour rentrer en Italie, non plus en négociateur pacifique, mais en guerrier armé de toutes pièces, tout prêt à combattre, l'épée à la main, ceux qu'il n'avait pu persuader par sa parole.

Ce fut encore un homme d'État puissant qui occupa l'hôtel de Sens après la mort de Tristan de Salazar. Mais si la figure de celui-ci est grande et sympathique, la personnalité de celui-là n'évoque que le mépris de l'histoire pour le prélat corrompu et pour le ministre rapace. Le cardinal Antoine Duprat, chancelier de France, de Bretagne et de Milan, fut quelque chose comme le Dubois du XVIe siècle.

Louis XII venait de mourir à l'hôtel des Tournelles et son corps était encore exposé dans la salle basse de l'hôtel, que François Ier commençait son règne en appelant à lui les hommes sur lesquels il croyait pouvoir compter, et en rétablissant les emplois que le feu roi, économe des deniers publics, avait laissés vacants après la mort des titulaires. L'épée de connétable était donnée à Charles de Bourbon et la charge de chancelier rétablie au profit d'Antoine Duprat, premier président au Parlement de Paris.

François Ier reconnaissait ainsi un service auquel il devait peut-être la couronne. Quelques années auparavant, les charmes de la nouvelle reine, la séduisante Marie d'Angleterre, avaient fait une impression profonde sur le comte d'Angoulême. Les deux jeunes gens s'aimèrent. Une nuit, François s'introduisant mystérieusement dans l'hôtel des Tournelles, se dirigeait vers la chambre de la reine, lorsque tout à coup il se sentit étreint, garotté et porté sans pouvoir résister, sans pouvoir jeter un cri, dans une chambre dont la porte se referma sur lui. Elle se rouvrit le lendemain pour donner passage à Duprat qui, se jetant aux genoux du comte :

« C'est moi, lui dit-il, qui n'ai pas hésité à porter la main sur la personne de Votre Altesse, plutôt que de vous laisser vous exposer à vous donner un maître. »

Louis XII n'eut pas d'héritiers, et le comte d'Angoulême devint François Ier.

Si le dévouement atténuait quelque peu chez le ministre une cupidité dont tous les contemporains se scandalisent, l'homme était dans la vie privée d'une corruption sans excuses et sans limites.

Corruptio optimi pessima, dit l'apôtre. Il faut avouer que Duprat justifiait cette parole, et que, tour à tour, magistrat et cardinal, il suffisait à déshonorer l'hermine et la pourpre en même temps. L'époque, d'ailleurs, était à cela. La foi diminuait et les tempéraments superbes encore étaient incapables de ces vices tempérés et de ces vertus moyennes et lymphatiques qui sont particulières au monde actuel. On y allait bien quand on y allait, soit qu'on allât à la Sainteté, soit qu'on allât à la Débauche.

C'était, d'ailleurs, une pittoresque époque, malgré tout, et cette confiturerie installée dans une demeure illustre doit être remerciée d'évoquer pour un instant cet étrange XVIe siècle que le soleil païen, tombant brusquement sur des têtes de barbares à peine dégrossis, emplit comme d'une ivresse énorme.

François Ier et Duprat ne se piquaient point d'élégance dans leur débauche. Le héros de Marignan est plutôt l'homme qui va passer la nuit chez Saltabadil que le chevaleresque et gracieux servant des dames que les historiens romanesques nous ont montré. Pendant que le roi courait les tavernes et les bouges de la Cité, en quête de belles filles et de bon vin, en quête aussi de horions à donner ou à recevoir, Duprat, sédentaire par état et par humeur, ouvrait à l'orgie son palais épiscopal.

Les escaliers de l'hôtel de Sens virent sans doute monter de singuliers visiteurs; sans doute, les salles retentirent de bien damnables propos quand, courtisans et courtisanes, moines grands paillards et grands *beuveurs*, accomplissaient demi-nus ces scènes inouïes de luxure, dignes du large pinceau de Rabelais et que Rabelais a peut-être contemplées lui-même. La place du cardinal était facile à reconnaître dans ces agapes qui rappelaient plus le festin de Trimalcion que l'humble repas des Catacombes : on avait été obligé de pratiquer dans le bois une large échancrure pour son ventre. Le régal favori de Duprat était la chair d'ânon qui fut à la mode à la cour tant qu'il vécut. Le châtiment vint, tardif mais effroyable ; une mort affreuse termina cette vie de scandales : Duprat mourut dévoré par les poux.

Quatre cardinaux, Louis de Bourbon, le prélat courtisan qui de sa propre autorité un jour offrit au roi, au nom de l'Église gallicane 1.300.000 livres ; Charles de Guise, le frère du vainqueur de Calais, ministre résolu qui, pour se débarrasser des importuns, imagina d'élever une potence devant le château de Fontainebleau et de publier que quiconque était venu à la Cour pour solliciter des grâces eût à se retirer sous peine d'être pendu ; Jean Bertrandi, garde des sceaux et Nicolas de Pellevé, le fougueux ligueur, occupèrent tour à tour en qualité d'archevêques de Sens l'hôtel de la rue du Figuier.

Les derniers jours de la dynastie des Valois étaient arrivés. Paris avait chassé son souverain. L'hôtel de Sens devint le lieu de réunion des chefs de la Ligue. C'est là que Henri de Navarre et son cousin Henri de Condé étaient solennellement déclarés inhabiles au trône et qu'un roi crépusculaire, dont l'histoire conserve à peine le souvenir, était proclamé sous le nom de Charles X ; là enfin que les Seize donnaient des ordres à Mayenne et traitaient de puissance à puissance avec le roi d'Espagne. Au bout de cinq ans de guerre civile, Henri IV entrait à Paris, et Nicolas de Pellevé mourait de rage à l'hôtel de Sens.

Sous Henri IV, cette demeure devint le séjour de Marguerite de Valois. L'épouse du Béarnais, on le sait, resta jeune bien longtemps et transporta là sa cour de poètes, de savants, d'amoureux. L'Estoile nous a conté la tragique aventure qui la dégoûta à jamais de cette habitation. Elle allait vers sept heures entendre la messe aux Célestins, et son page favori, Saint-Julien, un adolescent aux cheveux bouclés, cheminait près de sa litière et souriait doucement à sa mie. Soudain le comte de Vermond,

Hôtel de Sens : l'Échauguette.

jaloux du page, s'élance et l'étend mort d'un coup de pistolet. Puis il met son cheval au galop et s'efforce de gagner la campagne. Rue Saint-Denis, le cheval s'abat, le meurtrier est pris après une résistance désespérée. Folle de douleur, Marguerite a juré de ne rien boire et de ne rien manger avant le supplice du coupable; elle a couru se jeter aux pieds du roi, et le lendemain un échafaud recouvert de velours noir se dresse dans la cour de l'hôtel. Vermond y monte, salue profondément Marguerite qui, de sa fenêtre, savoure sa vengeance; une tête tombe : Saint-Julien était vengé.

L'hôtel avait eu son cinquième acte; il était fini désormais pour l'histoire. Marguerite le céda quelques mois après, et peut-être plus d'une fois, dans ces conversations subtiles qu'on engageait autour d'elle sur ceux qui savaient le mieux aimer, lui arriva-t-il de regretter *l'autre*, non pas celui qui avait été assassiné, mais celui qu'elle avait fait tuer, celui qui était mort pour elle, par elle et devant elle...

Ce fut en quittant l'hôtel de Sens qu'elle alla habiter le premier hôtel qui fut construit rue de Seine. Le couvent de religieux jacobins qu'elle fonda à quelques pas de son palais est devenu l'École des Beaux-Arts, après avoir été le Musée des Monuments français.

Après elle, le cardinal Duperron fut le seul personnage important qui habita l'hôtel; au début du

XVIIᵉ siècle, les prélats de Sens préférèrent louer leur maison épiscopale et habiter les autres hôtels qu'ils avaient à Paris. Par bail du 31 janvier 1639, ils la cèdent pour six ans aux fermiers des Messageries, coches et carrosses de Lyon, Bourgogne et Franche-Comté.

Il s'était écoulé, juste, un siècle et demi depuis le brillant cortège que nous avons décrit : voilà deux cent quarante-six ans qu'a été signé ce bail bourgeois, et qu'adviendra-t-il encore de ce vieux logis presque intact, d'une beauté si durable ?

Il y a deux ans environ la Ville avait été en pourparlers pour acheter l'ancienne demeure de Marguerite de Valois. On se proposait de créer là, non une annexe de l'hôtel Carnavalet, mais un musée d'antiquités mérovingiennes où l'on aurait placé les tombeaux, sarcophages, etc. qui encombrent la maison de Mᵐᵉ de Sévigné.

Le prix demandé par le propriétaire actuel, M. Leroy, fut trouvé trop élevé et l'idée fut abandonnée.

Les Archives.

Au coin de la rue du Paradis et de la rue du Chaume, dans ce quartier du Temple, bruyant, industrieux et sale, existe un bel hôtel, ou plutôt un palais, dont le porche imposant laisse apercevoir une cour majestueuse, et qui semble tout étonné de se trouver encore là.

C'est l'hôtel de Rohan-Soubise.

Toutefois, s'il semble aujourd'hui dépaysé au milieu de cette plébéienne fourmilière qui peuple les rues voisines, c'est que tout a changé autour de lui, alors que, seul, il est demeuré semblable à lui-même. Ce quartier était jadis celui de la plus haute aristocratie : les grandes Maisons s'y pressaient les unes contre les autres, et l'hôtel lui-même dont nous parlons avait été obligé, pour s'implanter sur le sol, d'envahir sur l'emplacement des hôtels de Guise et de Clisson, dont on voit encore quelques traces à l'angle gauche des bâtiments.

Cet hôtel est superbe et donne une saisissante idée des splendeurs de cette société brillante et luxueuse sur laquelle passa le déluge de la Révolution. Disons-le, cependant, cette demeure héraldique n'est point faite pour rappeler d'une façon heureuse aux ouvriers du quartier un régime qui, s'il eut ses grandeurs, eut ses hontes. Les Rohan ne firent jamais rien pour se montrer dignes de leur fière devise : *Roi ne puis, prince ne daigne, Rohan je suis*. Un chevalier de Rohan essaya de livrer une ville française aux Anglais, et un autre refusa de se battre avec Voltaire après l'avoir fait assommer par ses laquais. Un cardinal de Rohan sacra Dubois, un autre déshonora Marie-Antoinette. Un Rohan-Guémenée fit une banqueroute fameuse et le Rohan-

Soubise — propriétaire de l'hôtel — perdit la bataille de Rosbach. Ramassant les crosses d'évêques et les bâtons de maréchaux dans les boudoirs de favorites, ils accaparaient toutes les grandes charges et jamais n'en surent bien remplir aucune.

L'hôtel de Soubise, déclaré propriété nationale, en 1790, s'est purifié du passé de ses propriétaires par sa nouvelle destination. En 1808, Napoléon ordonna d'y transporter le dépôt des Archives qui, créé dès 1789 par l'Assemblée constituante, avait été du couvent des Feuillants au couvent des Capucins, et du couvent des Capucins avait suivi la Convention aux Tuileries. En 1821, quand l'École des Chartes fut fondée, elle fut installée dans le même local.

Formées, comme le delta du Nil, d'alluvions successives, les Archives de France, enrichies de trésors que contenaient les couvents supprimés, les châteaux détruits, les bibliothèques particulières dispersées, formaient la plus magnifique collection qu'il y eut au monde. Jusqu'ici cependant, à peu près inaccessibles au public, elles avaient plus l'aspect d'un temple égyptien interdit aux profanes ou d'une silencieuse nécropole de papiers, endormie dans sa solitude, que le caractère d'un établissement national. Les élèves de l'École de Chartes et quelques travailleurs intrépides avaient seuls le droit de demander leurs secrets à ces traces écrites des générations disparues, ensevelies sous une triple clef au fond d'un sanctuaire comme les anciens livres sibyllins. Les initiés mêmes ne savaient trop par quel chemin entrer dans cette forêt de souvenirs, et ne s'aventuraient guère qu'à la lisière de

Cour de l'Hôtel de Soubise.

ces choses mystérieuses où à chaque pas les broussailles barraient le chemin. Une initiative intelligente et des efforts persévérants ont changé tout cela : le Musée des Archives a été fondé : il est ouvert au public.

Nous aimerions à recommencer avec le lecteur la

promenade que nous avons faite, au milieu de ces cartulaires, de ces diplômes et de ces chartes, dans ce lieu qui est, à la lettre, le Temple de l'histoire de France. Ce n'est point, hâtons-nous de le déclarer, que nous entreprenions de donner même la plus légère idée de ce que contiennent les Archives. Il faudrait pour cela la science de plusieurs Mabillons et la vie de plusieurs Mathusalems.

Nous laisserons de côté l'étude, si intéressante cependant et si simple, des phases diverses que traversa l'écriture, tour à tour cursive, droite ou penchée, admirable au milieu du Moyen Age, et devenant presque un art, donnant ses types à l'imprimerie, et dégénérant et se gâtant à mesure que l'imprimerie la rend inutile ou du moins la relègue au second plan. Nous ne parlerons ni de la diplomatique créée par les Bénédictins, de la diplomatique qui scrute le caractère intrinsèque d'une charte, ses formules, son style, ses rapports avec l'époque ; ni de la paléographie qui se préoccupe exclusivement de ce qui est matériel et extrinsèque, de la composition du papier, de la forme du sceau, de la paléographie qui est la lettre dont la diplomatique est l'esprit. Nous voulons purement et simplement faire un voyage au Palais et au Musée des Archives, cheminer le long des vitrines et regarder en simple curieux.

Après avoir traversé la cour imposante et grandiose entourée d'une magnifique colonnade, examinons un peu la façade qui joint à la majesté du style Louis-Quatorzien les grâces non encore efféminées du style Louis XV. Gravissons le grand escalier rectiligne qui a malheureusement remplacé le vieil escalier tournant que les contemporains admiraient comme une merveille. Dans le vestibule, orné de beaux tableaux de la Trémolière, nous trouvons de curieux essais de reproduction de sceaux par la photographie. Les Archives possèdent quarante mille pièces reproduites ainsi.

Une fois dans la Salle des Gardes, nous sommes au berceau de l'histoire de France et nous la voyons, d'une main tremblante et inhabile encore, affirmer ses premiers actes. Voici la première pièce connue. C'est une donation faite par Clotaire II, *rex Francorum*, à l'abbaye de Saint-Denis, elle porte la date de 625 ! C'est le commencement et la fin d'une civilisation. Ce latin barbare est un reste de la langue harmonieuse que parlaient Virgile et Cicéron, il est écrit sur du papyrus, comme *l'Enéide* et les vers d'Horace. Le soleil de la civilisation antique éclaire de ses lueurs finissantes ce monde prêt à entrer dans les ténèbres pour en ressortir plus éclatant que l'ancien monde.

Vers 640 le papyrus disparaît, les musulmans

ont conquis l'Égypte et interdit l'exportation de l'arbre précieux dont les fibres formaient le papyrus. Le génie de l'Europe ne s'arrête pas pour cela. Au lieu de la chair d'un arbre, on prendra pour écrire l'écorce des animaux, je veux dire la peau du mouton ou de l'âne : le parchemin succède au papyrus. Voici la signature de saint Éloi au bas d'une charte où pend un informe objet comme on en retrouve chez les sauvages. C'est le sceau des Mérovingiens.

Les Archives possèdent vingt-sept diplômes de cette époque.

A partir du VIIIe siècle jusqu'au XIIIe, on ne trouve plus de signatures autographes. On ne sait même plus signer son nom ! Pépin fait une croix, Charlemagne fait une croix. Devant la croix, le scribe trace le monogramme qui était le privilège des souverains.

Voici les actes syllographiques : on écrivait sur la même pièce de parchemin, soit le mot *syllographum*, soit les lettres de l'alphabet, et on en donnait la moitié à chaque parti pour constater l'authenticité de l'acte. C'étaient les registres à souche du temps.

En 1223, apparaît la première charte en français.

Jetons un rapide coup d'œil sur le testament de saint Louis et les dépenses de sa maison écrites sur des tablettes de cire, sur les stipulations du traité de Bretagne, sur le procès de Jeanne d'Arc, où le

Hôtel Soubise. (Chambre à coucher.)

scribe a mis en marge une figure de jeune fille qui a la prétention de ressembler à l'héroïne d'Orléans. Nous entrons dans l'histoire moderne, et tous les noms un peu importants sont représentés par quelque lettre ou quelque signature. Cette missive sur un morceau de toile, qui paraît être la doublure d'un gilet, est une correspondance entre Coligny, prisonnier, et de Châtillon, un des chefs du protestantisme. Voici l'acte de la Ligue, l'original de l'Édit de Nantes et l'original de sa révocation, le procès de la maréchale d'Ancre, le procès de la Brinvilliers.

Tandis qu'on examine ainsi ces vitrines, on chemine insensiblement dans les diverses grandes pièces de l'hôtel de Rohan-Soubise. En entrant dans la chambre à coucher de la princesse de Soubise, on éprouve une indéfinissable impression. Et pourtant il n'y reste rien du passé, sinon la splendide ornementation des lambris, sinon la balustrade devant le lit absent, et quatre chefs-d'œuvre de Boucher souriants et jeunes comme au premier jour dans cette chambre depuis longtemps vide. Il n'y reste rien : mais, dans cette pièce immense, on respire à l'aise je ne sais quelle majestueuse ampleur qu'on ne trouve plus aujourd'hui dans le palais de nos millionnaires.

C'était, on le sent, une grande dame qui habitait là.

On a aimé et on a ri sans doute dans cette chambre devant les amours de Boucher, témoins complaisants, ou même complices, par les mauvaises pensées qu'ils donnent. Regardez, cependant, comment a fini ce monde si élégant et si corrompu. La Révolution qui se lève va le noyer dans le sang. Trop égalitaire pour être équitable, elle va frapper l'innocent comme le coupable. Voici la dernière lettre écrite à la Conciergerie par celle qui fut la reine de France, et voici la trace des larmes qui ont coulé sur le papier. Voici l'interrogatoire qu'elle subit, — et, chose navrante, — voici, en grosses lettres tremblantes, au bas de l'interrogatoire, la signature du Dauphin : *Louis-Charles Capet.* Le pauvre enfant a oublié une lettre en signant et il l'a ajoutée en haut. Peut-être a-t-il, pour cela, reçu quelques mauvais traitements de Simon, le savetier-bourreau.

Voici encore la dernière lettre de Louis XVI et son immortel testament. Contraste étrange ! non loin de là, se trouvent collectionnés, les échantillons de toutes les robes que Marie-Antoinette a portées en 1782. Quelques-unes sont d'une nuance charmante et devaient lui aller à merveille. Voici encore le *fac-simile* du collier qu'elle paya si cher et qu'elle ne reçut jamais.

Le Musée contient des richesses inouïes sur l'époque de la Révolution : tous les procès-verbaux des jugements du Tribunal révolutionnaire ; le procès de Louis XVI, avec le vote motivé de chacun des membres de la Convention ; le procès des Girondins et comme une lueur terrible sur la justice de ce temps-là, un ordre d'exécution en blanc, signé d'avance : *Bon pour 37 victimes !*

Hôtel Soubise. Bibliothèque.)

L'ancienne chambre à coucher de Mme de Soubise, qui renferme tous les souvenirs relatifs à la maison royale de France, peut, au point de vue des Archives, être considérée comme la salle des Bourbons. Le salon ovale dont les magnifiques plafonds sont de

Nattoire, est dans le même sens, la salle des Napoléons. Voici le testament du captif de Sainte-Hélène, voici des échantillons de son écriture successive qui devient de plus en plus mauvaise à mesure que sa fortune devient meilleure. Lieutenant d'artillerie, il calligraphiait. Général de l'armée d'Italie, son écriture était encore bonne. Premier Consul, il commence à se négliger. A partir de son couronnement, il devient rapidement illisible. Vers 1814, ses autographes ne sont plus que des griffonnages indéchiffrables.

Il y a là, dans ce petit détail, dans le spectacle de cette nature qui s'observe de moins en moins et s'abandonne de plus en plus à mesure que l'homme s'élève vers la toute-puissance, il y a là toute la philosophie du pouvoir absolu. Dès qu'il peut tout, l'homme ne fait plus effort sur lui-même et ne se contient plus. M. Thiers le démontre par la guerre d'Espagne et par la guerre de Russie : je me chargerais de le faire voir aussi nettement avec quelques pages d'écriture. Cette thèse est si clairement démontrée sous les vitrines du Musée des Archives, elle ressort si vivement de ces lettres successives de Bonaparte et de Napoléon que je m'étonne même d'être le premier à le constater. Elle devait être depuis longtemps sortie de ces clôtures de verre, de ces prisons transparentes, qui contiennent, nous le disons sans jeu de mots, des vérités à casser les vitres.

A côté de ces illustres autographes, nous trouvons une lettre touchante du duc de Reichstadt sur la France. L'écriture en est parfaite, hélas! Toute l'Europe s'était coalisée pour que le fils de César ne fût pas mis un jour, comme son père, dans la situation de la gâter. Sous ces mêmes vitrines se trouvent toutes sortes de pièces et de lettres autographes, émanées des divers personnages de l'époque impériale.

Là finit le Musée proprement dit.

Dans les petits appartements de l'hôtel s'étendent à perte de vue des salles contenant des milliers de pièces rangées dans des cartons, soigneusement étiquetés. C'est à donner le vertige. Dix mille volumes, rien que des registres du Parlement! On ouvre au hasard un carton frais et propre, et l'on trouve une liasse de papiers désséchés et jaunis : — C'est une goutte d'eau, ou, si mieux vous aimez, une goutte d'encre dans cet immense Océan ; et on regarde, et on cherche à analyser ce fragment écrit de la vie de l'humanité.

Ce parchemin fané, poussiéreux, recroquevillé, a peut-être été un grand événement dans l'existence d'un individu, d'une famille, d'un pays; il a fait battre des cœurs d'hommes et pleurer des yeux de femmes; c'est un procès qui était, il y a bien des siècles, le but, la passion, la pensée dominante de tout un petit monde, qui a soulevé les haines, déchaîné les colères, provoqué des bassesses; c'est un brevet de quelque charge qu'un homme a poursuivie vingt ans et qu'il n'a obtenue que pour mourir.

Nous avons gardé pour la fin la mystérieuse armoire de fer, ce saint des saints du Musée des Archives. Ce n'est point l'armoire légendaire que Louis XVI fit en collaboration avec Germain, c'est l'armoire où la Convention ordonna d'enfermer les planches à frapper les assignats. On y place des pièces d'un prix inestimable et qu'on ne sort qu'aux grands jours : des traités de paix vingt fois déchirés par la main même des rois qui les signèrent, et qui ne subsistent intacts que sur le papier; des clefs de villes conquises, où l'ennemi est rentré sans clefs : l'étalon du mètre en platine, etc., etc.

Çà et là, disséminés dans le Musée, sont quelques objets qui se sentent isolés et qui aspirent à rejoindre le gros du matériel historique du Musée des souverains ou ailleurs. On voit notamment des fauteuils de présidents au parlement, fort curieux et fort simples; une réduction de la Bastille, exécutée sur une pierre provenant de la démolition, par le citoyen Palloy. A côté, sont les innombrables clefs de la forteresse, clefs sinistres dont le grincement a lugubrement retenti à l'oreille de tant de prisonniers.

A quelques pas de cette pseudo-Bastille est la vraie table sur laquelle fut couché Robespierre tout sanglant de son coup de pistolet à la tête. Le sang marque encore, en une vaste tache noire, la place de la tête et du corps.

Le Musée des Archives constitue une des curiosités de Paris, une des plus attrayantes et des plus utiles. C'est au marquis de Laborde que revient l'honneur de l'entreprise ; c'est lui qui l'a conçue, et qui l'a su mener à bonne fin malgré d'immenses difficultés. Son nom restera attaché pour toujours à ce Musée qu'il a créé.

LE CABINET DU CARDINAL DE ROHAN

La découverte, derrière une bibliothèque, des peintures décoratives qui ornaient une des pièces de la demeure du cardinal de Rohan, dans laquelle est installée maintenant l'Imprimerie nationale, a mis en joie les amoureux du passé; les visiteurs se succèdent rue Vieille-du-Temple.

Le logis du cardinal, qui dépendait de l'hôtel de Soubise, auquel il était relié par un passage, n'avait rien des splendeurs de cette demeure seigneuriale, qui reste comme un des plus complets spécimens d'une habitation de grand seigneur du XVIII° siècle. A vrai dire, le cardinal n'avait là qu'un pied-à-terre; c'était à Saverne qu'était son vrai palais, pour lequel il avait dépensé des sommes considérables. Ce prélat, en effet, construisait beaucoup, si malheureusement il n'édifiait pas...

« Cet édifice, dit Piganiol de la Force, est assez simplement décoré du côté de la cour et a par là quelque beauté; mais les faces des bâtiments qui sont à droite et à gauche ont peu de convenance avec le principal corps d'architecture. Le principal escalier est d'un dessin bizarre, mal imaginé et d'ailleurs peu éclairé. La façade qui règne sur le jardin est décorée d'un ordre dorique au rez-de-chaussée, avec un avant-corps au milieu, orné de quelques colonnes. L'ordre ionique est au-dessus du dorique, et l'attique est surmonté d'un fronton dans le tympan duquel sont les armes de Son Éminence. »

Même à Paris, cependant, le cardinal n'avait pas renoncé à ces habitudes d'élégance et de faste mondain qui avait scandalisé la cour d'Autriche, et qui, avouons-le, convenaient peu à un prince de l'Église.

En dépit des mutilations du temps et des aménagements nécessaires à un grand établissement comme l'Imprimerie nationale, il est aisé de se rendre compte de ce que devait être l'hôtel qu'on nommait assez communément l'hôtel de Strasbourg.

Le rez-de-chaussée était presque entièrement occupé par la bibliothèque qui était magnifique. Le cardinal, on le sait, avait acheté la célèbre bibliothèque que de Thou avait léguée au président Mesnars, et dont les principaux volumes ont été en partie attribués à l'Arsenal.

Au premier étage étaient les appartements particuliers. Le cabinet du directeur actuel de l'Imprimerie nationale servait de salle à manger au cardinal. On y voit encore deux dessus de porte de Pierre qui fut quelque chose comme un sous-Boucher, deux paysages de Boucher qui ne sont pas des meilleurs, et une admirable pendule de Boule dont les Américains ont offert 300.000 francs.

La pièce qui suit le salon, la salle de compagnie, comme l'appelle le plan de Blondel, a gardé ses belles boiseries et sa décoration du plafond qui, avec ses angles à fond d'or, est un chef-d'œuvre de luxe élégant, de légèreté et de bon goût.

C'est dans l'ancien cabinet du cardinal que se trouvent ces merveilleux panneaux de Huet, spécimen incomparable de l'art aimable du XVIIIe siècle. Tout le personnel des fêtes galantes, habillé à la chinoise, folâtre sur l'herbe, promène des moutons, joue à colin-maillard, devise gaiement, se lutine, s'embrasse dans des décors d'opéra-comique. Des grotesques ou des singes gambadent à chaque coin, font la culbute, se balancent et éteignent des bougies avec un souffle qui ne vient pas d'en haut.

Rien n'est plus fin, plus gai à l'œil et plus soigné aussi d'exécution que ces peintures qui, protégées par le papier de tenture qu'un architecte intelligent avait fait placer sans qu'il touchât les panneaux, se sont conservées d'une manière étonnante. Un seul panneau avait été enlevé pour laisser passage à une porte, on l'a relégué au grenier; on s'en est servi comme de planches pour emballer les objets en-

Hôtel de Rohan. (Imprimerie nationale.)

voyés à l'exposition de Londres; il a été cahoté sur tous les chemins, trempé par l'eau de mer, et il est revenu un peu terni et décoloré, mais facile à restaurer encore. Comme les livres, certaines œuvres d'art n'ont-elles pas leur destinée?

Par un mécanisme ingénieux, les panneaux rentraient l'un sur l'autre, et la pièce, une fois qu'on y était entré, semblait sans issue. C'est là que ce malheureux Rohan qui, comme l'archevêque du Harlay de Mme de Sévigné, était, hélas! plus berger que pasteur, recevait les femmes de toute espèce dont il était entouré. Pour qu'un signe, au moins, rappelât qu'on était dans la demeure du grand-aumônier de France, l'évêque de Strasbourg avait eu la pensée de placer un prie-Dieu dans le coin du cabinet, mais il s'était hâté de le dissimuler par une fausse porte. Il mettait à cacher les vertus de son état le soin qu'il aurait dû mettre, au contraire, à cacher les vices de son caractère.

Ce fut là sans doute, devant ces scènes gracieuses, devant ces images voluptueuses et charmantes, que fut ourdie, avec Cagliostro, cette machination ténébreuse qui devait préparer la Révolution et mener une souveraine infortunée à l'échafaud. Ce fut là peut-être que le cardinal confia le fameux collier à Mme de Lamothe.

Sous ses formes diverses, Rohan, Soubise, Guéménée, la famille, je l'ai dit, n'évoque que de vilains souvenirs pour la France et pour la monarchie : faillite, défaite et intrigues honteuses.

En eux, on peut le dire, se personnifie, et encore par les plus odieux côtés, la noblesse de Cour que les ennemis de la vieille France s'obstinent à voir seule quand ils nous parlent de l'ancien régime.

Les pages consacrées par Saint-Simon aux amours de Louis XIV et de Mme de Soubise sont les meilleures peut-être qui soient sorties de la plume du terrible annaliste. Tour à tour goguenard et féroce, il a, dès qu'il touche à ce sujet, des traits dignes de Balzac et des pointes de vaudevilliste. Qui ne connaît ce chapitre au titre affriolant et mystérieux comme un bout de visage à demi caché par le loup : « Belle inconnue très connue? »

« Un seul amour subsista longtemps et se convertit en affection jusqu'à la fin de la vie de la belle qui sut en tirer les plus prodigieux avantages jusqu'au tombeau et en laisser à ses deux fils l'abominable et magnifique héritage qu'ils surent bien faire valoir. L'infâme politique du mari, qui a un nom propre en Espagne et ne s'y pardonne jamais, souffrit volontiers cet amour et en recueillit les fruits immenses, se confinant à Paris, servant à l'armée, n'allant presque point à la Cour, faisant obscurément les fonds et distribuant tous les avantages que de concert avec lui sa belle moitié en tirait. C'était la maréchale de Rochefort, chez qui elle allait attendre l'heure du berger, laquelle l'y conduisait et qui me l'a conté plus d'une fois, avec des contre-temps qui lui arrivèrent, mais qui ne firent obstacle à rien et ne venaient point du mari, qui était au fond de sa maison à Paris, qui, sachant et conduisant tout, ignorait tout avec le plus grand soin et changea depuis son étroite maison de la place Royale pour le palais des Guise. »

Le mari, ce monsieur Marneffe grand seigneur, faisait vraiment un personnage singulier et qui devait révolter la délicatesse de nos ancêtres qui riaient volontiers du mari trompé, mais qui ne pardonnaient point au mari qui spéculait sur son infortune. Il ne connut jamais le généreux courroux de Montespan qui avait pris le deuil de son honneur comme un seigneur castillan et promené dans Paris un carrosse drapé de noir, arborant aux quatre coins des cornes en guise de panaches. « Jamais cerf conjugal, écrit Paul de Saint-Victor, ne porta plus pacifiquement sa ramure. Il laissait le roi courtiser sa femme à loisir, à la condition que, de tous les déguisements de Jupiter en bonne fortune sur la terre, le roi choisît de préférence celui de la pluie d'or. »

Tandis que le dieu monnayé pleuvait sur Danaé, l'époux, caché dans la ruelle, comptait et recomptait les pistoles. Aussi, dans sa vieillesse, se plaisait-il à répéter que, né simple gentilhomme avec quatre mille livres de revenus, il se trouvait prince à quatre-vingts ans, avec quatre cents mille livres de rentes. » Un tel homme, comme le dit Saint-Simon, « était né pour être maître d'hôtel ». Ce mari commode n'aurait eu, alors, qu'à s'accommoder lui-même...

Rien d'étrange, d'ailleurs, comme cet adultère tranquille, qui n'a pas même l'excuse d'une passion subite, et qui se prolonge d'une façon intermittente pendant plus de dix ans. Cette lune rousse faisait l'intérim entre deux lunes de miel; elle se levait au ciel de Versailles, au moment où les autres se couchaient.

Mme de Soubise avait eu beaucoup d'enfants, quoique les premiers fussent morts des écrouelles, malgré le privilège, dit toujours cette mauvaise langue de Saint-Simon, « qu'on prétend attaché à l'attouchement de nos rois ». Toute sa vie, elle s'était dévouée à sa façon pour eux et s'était soumise au régime le plus rigoureux pour conserver cette beauté qui était pour elle un instrument de règne, *instrumentum regni :* « du veau et des poulets ou des poulardes rôties ou bouillies, des salades, des fruits, quelque laitage, sans aucun autre mélange, avec de l'eau quelquefois rougie. » A la fin, elle tomba malade, et il lui fallut demeurer chez elle les deux dernières années de sa vie « à pourrir sur les meubles les plus précieux, au fond de ce vaste et superbe hôtel de Guise, qui, d'achat ou d'embellissements et d'augmentations, lui revint à plusieurs millions. »

Le maréchal de Soubise, petit-fils de cette Anne de Rohan, princesse de Soubise, qui avait relevé sa maison par des moyens assez bas, n'a guère laissé de traces plus glorieuses dans l'histoire. Le désastre que cet habitué des coulisses de l'Opéra fit essuyer à notre armée a inspiré d'innombrables *soubisades* et excité la verve de tous les faiseurs de noëls satiriques au temps où tout finissait par des chansons. Le vaincu de Rosbach tient plus de place dans le recueil de Maurepas que dans le livre de Clio.

A la cour et à la ville on chantait :

> Soubise vient d'être battu,
> Il s'est, de désespoir, la tête la première
> Précipité dans la rivière,
> Mais les Poissons l'ont soutenu.

L'épigramme suivante fit particulièrement fureur :

> Le prince dit, la lanterne à la main :
> J'ai beau chercher! où diable est mon armée?
> Elle était là pourtant hier matin ;
> Me l'a-t-on prise ou l'aurais-je égarée?

Prodige heureux! la voilà! la voilà!
O ciel! que mon âme est ravie!
Mais non, qu'est-ce donc que cela?
Ma foi! c'est l'armée ennemie!

Sans doute, en y regardant d'un peu près, on reconnaîtrait qu'il y eut probablement pas mal d'exagération dans ces attaques. Fort brave personnellement, le général malheureux de Rosbach fut aussi le vainqueur de Sunderhausen, de Johannisberg et surtout de Lutzelberg, où il battit à la fois les Anglais, les Hessois et les Hanovriens.

En fait de désastres hélas ! nous avons vu pis que Rosbach.

Malgré tout, le nom reste peu sympathique. A partir de Louis XIV la monarchie avait tourné à l'impérialat; au lieu d'avoir des amis et des compagnons dans une noblesse indépendante et fière, le roi n'avait plus que des affranchis qui vivaient de lui, n'existaient que par lui et profitaient de sa faiblesse pour s'enrichir. A l'heure du danger, tous ces courtisans des jours prospères s'enfuirent les uns après les autres, et si la royauté eut un moment quelque chance de résister à la Révolution, ce fut grâce au dévouement d'obscurs Vendéens pour lesquels les Bourbons n'avaient jamais rien fait et pour lesquels ils ne firent rien quand la Fortune les eut ramenés aux Tuileries.

LE JARDIN DES PLANTES

Le Jardin des Plantes a deux aspects : l'un banal, fatigant, ennuyeux, quand on le voit aux jours de fête, encombré de gens endimanchés, de bonnes d'enfants et de soldats ; l'autre austère, silencieux, poétique, quand, le matin, on surprend cette oasis paisible et parfumée en tête à tête avec le soleil levant.

Je ne sais rien de grave comme ces allées bordées d'arbres centenaires, rien de charmant comme cet harmonieux ensemble où tout est à sa place, où nulle chose ne choque, où la tristesse apaisée des lieux semble si bien d'accord avec la mélancolique résignation de ces mille captifs venus de tous les coins du monde, et qui sont bien forcés, malgré leur nostalgie, d'accepter cet esclavage en leur prison, aussi délicieuse qu'une prison peut l'être—leur exil dans ce paradis entouré de grilles, mais peuplé de grands arbres et tout odorant de fleurs.

Je préfère pour ce bagne de la création le Jardin des Plantes au Jardin d'Acclimatation. Ce dernier est trop parisien, c'est le Jardin des Plantes du boulevard. Il affiche scientifiquement la prétention de refaire l'œuvre de la nature et de transplanter en nos régions des espèces faites pour d'autres climats. Cette fatuité, peu justifiée d'ailleurs, me déplaît, avec mille autres détails, d'ailleurs. Le Jardin des Plantes est plus modeste en ses naïves prétentions. C'est un joujou pour ce grand enfant qu'on appelle le peuple (et qui n'est pas peuple en cela?) C'est simple comme les amusements des temps primitifs, c'est tranquille comme une innocence à peine troublée.

N'étaient l'inquiète agitation des grands lions, les bonds violents du tigre qui s'élance contre les barreaux de sa cage, on croirait presque que les hôtes du Muséum sont satisfaits de leur sort, et qu'ils admettent que l'homme les a mis là pour leur bien, afin de les préserver des repas incertains du désert, comme un ministre bénévole interne parfois dans une nourrissante sinécure quelque pauvre bohème sans ressources dont il veut assurer l'existence.

Ces bohèmes du Sahara et de l'Atlas, qui n'avaient au fond de leurs solitudes, d'autre table d'hôte que celle du hasard, d'autre gîte que le creux d'un roc, ont une royale demeure, ornée d'une grille et d'un factionnaire comme le palais de l'Élysée : ils ont des valets pour

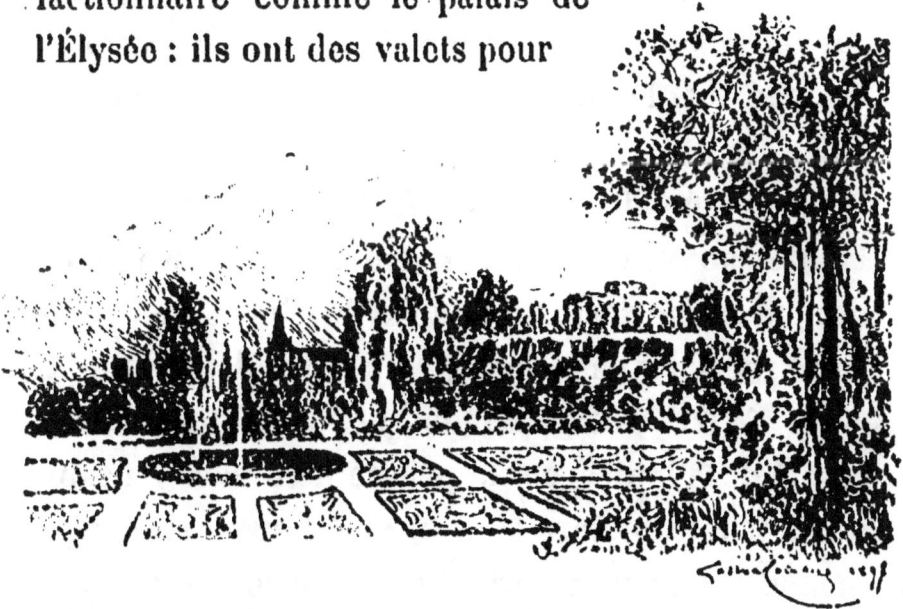

La Butte Copeau au XVIIe siècle. (Le Labyrinthe.)

les servir, des cuisiniers pour dresser leur menu, des échansons pour leur verser à boire. Ils n'ont plus besoin de courir et de chasser : un peuple de domestiques travaille pour eux. L'homme avait cru devenir leur maître, il s'est fait leur serviteur.

Hélas! qui sait les pensées amères qui s'agitent confusément dans l'âme du pauvre lorsqu'il passe près de là, à la tombée d'un soir d'hiver, pour aller demander à un hôte mécontent la clef d'un grenier glacial? Qui sait si, libre de par les lois, mais esclave de par les choses, il n'envie pas parfois le sort des bêtes, en voyant, à travers les grilles, ce jardin empli d'ombres profondes, où tout dort satisfait et repu, — cet Eden retrouvé, où le silence de tout un monde au repos est à peine troublé par les hurlements de quelque chien qui aboie contre la lune ou de quelque loup qui hurle contre le chien.

Fondé en 1626 par Louis XIII, le Jardin des Plantes ne fut pendant longtemps qu'une espèce de droguier, une sorte de congrès végétal où l'on cultivait spécialement les plantes médicinales.

Au XVIIIe siècle, Buffon, nommé intendant du Jardin des Plantes, eut la pensée de fonder un cabinet d'histoire naturelle et fit appel aux savants du monde entier en les priant de lui adresser ce qu'ils auraient trouvé de plus remarquable. « Les envois, dit un historien de Paris, furent si abondants que Buffon, qui avait déjà sacrifié une partie de son logement pour les recevoir, finit par l'abandonner tout entier et transporta son domicile rue Saint-Victor, 15. » Le souvenir de ce savant s'exilant de chez lui pour faire place à la science a je ne sais quoi de touchant qui émeut profondément et fait facilement oublier que Buffon mettait des manchettes pour écrire ses chefs-d'œuvre.

Jusqu'à cette époque, il n'y avait dans le jardin que des collections et des végétaux. De ces plantes, l'histoire serait curieuse à faire ; nous nous borne-

La Maison de Cuvier. (Jardin des Plantes)

rons à une anecdote. Un jour, en 1720, Jussieu, faisant les honneurs du jardin à un jeune enseigne de vaisseau, le chevalier Déclieux, arracha un pied de café et lui en fit présent.

— Replantez-le, dit-il, au delà de l'Atlantique.

De ce pied de café sont sortis tous ceux que l'on cultive aujourd'hui à la Martinique et dans les Antilles.

Ce ne fut qu'en 1793, date singulière, qu'on eut l'idée d'installer là des animaux. A cette époque clémente, les bons citoyens, qui gouvernaient la France, éprouvèrent le besoin de faire une situation aux tigres et aux bêtes féroces. C'était une fraternelle pensée.

Il se faut entr'aider, c'est la loi de nature.

Deux ménageries confisquées pour incivisme par le gouvernement et la ménagerie de Versailles fournirent les premiers hôtes du Muséum.

Marat, Danton et Robespierre étant morts, les panthères et les hyènes ayant survécu, on plaça à l'ancien Jardin du Roy le bon Bernardin de Saint-Pierre. Suivant la pente de sa nature, il doubla la grille des méchantes bêtes et ouvrit à deux battants ce parc magnifique aux animaux inoffensifs.

C'est ainsi que la ménagerie est devenue la partie la plus intéressante du Jardin des Plantes. Tout y est méthodiquement et habilement groupé dans une confusion charmante.

Voici les ruminants mélancoliques qui semblent trouver un immense ennui dans l'éternel mouvement sur place qu'ils accomplissent indéfiniment, et qu'on voit se gratter sans cesse, ce qui n'a jamais passé pour l'occupation d'un animal qui s'amuse ; — la Biche d'Aristote, Biche philosophique dont je croyais la race perdue ; — le Zèbre qui, malgré toute son élégance, n'est qu'un âne aristocratique revêtu, non de la peau du lion, mais de la peau du léopard ; le Bouc aux mœurs mauvaises, à l'odeur fétide.

Ces cris aigus annoncent les oiseaux de proie. Le Vautour fauve, le Gypaëte qui rêve des glaciers, le Condor qui se souvient des Cordillières, vous jettent en passant leurs rauques saluts et battent de l'aile frénétiquement comme pour appeler l'espace.

A regarder l'Aigle au repos, vous vous demandez parfois si ce n'est pas un usurpateur, et vous le trouvez chétif et laid auprès des vautours que vous venez de voir. Tout à coup il fait un mouvement, j'allais dire un geste superbe. Du fond de sa cage, sans quitter le barreau où il perche, ce captif s'étire comme un prisonnier lassé, il se gonfle et jette son coup d'aile qui contient l'infini et que l'on ravalerait en le comparant au soudain déploiement d'un manteau royal. Cela ne dure qu'un instant après lequel l'Aigle, se cramponnant à son rocher de Sainte-Hélène, retombe dans sa morne immobilité. Mais à la façon dont le grand captif vient de faire la roue avec sa puissance comme le Paon avec sa beauté, vous avez reconnu le vieil Empereur.

Ces vastes regrets et ces douleurs immenses sont le partage des grands. La félicité est le lot des petits. Satisfaits de leur humble fortune, les gallinacées et les oiseaux d'eau douce vivent heureux auprès de leur ruisseau, sans se douter de ce que c'est que d'être fort, de pouvoir planer d'un coup d'aile au-

La Maison de Fourcroy.
(Jardin des Plantes.)

dessus des hautes montagnes et aller par delà les régions, où se forment les orages, contempler fixement le soleil.

Regardez en passant ce Marabout immobile et concentré comme un faquir ou un palamite en train de considérer son nombril : on dirait à ses jambes grêles, à sa tête enfoncée dans les épaules, un bossu en habit de bal.

Pourquoi avoir donné à certaines drôlesses le nom de la Grue — ce charmant animal si léger, si bien proportionné dans son élégante sveltesse, qui joint la grâce de la femme de race à la mélancolie pensive d'un poëte idéaliste?

Le Paon blanc a, lui aussi, quelque chose de féminin. On jurerait à le voir étalant sa queue splendide au bout de son maigre corps qui se termine par une tête si fine, une petite pensionnaire en toilette de mariée, laissant flotter derrière elle, en montant les degrés du temple, la longue traîne de sa robe de moire.

Voici la rotonde qui abrite le lourd Hippopotame, l'Éléphant, que Victor Hugo appelait une *Bonté énorme;* le Rhinocéros *unicorne*, pachydermes primitifs, débris d'un monde détruit, retardataires étonnants et étonnés de se trouver encore là, avec leur peau étrange, leur peau boueuse, rugueuse, squalide qui semble à peine séchée de la vase du déluge.

Le Chameau habite à côté de ces représentants de la création antédiluvienne. C'est le vaisseau du désert, dit-on : je croirais plutôt que c'en est le polichinelle. En tous cas, c'est un vaisseau renversé, dont les mâts sont en bas et la carène en haut.

La foule est grande devant le palais des Singes. Je ne suis point de ceux qui tiennent pour glorieux d'avoir eu pour mère une Guenon, et je m'honore,

Rue Cuvier : Entrée du Jardin des Plantes.

au contraire, de l'origine plus haute que le bon sens et la religion assignent à l'être humain. Non! ces hideux grimaciers ne sont point, comme l'ont dit certains imbéciles de talent, des candidats à l'humanité. Le Singe n'est point l'embryon de l'homme ; je croirais plutôt que c'est la forme de l'homme déchu et la prison de l'homme puni, comme qui dirait un cercle de l'Enfer.

Le savant matérialiste qui ne voit dans l'homme qu'un singe perfectionné croit se souvenir de la veille ; il ne fait que pressentir son lendemain.

Entrons dans la galerie des Serpents, et surmontons l'atmosphère malsaine et lourde qui règne là pour considérer les immobilités terribles, ces beautés sombres, ces énigmes de la nature qui, semblerait avoir créé, cette fois seulement, un être uniquement fait pour nuire.

Le gigantesque Boa achève de digérer un lapin dévoré il y a huit jours. Derrière les vitrines sont les Trigonocéphales, les Crotales, l'Axolote moitié poisson, moitié lézard, quelque chose comme la chauve-souris des eaux, le Crapaud à grandes oreilles qui rêve assis le derrière dans l'eau.

Nous avons réservé pour la fin les animaux féroces. C'est à quatre heures qu'on peut les voir prendre leur repas, et c'est pour le public (et sans doute pour eux) le moment le plus intéressant de la journée. Ils scandent chaque bouchée d'un formidable hurlement et pourtant, au dire des gardiens, ils sont d'une remarquable douceur. La certitude d'avoir la pâture assurée donne, paraît-il, une grande tranquillité d'humeur. Ce sont des révolutionnaires devenus conservateurs aussitôt qu'ils ont eu une place.

La ménagerie s'étend le long de la rue Cuvier;

Rue Geoffroy-Saint-Hilaire.

du côté de la rue Buffon et de la rue Geoffroy-Saint-Hilaire sont les galeries de Zoologie, de Minéralogie et de Paléontologie. Le spectacle est froid pour les yeux des promeneurs blasés par tant de distractions.

En entrant par la grande porte, en face du pont d'Austerlitz, s'ouvre au visiteur le plus beau jardin botanique de l'Univers ; mais la plus rarissime curiosité végétale a moins de succès que la floraison printanière des roses dont la collection est immense.

Que de choses il y aurait à voir encore dans ce fouillis pittoresque qui offre à chacun selon ses goûts, des coins qui lui plaisent. Il n'en est pas qui nous ait enchanté plus aimablement que ceux-là, les plus simples, les plus naïfs, où subsiste la physionomie mélancolique d'autrefois.

La Vallée suisse, le Belvédère qui d'un seul coup d'œil vous donne le plan entier du jardin, est une des vues les plus originales du grand Paris. Ce sont, au premier plan, les rues anciennes d'un quartier à peine transformé depuis le XVIIe siècle. Vous plongez dans les intérieurs les plus misérables et, parmi les cours immondes et fétides, vous apercevez quelque élégante façade d'hôtel, un élégant pavillon du dernier siècle, de grêles verdures, de hautes cheminées et les lucarnes de bon style des plus pauvres toits. Au loin c'est le fleuve superbe, les masses pressées des maisons neuves et les dômes et toutes les splendeurs d'une cité prodigieuse dont nous semblons, à cet instant, être bien loin et comme absents.

En descendant vous apercevez sur votre droite le poétique tombeau de Daubenton *inter flores et lilia*, au sein de ce jardin qu'il a tant aimé. Ici est le fameux cèdre que Jussieu n'a jamais rapporté dans son chapeau; là, une de ces charmantes habitations de professeurs à demi cachées dans un repli de terrain qui font désirer d'être savant pour les pouvoir habiter.

Nulle part je n'ai vu tant d'oiseaux qu'au Jardin des Plantes. Les moineaux vivent aux dépens des hôtes du Muséum qui leur laissent prendre patiemment les miettes de pain que jettent les promeneurs. Ces parasites de prisonniers ont les bénéfices de la captivité sans en subir les tristesses. Ce sont les associés libres du Jardin des Plantes.

On pense, en les voyant, à ces poètes du XVIIe et du XVIIIe siècles, qui venaient picorer chez les grands seigneurs enrichis par la servitude dorée de la cour, et vivaient libres aux dépens de ces brillants esclaves.

TABLE DES CHAPITRES

	Pages
Avant-propos.	I-XI

PREMIÈRE PARTIE

Les Assemblées législatives.	3
La Chapelle expiatoire.	95
Le Palais-Royal.	109
Les Tuileries.	137
Les Invalides.	159
Les Ruines du quai d'Orsay.	179
Les Champs-Élysées.	193
Le Trocadéro. — Le Palais du roi de Rome.	237

DEUXIÈME PARTIE

La Construction du premier Hôtel de Ville.	253
Le Budget de la Ville il y a cent ans.	285
Le Budget de la Première Commune.	321

TROISIÈME PARTIE

Alexandre Lenoir et le Musée des Monuments français.	335
L'Hôtel de Sens.	375
Le Musée des Archives. — Le Cabinet du cardinal de Rohan.	391
Le Jardin des Plantes.	417

TABLE DES ILLUSTRATIONS

	Pages
Écusson des armes de Paris (Fontaine de la rue de Grenelle).	2
La Chambre des Députés et le Pont de la Concorde	3
Salle des États-Généraux, à Versailles.	6
Salle du Jeu de Paume, à Versailles (état actuel).	8
L'Archevêché au XVIII° siècle	12
Quartier du Carrousel et des Tuileries au XVIII° siècle (d'après le plan de Turgot).	15
Le Club des Jacobins, rue Saint-Honoré.	16
Couvents des Feuillants et des Capucins, rue Saint-Honoré.	17
Le Pont-Tournant (d'après le plan de Turgot); la Fontaine de la place Louis XV (d'après le plan de Verniquet).	20
La Fontaine de la place Louis XV.	21
Salle de la Convention, au Manége des Tuileries	22
Le Siége oral mobile et fixe.	25
Les Ruines des Feuillants en 1804.	28
Ruines de l'Hôtel de Longueville, au Carrousel.	31
Salle de l'Assemblée Constituante, aux Tuileries (Salle des Menus).	37
Les Écuries d'Orléans, au Carrousel.	54
L'Hôtel de Lassay (actuellement du président de la Chambre).	67
La Chambre des Députés.	75
Place du Carrousel : les Échoppes; l'hôtel de Nantes	84
Le Sénat.	93
Détail de la décoration de la Chapelle Expiatoire.	59
Plan de l'ancien quartier de la Madeleine.	97
L'Église de la Madeleine, rue de la Ville-l'Évêque.	100
Le Cimetière de la Madeleine	103
La Chapelle Expiatoire, vers 1830.	107

TABLE DES ILLUSTRATIONS

	Pages
Le Canon du Palais-Royal (jardin actuel)	109
La Galerie Richelieu (appartements du Palais-Royal)	111
Le Château-d'Eau du Palais-Royal	120
La Place du Palais-Royal en 1830; le Corps-de-garde du Château-d'Eau	125
Les Galeries de bois en 1815 (actuellement Galerie d'Orléans)	132
Les Marronniers du grand bassin des Tuileries	137
Anciens quinconces des Tuileries	139
La Porte de la Conférence	144
L'Enclos des Tuileries	145
L'Hôtel de Noailles (hôtel Saint-James)	150
Les Tuileries; terrasse du bord de l'eau	156
Louis XIV, d'après le médaillon de Bertinet	159
La Batterie d'honneur, aux Invalides	161
La rue Desgenettes (anciennement Saint-Nicolas)	167
L'Esplanade dévastée	170
Le Chemin de fer des Moulineaux, au quai d'Orsay	176
Les Ruines du quai d'Orsay	179
Cour des Comptes : façade sur le quai	183
— vue intérieure	186
— le grand escalier	189
Les Champs-Élysées : Entrée du Cours-la-Reine ; lanterne du XVIII° siècle	193
— la place de la Concorde en 1676	194
— — en 1793	200
— la Barrière de l'Étoile, démolie en 1857	206
— le Restaurant Ledoyen en 1825	209
— le Pavillon Perronnet en 1830	210
— le Café de l'Orangerie	211
— le Bal Mabille	216
— l'Allée des Veuves	217
— l'Avenue Gabriel en 1830	219
— la Maison pompéienne du prince Napoléon	222
— l'Escalier de l'Hôtel Païva	225
— Chemin de ronde de l'Arc de l'Étoile	226
— le Bouleversement du Cours-la-Reine en 1897	231

	Pages
Décoration du Trocadéro en 1826.	237
Plan du palais du roi de Rome, d'après Percier et Fontaine.	240
Caserne projetée au Trocadéro.	245
Couvent de la Visitation de Chaillot.	248
Hôtel de ville actuel.	253
Le Parlouër aux Bourgeois.	255
La Tourelle de la place de Grève	263
Le Quai de Grève en 1539.	270
L'Hôtel de Ville en 1583, d'après le dessin de Cellier.	275
L'Hôtel de Ville incendié, 1871.	283
La Fontaine de la rue de Grenelle (groupe central)	285
Le Manuscrit du Budget (lettre ornée).	288
L'Hôtel Lamoignon (ancienne bibliothèque de la Ville)	290
L'Hôtel des Monnaies	295
L'Hôtel de Soissons; l'Observatoire de Catherine de Médicis; la Halle aux Blés	298
Les Moulins du pont Notre-Dame	303
Les Boutiques du Pont-Neuf.	309
Le Marché-Neuf en 1860.	314
Piques de la Révolution (Musée Carnavalet)	321
La Barrière Saint-Martin	325
Réverbère du XVIIIe siècle.	326
Accessoires de l'Époque révolutionnaire et drapeaux de sections	330
Musée des monuments français : Tombeau d'Héloïse et d'Abeilard	331
La Chapelle des Louanges (lettre ornée).	339
Entrée du Musée des Petits-Augustins.	345
Musée des Monuments français : Salle du Moyen-âge.	353
— — Salle de la Renaissance	359
— — Jardin Élyséen.	367
L'Hôtel de Sens : Façade.	375
— Petite tourelle sur la rue de l'Hôtel-de-Ville.	381
— l'Échauguette dans la cour.	388
Hôtel Clisson.	391
Hôtel Soubise : La grande cour.	394
— Une chambre à coucher	398
— Bibliothèque	401

TABLE DES ILLUSTRATIONS

	Pages
Hôtel de Rohan	409
Le Jardin des Plantes : Le Cèdre et le Tombeau de Daubenton.	417
— La Butte Copeau au XVIIᵉ siècle	419
— Maison de Cuvier	421
— Maison de Fourcroy	424
— Entrée sur la rue Cuvier	426
— Rue Geoffroy-Saint-Hilaire	428

FIN DE LA TABLE DES ILLUSTRATIONS

IMPRIMERIE E. FLAMMARION, 26, RUE RACINE, PARIS.

www.ingramcontent.com/pod-product-compliance
Lightning Source LLC
Chambersburg PA
CBHW051819230426
43671CB00008B/768